曾棗莊•曾濤編

蘇詩彙評（四）

文史哲出版社印行

穎棲彙稿
（四）

紀昀評蘇文忠公詩集卷四十一

吾謫海南子由雷州被命即行了不相知至梧乃聞尚在藤也旦夕當追及作此詩示之

九疑聯綿屬衡湘，蒼梧獨在天一方。孤城吹角煙樹裏，落月未落江蒼茫。幽人拊枕坐歎息，我行忽至舜所藏。江邊父老能說子，白鬚紅頰如君長。莫嫌瓊雷隔雲海，聖恩尙許遙相望。平生學道眞實意，豈與窮達俱存亡。天其以我爲箕子，要使此意留要荒。他年誰作輿地志，海南萬里眞吾鄉。

汪師韓《蘇詩選評箋釋》卷六：水天景色，離合情懷，一種纏綿悱惻之情，極排解乃極沈痛。

紀昀評《蘇文忠公詩集》卷四一：（「落日未落江蒼茫」）有景有情。（「幽人拊枕坐嘆息」）屢稱「幽人」，其實非謫宦之稱。（「江邊父老能說子」）入得飄忽，凡手定有數行轉折。（「聖恩尙許遙相望」）東坡難得如此和平。（「天其以我爲箕子」）比擬不倫。

王文誥《蘇文忠公詩編注集成》卷四一：此一路詩，所謂不見老人衰憊之氣者，諸門人已言之矣。

方東樹《昭昧詹言》卷一二：「白鬚」句有韻，「莫嫌」句頓束。有韻而豪，無頹喪意。失志時能如此，可法。

趙克宜《角山樓蘇詩評注彙鈔》卷一九：（「江邊父老能說子」）淺語寫得極真。

和陶止酒

丁丑歲予謫南海，子由亦貶雷州。五月十一日相遇于藤，同行至雷，六月十一日相別渡海。余時病痔呻吟，子由亦終夕不寐。因誦淵明詩勸余止酒，乃和原韻，因以贈別，庶幾眞止矣。

時來與物逝，路窮非我止。與子各意行，同落百蠻裏。蕭然兩別駕，各攜一稺子。子室有孟光，我室惟法喜。相逢山谷間，一月同卧起。茫茫海南北，粗亦足生理。勸我師淵明，力薄且爲己。微疴坐杯酌，止酒則瘳矣。望道雖未濟，隱約見津涘。從今東坡室，不立杜康祀。

俞德鄰《佩韋齋輯聞》卷二：陶淵明《止酒》詩，蓋不得已而欲止于酒。「止」猶「綿蠻黄鳥，止于丘隅」之止，非「禁止」之「止」也。（略）東坡追和，乃云：「微痾坐杯酌，止酒則瘳矣。從今東坡室，不立杜康祀。」是果淵明之意耶？

紀昀評《蘇文忠公詩集》卷四一：（起處）說得和平。（「力薄且爲己」）句中有多少事在。

翁方綱《石洲詩話》卷三：紹聖四年丁丑，先生謫海南，子由亦貶雷州，五月十一日相遇於藤，同行至雷，六月十一日相別渡海，有《子由終夕不寐因誦淵明詩勸余止酒和元韻贈別》詩五古一首。以上考先生別子由詩次第，大略如此。中言「初別」者凡三，蓋皆一時合併，不忍遽以別言，而特加「初」字，以志驚目之筆也。迨其後，又變別而云「感舊」，則「初別」之義益明矣。

行瓊儋間肩輿坐睡夢中得句云千山動鱗甲萬谷酣笙鐘覺而遇清風急雨戲作此數句

四州環一島，百洞蟠其中。我行西北隅，如度月半弓。登高望中原，但見積水空。此生當安歸，四顧眞途窮。眇觀大瀛海，坐詠談天翁。茫茫太倉中，一米誰雌雄。幽懷忽破散，詠嘯來天風。千山動鱗甲，萬谷酣笙鐘。安知非羣仙，鈞天宴未終。喜我歸有期，舉酒屬青童。急雨豈無意，催詩走羣龍。夢雲忽變色，笑電亦改容。應怪東坡老，顏衰語徒工。久矣此妙聲，不聞蓬萊宮。

胡仔《苕溪漁隱叢話》前集卷四二：（「幽懷忽破散」四句）蓋風來則千山草木皆動，如動鱗甲，萬谷號呼有聲，如酣笙鍾耳。

又後集卷二九：予謂東坡此語似成于太白矣。大率東坡每題詠景物，于長篇中只篇首四句，便能寫盡，語仍快健。（略）《行瓊儋間》云：「四州環一島，百洞蟠其中。我行西北隅，如度月半弓。」

陸游《老學庵續筆記》卷五：晁子止云：「曾見東坡手書『四州環一島』詩，其間『茫茫太倉中』一句，乃『區區魏中粱』。」不知果否。

汪師韓《蘇詩選評箋釋》卷六：行荒遠僻陋之地，作騎龍弄鳳之思。一氣浩歌而出，天風浪浪，海山蒼蒼，足當司空圖豪放二字。

紀昀評《蘇文忠公詩集》卷四一：以杳冥詭異之詞，抒雄闊奇偉之氣，而不露圭角，不使粗豪，故爲上乘。源出太白，而運以己法，不襲其貌，故能各有千古。（「登高望中原」以下）有此四句一頓挫，下半乃折宕有力。凡古詩長篇，第一要知頓挫之法。（「安知非群仙」以下四句）此一層又烘託得好。長篇須如此展拓，方不單薄。（「應怪東坡老」以下）結處兀傲得好。一路來勢既大，非此則收裹不住。

趙翼批沈德潛《宋金元三家詩選・蘇東坡詩選》下卷：想見獨立蒼茫景象。

王文誥《蘇文忠公詩編注集成》卷四一：（「登高望中原」四句）其説（按：指紀評）似未確。今觀此詩，起四句如繪地圖，接四句如釋地理，乃合八句爲一節也。但此非曉嵐見不到，乃前註家皆不懂「月半弓」句，無處藉手之故。彼不了了，即不知此句是何牽前搭後因地，故捨上而論下，姑爲頓挫之説也。其圈此詩，自五句起，逐句叠圈，至終而獨遺。起四句者，乃致疑「月半弓」句飄空無着之故，情迹顯見，尙何逃乎？（「萬谷酣笙鐘」）以上八句亦是一節，其前「四顧眞途窮」句，已水窮山盡矣。卻不肯別起頭腦，直從「途窮」拓出，故有「茫茫」、「一米」等句。然一路寫來，卻是完「行瓊儋間」題面。（「安知非群仙」四句）（紀昀）所論非是。此乃失看「此生當安歸」句，故下無着落也。此節首轉出「安知非群仙」句，乃欲跌出下意之故，特于「眞途窮」時，落「喜我歸有期」句，答還首節之「此生當安歸」也。若以頓挫烘托論，則全篇氣局皆散攤矣。《桄榔庵銘》「蝮蛇魑魅，出怒入娛」與「夢雲」、「笑電」同一鑪錘，蓋非極困迫無聊中，亦不輕出也。自「安知」以下，至「笑電」八句，亦爲一節。且于中一節言風，此一節言雨，點淸「夢」字及戲之之意，題境已完。其後直下作結，「妙聲」句雖爲找足「群仙」諸語，實乃自爲評賞，贊嘆欲絕也。

又卷四六：渡海作「萬谷酣笙鐘」，則又純用空靈矣。

施補華《峴傭説詩》：東坡五古，有精神飽滿，才氣坌涌，甚不可及者，如「千山動鱗甲」、

「何人守蓬萊」諸篇。

趙克宜《角山樓蘇詩評注彙鈔》卷一九：前路寫實境，極其沉鬱。後幅運幻想，極其酣暢。洵屬得意之筆。

延君壽《老生常談》：淺人多淺視郊、島兩家詩，初未嘗深究之也。東坡不甚喜東野詩，其天才雄邁，不能如此之喫苦耳。然必能爲東坡之「千山動鱗甲，萬谷酣笙鐘」，方許稍稍雌黃之。

吴仰賢《小匏庵詩話》卷二：（「千山動鱗甲」二句）造句奇偉，得曾有否？不知上句從杜詩「石鯨鱗甲動秋風」句化出，下句從杜詩「萬壑樹聲滿」及「疎松夾水奏笙簧」句化出。一入鍾鑪，便異樣精彩。

次前韻寄子由

我少即多難，邅回一生中。百年不易滿，寸寸彎強弓。老矣復何言，榮辱今兩空。泥洹尙一路（自注：古語云：十方薄伽梵，一路涅槃門），所向餘皆窮。似聞崆峒西，仇池迎此翁。胡爲適南海，復駕垂天雄。下視九萬里，浩浩皆積風。回望古合州，屬此琉璃鍾。離別何足道，我生豈有終。渡海十年歸，方鏡照兩童。還鄉亦何有，暫解壺公龍。峨眉向我笑，錦水爲君容。天人巧相勝，不獨數子工。指點昔遊處，蒿萊生故宮。

汪師韓《蘇詩選評箋釋》卷六：其胸次實爲天空海闊，非是無聊解勉之詞。

紀昀評《蘇文忠公詩集》卷四一：亦極奇恣。

王文誥《蘇文忠公詩編注集成》卷四一：二詩（按：指此詩及《行瓊儋間肩輿坐睡夢中得句云千山動鱗甲萬谷酣笙鐘覺而遇清風急雨戲作此數句》）本旨，以不歸爲歸，猶言此區區形迹之累，不足以囿我也。此篇亦照前首分節，熟讀自知。（「下視九萬里」）此句從上句「復駕」生出，全是「胡爲」一轉之勢，而「胡爲」又以「似聞」跌出也。自此以下，高唱入雲，有叫閽排闔之響，聲徹九天九地矣。杜陵入蜀諸古，摹寫道中景狀，神工鬼斧，離奇光怪，至爲雄險，然皆有迹象可尋，究屬人工。故凡才人陟歷險遠，呼喝景物，皆能貌其所爲。若此二篇，亦道中作，乃捨去應有蹊徑，自從空中發揮，純是一派工夫，使人着手不得，此則非杜集之所有也。

趙克宜《角山樓蘇詩評注彙鈔》卷一九：（「百年不易滿」）語亦有挽強之力。（「回望古合州」）全構虛詞，說得興會，所謂善自排遣也。「數子」似指當時譖公者。

過海得子由書

經過廢來久，有弟忽相求。門外三竿日，江關一葉秋。蕭疏悲白髮，漫浪散窮愁。世事江聲外，吾生幸自休。

紀昀評《蘇文忠公詩集》卷四一：（「有弟忽相求」）「相求」與得書不合。（「江關一葉秋」）「江關」、（「世事江聲外」）「江聲」與過海不合，筆路亦頗平淺，似非東坡之筆。

安期生

安期生，世知其爲仙者也。然太史公曰：蒯通善齊人安期生，生嘗以策干項羽，羽不能用，羽欲封此兩人，兩人終不肯受，亡去。予每讀此，未嘗不廢書而歎。嗟乎，仙者非斯人而誰爲之？故意戰國之士如魯連、虞卿皆得道者歟。

安期本策士，平日交蒯通。嘗干重瞳子，不見隆準公。應如魯仲連，抵掌吐長虹。難堪踞牀洗，寧揖扛鼎雄。事既兩大繆，飄然籥遺風。乃知經世士，出世或乘龍。豈比山澤臞，忍飢噉柏松。縱使偶不死，正堪爲僕僮。茂陵秋風客，望祖猶蟻蜂。海上如瓜棗，可聞不可逢。

葛立方《韻語陽秋》卷一二：漢武好大喜功，黷武嗜殺，而乃齋戒求仙，畢生不倦，亦可謂癡絕矣。（略）善哉，東坡之論也。（略）又有《安期生》云：「嘗干重瞳子，不見隆準公。」「茂陵秋風客，望祖猶蟻蜂。海上如瓜棗，可聞不可逢。」言安期尚不見高祖，而肯見武帝乎？其薄武帝甚矣。

查愼行《初白庵蘇詩補注》卷四一：此詩前半以「不見隆準公」句爲眼。後云「望祖」（「茂陵秋風客，望祖猶蟻蠭」），正與前相應。施氏注謂「『望祖』訛，當作『望祀』」，改此一字，全首索然無氣色矣。讀書無識，輒欲妄改古人名句，可發一笑。

袁宏道評閱譚元春選《東坡詩選》卷一二譚元春評：從以策干項羽，想出行徑高寄項公，異人安期生非世法中避就人也。

紀昀評《蘇文忠公詩集》卷四一：（「應如魯仲連」以下）英思偉論，雄跨古今。

趙翼評沈德潛《宋金三家詩選·東坡詩選》卷下：（「乃知經世士」六句）議論新闢。

趙克宜《角山樓蘇詩評注彙鈔》卷一九：（「望祖猶蟻蜂」）字生而句亦欠穩。

儋耳山

突兀隘空虛，他山總不如。君看道旁石，盡是補天餘。

張邦基《墨莊漫錄》卷一：（「君看道旁石」）叔黨云：「『石』當作『者』，傳寫之誤。」一字不工，遂使全篇俱病。

紀昀評《蘇文忠公詩集》卷四一：未喻其意。施山《薑露庵雜記》卷三：（前引《墨莊漫錄》）愚謂本當用「石」字，若以爲誤，寫作「者」字，直同囈語矣。宋人談詩類如此。

夜夢

七月十三日至儋州，十餘日澹然無一事，學道未至，靜極生愁，夜夢如此，不免以書自怡。

夜夢嬉遊童子如，父師檢責驚走書。計功當畢《春秋》餘，今乃粗及桓莊初。怛然悸寤心不舒，起坐有如挂鉤魚。我生紛紛嬰百緣，氣固多習獨此偏。棄書事君四十年，仕不顧留書繞纏。自視汝與邱孰賢，《易》韋三絕邱猶然，如我當以犀革編。

查愼行《初白庵蘇詩補注》卷四一：本集《謝表》云：「四月十九日起離惠州，七月二日至昌化軍訖。」與本題原引云「七月十三日，至儋州十餘日矣（略）」，正合。

紀昀評《蘇文忠公詩集》卷四一：前題太白像即此體。此體本之工部《大食刀歌》。觀此，益知前分二首之非。

遷居之夕聞鄰舍兒誦書欣然而作

幽居亂鼃黽，生理半人禽。跫然已可喜，況聞絃誦音。兒聲自圓美，誰家兩青衿。且欣集齊咻，未敢笑越吟。九齡超詔石，姜子家日南。吾道無南北，安知不生今。海闊尚挂斗，天高欲橫參。荆棘短牆缺，燈火破屋深。引書與相和，置酒仍獨斟。可以侑我醉，琅然如玉琴。

汪師韓《蘇詩選評箋釋》卷六：居荒陋之地，聞誦讀而欣然，乃是恆情所同。「海闊」數句，獨爲寫出一時情景，此則其欣然之實盡。欣然本非別有深意，似爾立言，斯爲恰好。

紀昀評《蘇文忠公詩集》卷四一：（「姜子家日南」）用古韻。（「可以侑我醉」二句）收得空闊，若但以勉學意結，則腐矣。

趙克宜《角山樓蘇詩評注彙鈔》卷一九：（「海闊尚挂斗」四句）起四用跌筆，極沈鍊。四語傳神，上聯乃側足庭中，俯仰四顧光景。下聯則書聲所從出之處也。

和陶還舊居　夢歸惠州白鶴山居作。

瘞人常念起，夫我豈忘歸。不敢夢故山，恐興墳墓悲。生世本暫寓，此身念念非。鵝城亦何有，偶拾鶴氅遺。窮魚守故沼，聚沫猶相依。大兒當門戶，時節供丁推。夢與鄰翁言，憫默憐我衰。往來付造物，未用相招麾。

紀昀評《蘇文忠公詩集》卷四一：（起四句）入手沈摯。

張道《蘇亭詩話》卷二：東坡既不得歸，每有先壟之思。（略）在儋州云：（略）「不敢夢故山，恐興墳墓悲。」（《和陶夢歸白鶴山居作》）

趙克宜《角山樓蘇詩評注彙鈔》卷一九：（「瘞人常念起」四句）四語無限曲折，寫來只是一眞。

和陶和劉柴桑

萬劫互起滅，百年一踟躕。漂流四十年，今乃言卜居。且喜天壤間，一席亦吾廬。稍理蘭桂叢，盡平狐兔墟。黃橼出舊枿，紫茗抽新畬。我本早衰人，不謂老更劬。邦君助畚鍤，鄰里通有無。竹屋從低深，山窗自明疎。一飽便終日，高眠忘百須。自笑四壁空，無妻老相如。

紀昀評《蘇文忠公詩集》卷四一：眞樸似陶。

和陶酬劉柴桑

紅薯與紫芋，遠插牆四周。且放幽蘭香，莫爭霜菊秋。窮冬出甕盎，磊落勝農疇。淇上白玉延（自注：淇上出山藥，一名玉延），能復過此不。一飽忘故山，不思馬少游。

《永樂大典》卷八二一引《瓮牖閑評》：嘗病蘇東坡《和陶詩》押「游」字，陶詩云：「命室攜童弱，良日登遠遊。」而東坡和之，乃言「一飽忘故山，不思馬少游」，謂「遊」、「游」二字不同，不可押。余按《廣韻》「遊」字下注云「與游同」，如此雖用「游」字，然亦無害。

紀昀評《蘇文忠公詩集》卷四一：意言稍盡，然不失古雅。

溫汝綸《和陶合箋》卷二引樊潛庵評：並前《和戴主薄》之作，于極凄慘中搖曳而出，無憤懣語，公眞能處約者矣。唐詩歌《蟋蟀》亦是此意。

和陶勸農

海南多荒田，俗以貿香爲業，所產秔稌不足於食，乃以藷芋雜米作粥糜以取飽。予既哀之，乃和淵明《勸農》詩，以告其有知者。

溫汝綸《和陶合箋》卷一：篇內備言不耕之害，力農之樂，諄諄誠勉，公之爲瓊人計，誠深且切矣。然豈獨瓊人爲然，天下游手之徒，聞者應爲股慄。而力田者有此樂境，何憚而不竭力爲之也？仁人之言，其利溥矣，信哉。

又引樊潛庵評：公于經筵爲講官第一，持兵柄則重任將，典大郡即首勸農。今萬里投荒，亦莫不爲瓊人緦緦過計。學術之正如此，豈僅以詩爲能事哉。

又：公《和勸農》六章，純用此意（「人間無正味，美好出艱難」）。

王文誥《蘇海識餘》卷一：海南《和陶勸農六首》，專因海南而發。其命詞用意，無一常語，此傑作也。當落筆時，其一片精誠皆貫注，于地瘠民貧、俗薄習惰之間，特寄所以哀之勸之之意。此但借題爲詩，何暇計及陶語耶？乃無識之徒，皆以不類陶派譏之。若如其說，反覺和陶爲多事，不若于題上删去「和陶」二字之爲得矣。

咨爾漢黎，均是一民。鄙夷不訓，夫豈其眞。怨忿劫質，尋戈相因。欺謾莫訴，曲自我人。

紀昀評《蘇文忠公詩集》卷四一：語多板實，不爲高作。

溫汝綸《和陶合箋》卷一引樊潛庵評：瓊黎居環五指，不薙髮，至今未附版圖。然黎何能反，漢人激之耳。公卓見深心，一唱三嘆。

天禍爾土，不麥不稷。民無用物，珍怪是植。播厥熏木，腐餘是穡。貪夫污吏，鷹摯狼食。

袁宏道評閱譚元春選《東坡詩選》卷一二譚元春評：深厚質至，意在陶前，始可以和陶，初有亦幾失其妙。

溫汝綸《和陶合箋》卷一引樊潛庵評：採香之禍，宋代爲尤烈，故公言及此。

豈無良田，膴膴平陸。獸蹤交締，鳥喙諧穆。驚麏朝射，猛豨夜逐。芋羹藷糜，以飽耆宿。

查愼行《初白庵詩評》卷中：（「芋羹藷糜」）「糜」當作「糜」。

溫汝綸《和陶合箋》卷一引樊潛庵評：七十非肉不飽，飽耆宿以藷芋，眞惰民矣。聽我苦言，其福永久。利爾鉏耜，好爾鄰偶。斬艾蓬藋，南東其畝。父兄搢梃，以扶游手。天不假易，亦不汝匱。春無遺勤，秋有厚冀。雲舉雨決，婦姑畢至。我良孝愛，袒跣何媿。

袁宏道評閱譚元春選《東坡詩選》卷一二譚元春評：一段田家孝友樸實之意，不羨富貴處是《豳風》遺漏語。

查愼行《初白庵詩評》卷中：（「天不假易」四句）已到淵明佳處。淵明尚有《問來使》詩云：「爾從山中來，早晚發天目。我屋南山下，今生幾叢菊。薔薇葉已柚，秋蘭氣當馥，歸去來山中，山中酒應熟。」此詩集中不載，唯晁文元家有之。蓋疑天目非陶居處。然太白詩云「陶令歸去來，田家酒應熟」，乃用此耳。此段見洪邁《對雨編》中，坡公當日亦未見此詩，故缺和耳。

紀昀評《蘇文忠公詩集》卷四一：此章好。（「我良孝愛」二句）警切語。

趙克宜《角山樓蘇詩評注彙鈔》卷一九：置之陶集，不可復辨。

逸諺戲侮，博奕頑鄙。投之生黎，俾勿冠履。霜降稻實，千箱一軌。大作爾社，一醉醇美。

和陶九日閒居

明日重九，雨甚，展轉不能寐。起索酒，和淵明一篇。醉熟昏然，殆不能佳也。

九日獨何日，欣然愜平生。四時靡不佳，樂此古所名。龍山憶孟子，栗里懷淵明。鮮鮮霜菊艷，溜溜糟牀聲。閒居知令節，樂事滿餘齡。登高望雲海，醉覺三山傾。長歌振履商，起舞帶索榮。坎坷識天意，淹留見人情。但願飽秔稌，年年樂秋成。

楊萬里《西溪先生和陶詩序》（《誠齋集》卷八〇）：淵明云：「塵爵耻虛罍，寒花徒自榮。」東坡和云：「鮮鮮霜菊艷，溜溜糟牀聲。」西溪和云：「境靜人亦寂，觴至壺自傾。」則又喟曰：「四者難並之。」嘆今古如一丘之貉也。兒跪而請曰：「東坡、西溪之和陶，孰似？」余曰：小兒何用強知許事。淵明之詩，春之蘭，秋之菊，松上之風，澗下之水也。東坡以烹龍庖鳳之手，而飲木蘭之墜露，餐秋菊之落英者也。西溪操破琴，鼓斷弦，以寫松風澗水者也。似與不似，余不得而知也。

查慎行《初白庵蘇詩補注》卷四一：詩中有「登高望雲海」之句，故知此詩爲海外作。今從和陶卷中分編。

紀昀評《蘇文忠公詩集》卷四一：（「長歌振履商」二句）東坡慣押單字姓名，不宜效之。（「但願飽秔稌」二句）收得和平而滿足。

溫汝綸《和陶合箋》卷一引樊潛庵評：「長歌振履商，起舞帶索榮」，謂商瞿、榮啓期也。瞿貧不仕，振履而歌，無戚戚之容。啓期行乎太山之野，鹿裘帶索，鼓琴而歌。孔子曰：「先生所以樂，何也？」對曰：「吾樂甚多（略）。」孔子曰：「善哉，能自寬也。」公詩援此，直處常變于泡影夢幻，雖渡海下獄，庸何傷？且曰：「坎坷識天意，淹留見人情。」純是達者語。其胸中浩浩落落，絕無一髮牽強。患得患失者，能之乎？

趙克宜《角山樓蘇詩評注彙鈔》卷一九：語絕淡，亦絕類陶。（「閑居知令節」）靜中體驗語。

聞子由瘦 自注：儋耳至難得肉食。

五日一見花豬肉，十日一見黃雞粥。土人頓頓食藷芋，薦以薰鼠燒蝙蝠。舊聞蜜唧嘗嘔吐，稍近蝦蟆緣習俗。十年京國厭肥羜，日日烝花壓紅玉。從來此腹負將軍（自注：俗諺云：大將軍食飽捫腹而歎曰：「我不負汝。」左右曰：「將軍固不負此腹，此腹負將軍，未嘗出少智慮也」），今者固宜安脫粟。人言天下無正味，蝍蛆未遽賢麋鹿。海康別駕復何爲，帽寬帶落驚童僕。相看會作兩腥仙，還鄉定可騎黃鵠。

袁宏道評閱譚元春選《東坡詩選》卷一二譚元春評：又有《聞子由瘦》一首，甚鄙。

紀昀評《蘇文忠公詩集》卷四一：太樸即近俚。

客俎經旬無肉又子由勸不讀書蕭然清坐乃無一事

病怯腥鹹不買魚，爾來心腹一時虛。使君不復憐烏攫，屬國方將掘鼠餘。老去獨收人所棄，悠哉時到物之初。從今免被孫郎笑，絳帕蒙頭讀道書。

陸游《老學庵筆記》卷九：《孫策傳》：張津常著絳帕頭。帕頭者，巾幘之類，猶今言幞頭也。韓文公云「以紅帕首」，已爲失之。東坡云：「絳帕蒙頭讀道書。」增一「蒙」字，其誤尤甚。

袁宏道評閱譚元春選《東坡詩選》卷一二譚元春評：此詩尚可存。又有《聞子由瘦》一首，甚鄙。予事解之，不欲指《豬肉頌》爲東坡佳語也。

紀昀評《蘇文忠公詩集》卷四一：(一)「老去獨收人所棄」(二)「去」字當作「矣」。

去歲與子野游逍遙堂日欲没因並西山叩羅浮道院至已三鼓矣遂宿於西堂今歲索居儋耳子野復來相見作詩贈之

往歲追歡地，寒窗夢不成。笑談驚半夜，風雨暗長檠。雞唱山椒曉，鐘鳴霜外聲。只今那復見，彷彿似三生。

查愼行《初白庵詩評》卷中：（「風雨暗長檠」）「燈檠」「檠」字古人皆作上聲讀。平聲「檠」字作榜字解，非燈檠也。先生亦承此僞。

和陶停雲

自立冬以來，風雨無虛日，海道斷絕，不得子由書。乃和淵明《停雲》詩以寄。

溫汝綸《和陶合箋》卷一引引劉克莊語：東坡方得意時，爲執政侍從。及其失意，至下獄，過嶺，晚更憂患，于是始有和陶之作，不知淵明印可否。又引樊潛庵評：昔人謂四言詩，自曹氏父子、王仲宣、陸士衡後，惟陶公最高。愚謂公和陶詩，直可並駕。

停雲在空，黯其將雨。嗟我懷人，道修且阻。眷此區區，俯仰再撫。良辰過鳥，逝不我佇。

紀昀評《蘇文忠公詩集》卷四一：此章頗有陶意。

颶作海渾，天水溟濛。雲屯九河，雪立三江。我不出門，寤寐北窗。念彼海康，神馳往從。

洪邁《容齋四筆》卷二《有美堂詩》：東坡在杭州，作《有美堂會客》詩，頷聯云：「天外黑風吹海立，浙東風雨過江來。」讀者疑海不能立，黃魯直曰：「蓋是爲老杜所誤。」因舉《三大禮賦朝獻太清宮》云「九天之雲下垂，四海之水皆立」以告之。二者皆句語雄峻，前無古人。坡和陶《停雲》詩有「雲屯九河，雪立三江」之句，亦用此也。

王文誥《蘇文忠公詩編注集成》卷四一：和陶不欲襲取皮毛，觀《停雲》自見。

潘德輿《養一齋詩慶》卷九：坡公《有美堂》詩「天外黑風吹海立」，用杜公《三大禮賦》

「四海之水皆立」可也。若《和陶停雲》詩「雪立三江」，容齋又以爲用此賦。此恐係蘇公自造字句，容齋臆斷用杜，可乎？

凜然清癯，落其驕榮。餽奠化之，廓兮忘情。萬里遲子，晨興宵征。遠虎在側，以寧先生。

溫汝綸《和陶合箋》卷一引樊潛庵評：憂患之語，讀之悽然。

王文誥《蘇文忠公詩編注集成》卷四一：此章更妙，如必皆似首章，始謂之有陶意，則和陶皆空腔矣。曉嵐見不到此。

對奕未終，摧然斧柯。再遊蘭亭，默數永和。夢幻去來，誰少誰多。彈指太息，浮雲幾何。

紀昀評《蘇文忠公詩集》卷四一：此章自用本色，卻佳。

溫汝綸《和陶合箋》卷一：先生在儋，買地結茅，食芋飲水，著書以爲樂。作《書傳》以推明上古之絕學，且謙冲下士，日與諸黎游無間。觀其結語，胸懷曠達，舉世間榮悴得失之數，誠不足以動其中，蓋于淵明實有深契焉者。後村之論，殆非深知東坡者也。

又引樊潛庵評：後村斯語，似覺太過。觀公此結，何等豁達，何等了然。

過子忽出新意以山芋作玉糝羹色香味皆奇絶天上酥酡則不可知人間決無此味也

香似龍涎仍釅白，味如牛乳更全清。莫將南海金虀膾，輕比東坡玉糝羹。

胡仔《苕溪漁隱叢話》後集卷二八：東坡于飲食，作詩賦以寫之，往往皆臻其妙（下舉此詩）。

趙克宜《角山樓蘇詩評注彙鈔》卷一九：此是口熟之典，卻非佳詩。

和陶己酉歲九月九日

十月初吉菊始開，乃與客作重九，因次韻淵明《己酉歲九月九日》一首。胡廣飲菊潭而壽，然《李固傳贊》云：其視胡廣猶糞土也。

今日我重九，誰謂秋冬交。黃花與我期，草中實後凋。香餘白露乾，色映青松高。悵望南陽野，古潭霏慶霄。伯始眞糞土，平生夏畦勞。飲此亦何益，內熱中自焦。持我萬家春，一酬五柳陶。夕英幸可掇，繼此木蘭朝。

紀昀評《蘇文忠公詩集》卷四一：借情抒憤，然用古人語詠古人，故無痕迹。（「草中實後凋」）自負語。（「古潭霏慶霄」）「霄」字韻押得稍強。

溫汝綸《和陶合箋》卷一：先生此詩，想亦有爲而言。不然，因菊酒而痛罵伯始，何謂也？樊評謂「不落窠臼」，似猶未窺深際。

又引樊潛庵評：九日詩不落窠臼，惟五柳先生。有公和詩，五柳似不得獨擅其長矣。

宥老楮

我牆東北隅，張王維老穀。樹先樗櫟大，葉等桑柘沃。流膏馬乳漲，墮子楊梅熟。胡爲尋丈地，養此不材木。蹶之得輿薪，規以種松菊。靜言求其用，略數得五六。膚爲蔡侯紙，子入桐君錄。黃繒練成素，黝面頳作玉。灌灑蒸生菌，腐餘光吐燭。雖無傲霜節，幸免狂酲毒。孤根信微陋，生理有倚伏。投斧爲賦詩，德怨聊相贖。

紀昀評《蘇文忠公詩集》卷四一：題不佳。何不直以「老楮」爲題？頗近香山，然筆力自别。

趙克宜《角山樓蘇詩評注彙鈔》卷一九：通體淨健。（「樹先樗櫟大」）刻畫極切。（「流膏馬乳漲」二句）「馬乳」、「楊梅」亦是借對法，詩之工不在此，然不可不知。

觀碁

予素不解碁，嘗獨游廬山白鶴觀，觀中人皆闔户晝寢，獨聞碁聲于古松流水之間。意欣然喜之，自爾欲學，然終不解也。兒子過乃粗能者，儋守張中日從之戲，予亦隅坐竟日，不以爲厭也。

五老峰前，白鶴遺址。長松蔭庭，風日清美。我時獨游，不逢一士。誰歟碁者，户外屨二。不聞人聲，時聞落子。紋枰坐對，誰究此味。空鈎意釣，豈在魴鯉。小兒近道，剥啄信指。勝固欣然，敗亦可喜。優哉游哉，聊復爾耳。

葛立方《韻語陽秋》卷一七：（「小兒近道」四句）夫恣貪欲于指顧，爭勝負于毫釐，業棋者之常情，而坡置之膜外，亦可見其胸中翛然者矣。

方岳《深雪偶談》：在儋耳作《觀棋》詩，記游廬山白鶴觀，觀中人皆闔户晝寢，獨聞棋聲，云：「五老峰前（略）」其寂寞冷落之味，可以想見，坡公四言，于古近體中句語，無適而不高妙已。

胡仔《苕溪漁隱叢話》後集卷一二《劉夢得》：苕溪漁隱曰：夢得《觀棋歌》云：「初疑磊落曙天星，次見搏擊三秋兵。雁行布陣衆未曉，虎穴得子人皆驚。」予嘗愛此數語能模寫奕棋之趣，夢得必高於手談也。至東坡《觀棋》則云：「勝固欣然，敗亦可喜。優哉游哉，聊復爾耳。」蓋東坡不解棋，不究此味也。

袁文《甕牖閒評》卷六：棋，至難事也，而詠棋爲尤難。嘗觀杜牧之詩云：「羸形暗去春泉長，猛勢横來野火燒。」劉夢得詩云：「雁行布陣衆未曉，虎穴得子人方驚。」黄太史詩云：「心似珠絲游碧落，身如蜩殼化枯枝。」觀此三詩，皆道盡棋中妙處，殆不容優劣矣。至王荆公、蘇東坡則不然，荆公之詩云：「戰罷兩奩收黑白，一枰何處有虧盈。」東坡之詩云：「勝固欣然，敗亦可喜。優哉游哉，聊復爾耳。」二詩理趣尤奇，其見又高于前之三公也。

方岳《深雪偶談》：四言自韋孟、司馬遷、相如、班固、束皙、陶潛、韓愈、柳完元、梅堯臣、歐陽修、王安石、蘇軾，工拙略見。嘗怪五言而上，世人往往極其才之所至，而四言雖文詞鉅伯，輒不能工，水心有是言矣。劉濳夫亦以四言尤難，《三百五篇》在前之故。余思四言如律以《三百五篇》，則韋氏爲工。世殊體異，後之銘詩莫非四言也。安石以上諸公，未暇深論，如蘇公所撰《范蜀公誌銘》，余每展卷，輒爲擊節。在儋耳作《觀棋》詩，其寂寒冷落之味，可以想見。坡公四言，于古近體中，句語無適而不高妙也。

王應麟《困學紀聞》卷二〇：東坡《觀棋》詩「誰與棋者」用《檀弓》文法。

方回《瀛奎律髓》卷二七：（黄庭堅《弈棋呈任公漸》：「心似珠絲游碧落，身如蜩殼化枯枝。」）盡弈者用心忘身之態，或者以爲不如東坡「勝固欣然，敗亦可喜」遠矣。

郎瑛《七修類稿》卷二五：一藝之事，皆有妙存于間。以爲易耶？則聰明者或不能。以爲難耶？往往小人精絶。故荆公、東坡性非不敏，荆公棋將敗，則隨手斂之。東坡自云：「余素不解棋，嘗獨游廬山白鶴觀，觀中皆闔户無人，獨聞棋聲于古松流水之間，欣然欲學，終不能也。」王之詩曰：「莫將戲事擾眞情，且可隨緣道我贏。戰罷兩奩收黑白，一枰何處有虧盈。」蘇之詩曰：「勝固欣然，敗亦可喜。」余以此皆不得其妙，不能不爲是言耶？如窮其趣者，則有「虎穴得子人皆驚，静算江山千里近」之辭矣。然又當知王乃圍棋，故有黑白之稱；蘇乃象棋，故遠聞其聲耳。

汪師韓《蘇詩選評箋釋》卷六：軾嘗論司空圖「棋聲花院閉，幡影石幢高」之句，以爲「吾嘗獨入白鶴觀，松陰滿地，不見一人，惟聞棋聲，然後知此句之工，但恨其寒儉有僧態」。數語可謂定評矣。此四言一章，則甚似規撫二十四品之文者，清幽静妙，眞得味外之味，然何嘗帶一毫寒儉氣耶？胡仔强作解事，乃謂不如夢得之歌。夢得直是棋賦耳，豈能於跡象之表别具神解乎？

紀昀評《蘇文忠公詩集》卷四一：純用本色，毫不依傍古人，而未嘗不佳。

趙翼批沈德潛《宋金元三家詩選·蘇東坡詩選》下卷：蒼寒寂寥之境，千載如見，斯爲寫景中神品。

王文誥《蘇文忠公詩編注集成》卷三九：其《觀棋》一詩，則駕陶而上之，陶無此脱淨之文，亦不能一筆單行到底也。

趙克宜《角山樓蘇詩評注彙鈔》卷一九：（結處）率吐胸臆，便成名語。

糴米

糴米買束薪，百物資之市。不緣耕樵得，飽食殊少味。再拜請邦君，願受一廛地。知非笑昨夢，食力免內愧。春秧幾時花，夏稗忽已穟。悵焉撫耒耜，誰復識此意。

查慎行《初白庵詩評》卷中：（「糴米束薪」八句）可使素餐者汗背。

汪師韓《蘇詩選評箋釋》卷六：此與陶潛詩云「田家豈不苦，弗獲辭此難。四體誠乃疲，庶無異患干」，同爲學道有得之語。

紀昀評《蘇文忠公詩集》卷四一：（「悵然撫耒耜」二句）託意深微。

趙克宜《角山樓蘇詩評注彙鈔》卷一九：樸眞有味。

入寺

曳杖入寺門，輯杖挹世尊。我是玉堂仙，謫來海南村。多生宿業盡，一氣中夜存。旦隨老鴉起，飢食扶桑暾。光圓摩尼珠，照耀玻瓈盆。來從佛印可，稍覺魔忙奔。閒看樹轉午，坐到鐘鳴昏。斂收平生心，耿耿聊自溫。

紀昀評《蘇文忠公詩集》卷四一：語意殊淺。（「輯杖挹世尊」）「輯」當作「揖」。（「旦隨老鴉起」）字俚。

次韻子由三首

東亭

仙山佛國本同歸，世路元關兩背馳。到處不妨閒卜築，流年自可數期頤。遙知小檻臨廛市，定有新松長棘茨。誰道茅簷劣容膝，海天風雨看紛披。

東樓

白髮蒼顏自照盆，董生端合是前身。獨棲高閣多詞客，爲著新書未絕麟。小醉易醒風力軟，安眠無夢雨聲新。長歌自誚眞堪笑，底處人間是所欣（自注：柳子厚詩云：「高歌返故室，自誚非所欣。」）

椰子冠

天教日飲欲全絲，美酒生林不待儀。自漉疎巾邀醉客，更將空殼付冠師（自注：《前漢·高祖紀》注云：薛有作冠師）。規模簡古人爭看，簪導輕安髮不知。更著短簷高屋帽，東坡何事不違時。

次韻子由月季花再生

幽芳本長春，暫瘁如蝕月。且當付造物，未易料枯枿。也知宿根深，便作紫筍茁。乘時出婉娩，爲我暖栗冽。先生早貴重，廟論推英拔。而今城東瓜，不記召南茇。陋居有遠寄，小圃無闊躡，還爲久處計，坐待行年匝（自注：子由明年六十）。臘果綴梅枝，春杯浮竹葉。誰言一萌動，已覺萬木活。聊將玉蕊新（自注：世謂此玫瑰花也），插向綸巾折。

查慎行《初白庵詩評》卷中：（「陋居有遠寄」四句）小景錘鍊至此。（「誰言一萌動」二句）語合化工。

汪師韓《蘇詩選評箋釋》卷六：「一萌動」而覺「萬木活」。春風太和，在其襟抱。

紀昀評《蘇文忠公詩集》卷四一：（「臘果綴梅枝」以下四句）借事相寬，善于立言。

趙克宜《角山樓蘇詩評注彙鈔》卷一九：（「陋居有遠寄」二句）逼肖昌黎。

次韻子由浴罷

理髮千梳凈，風晞勝湯沐。閉息萬竅通，霧散名乾浴。頹然語默喪，靜見天地復。時令具薪水，漫欲濯腰腹。陶匠不可求，盆斛何由足（自注：海南無浴器，故常乾浴而已）。老雞卧糞土，振羽雙瞑目。倦馬驟風沙，奮鬣一噴玉。垢凈各殊性，快愜聊自沃。雲母透蜀紗，琉璃瑩蘄竹。稍能夢中覺，漸使生處熟。《楞嚴》在牀頭，妙偈時仰讀。返流歸照性，獨立遺所矚。未知仰山禪，已就季主卜。安心會自得，助長毋相督。

查慎行《初白庵詩評》卷中：（「老雞卧糞土」六句）可與談齊物精理。

汪師韓《蘇詩選評箋釋》卷六：緣合緣散，觸處圓通，遙源濬波，酌而不竭。

紀昀評《蘇文忠公詩集》卷四一：（「老鷄卧糞土」以下六句）從《莊子》鵬鷃意化出，分明郭子元注中語也。此境東坡獨闢，前無古人。

張道《蘇亭詩話》卷一：東坡詩，體物有極細處。如（略）「老鷄卧糞土，振羽雙閉目。倦馬驟風沙，奮鬣一噴玉。」（《子由浴罷》）今人賦物，第疏物狀，東坡則善體物情，故妙出不窮。

趙克宜《角山樓蘇詩評注彙鈔》卷一九：取譬醒快，此翁慣技。

延君壽《老生常談》：作詩不必有出典，而形容能盡極妍態，令人一讀一驚喜。東坡《浴罷》句云：「老鷄卧糞土，振羽瞑雙目。倦馬輾風沙，奮鬣一噴玉。」此等生造，能與昌黎之「赤龍拔鬚血淋漓」，各有虛實不同之妙。

借前韻賀子由生第四孫斗老

今日散幽憂，彈冠及新沐。況聞萬里孫，已報三日浴。朋來四男子，大壯泰臨復。開書喜見面，未飲春生腹。無官一身輕，有子萬事足。舉家傳吉夢，殊相驚凡目。爛爛開眼電，磽磽峙頭玉（自注：李賀詩云：「頭玉磽磽眉刷翠，杜郎生得眞男子。」）但令強筋骨，可以耕衍沃。不須富文章，端解耗楮竹。君歸定何日，我計久已熟。長留五車書，要使九子讀（自注：吾與子由共九孫男矣)。簞瓢有內樂,軒冕無流矚。人言適似我,窮達已可卜。蚤謀二頃田,莫待八州督(自注:吾前後典八州)。

獨覺

瘴霧三年恬不怪,反畏北風生體疥。朝來縮頭似寒鴉,焰火生薪聊一快。紅波翻屋春風起,先生默坐春風裏。浮空眼纈散雲霞,無數心花發桃李。翛然獨覺午窗明,欲覺猶聞醉鼾聲。回首向來蕭瑟處,也無風雨也無晴。

紀昀評《蘇文忠公詩集》卷四一:此卻淺滑,開唐六如等一種惡派。

十二月十七日夜坐達曉寄子由

燈燼不挑垂暗蘂,爐灰重撥尚餘薰。清風欲發鴉翻樹,缺月初升犬吠雲。閉眼此心新活計,隨身孤影舊知聞。雷州別駕應危坐,跨海清光與子分。

汪師韓《蘇詩選評箋釋》卷六：淒寂之境，寫得鷄犬皆仙，超然元箸。

謫居三適

趙秉文《擬東坡謫居三適·旦起嚥日》（《滏水集》卷五）：老人畏朝寒，常恨爲物役。爬搔未云已，簡書催我出。爾來先朝參，晨起喜見日。王事有期程，安能待千息。披衣向東方，聊復效龜吸。漸漸肢體柔，谷谷眞氣入。少焉肝腸暖，陽和通百脈。吾年六衰餘，前路那可必。未來不吾預，已逝安容惜。及此未病間，聊冀一溉盆。

又《午窗曝背》：清晨了公事，及午身得閑。南榮有晴日，曝背于其間。稍稍陽光舒，漸漸和氣還。時攜一冊書，眼花紛斕班。倦即枕書卧，散盡腰脚頑。清于三杯餘，甜勝一味跧。人間有此適，不憂天公慳。世人慕暖熱，肉屏醉雲鬟。雖得一餉樂，憂喜常相關。痴兒亦笑我，市中有樵山。

又《夜卧坑暖》：京師苦寒歲，桂玉不易求。豆粟換束薪，掉臂不肯酬。日糴五升米，未有旦夕憂。近山富黑璧，百金不難謀。地坑規玲瓏，火穴通深幽。長舒兩脚睡，暖律初回鄒。門前三尺雪，鼻息方齁齁。田家燒榾柮，濕煙泫泪流。渾家身上衣，炙背曉未休。誰能獻此術，助汝當衾裯。

紀昀評《蘇文忠公詩集》卷四一：題有綱目，開後人俗態。三詩並自在流出，妙不率易平衍，是爲老手。

旦起理髮

安眠海自運，浩浩朝黃宮。日出露未晞，鬱鬱濛霜松。老櫛從我久，齒疎含清風。一洗耳目明，習習萬竅通。少年苦嗜睡，朝謁常悤悤。爬搔未云足，已困冠巾重。何異服轅馬，沙塵滿風騣。琱鞍響珂月，實與杻械同。解放不可期，枯柳豈易逢。誰能書此樂，獻與腰金公。

查慎行《初白庵蘇詩補注》卷四一：末句「翁」字韻（「誰能書此樂，獻與腰金翁。」）據《欒城集》，當作「公」。（轍次韻云：「人生安有安，未肯易三公。」）

王文誥《蘇文忠公詩編注集成》卷四一：（「獻與腰金公」）紀昀曰「翁」字勝「公」字。後首東坡押「沐猴」字，子由和「封侯」，當日或不盡拘，不必以彼改此也。今考《欒城集》押「未肯易三公」句，故查註改「翁」以就「公」，而曉嵐因有此說。查註主異，專以彼所見爲是，而舊所有爲非，並不顧是非皀白也。本集所見和韻，如須、鬚、杭、航、蒲、蒱，皆隨意押，亦有換一韻、少一韻者，後之人欲一一强爲齊之，得乎？

張道《蘇亭詩話》卷五《補注類》：《旦起理髮》詩：「已困冠巾重。」施注但引韓詩「我欲收斂加冠巾」，於「重」字未釋。《輟耕錄》：「後世乃作小冠，僅以束髮，冠下施幘，冠幘之上，又總施巾。」《學齋佔畢》：「古者有冠而無巾，至近代，反以巾爲禮，而戴冠不巾者爲非禮。」

趙克宜《角山樓蘇詩評注彙鈔》卷一九：（「何異服轅馬」六句）正寫處頗略，全用反襯託足，正意自透。

午窗坐睡

蒲團蟠兩膝，竹几閣雙肘。此間道路熟，徑到無何有。身心兩不見，息息安且久。睡蛇本亦無，何用鉤與手。神凝疑夜禪，體適劇卯酒。我生有定數，祿盡空餘壽。枯楊不飛花，膏澤回衰朽。謂我此爲覺，物至了不受。謂我今方夢，此心初不垢。非夢亦非覺，請問希夷叟。

紀昀評《蘇文忠公詩集》卷四一：（「祿盡空餘壽」）事出《太平廣記》。（「謂我此爲覺」二句）恰是坐睡。

趙克宜《角山樓蘇詩評注彙鈔》卷一九：（結處）未免落套。

夜臥濯足

長安大雪年，束薪抱衾裯。雲安市無井，斗水寬百憂。今我逃空谷，孤城嘯鵂鶹。得米如得珠，食菜不敢留。況有松風聲，釜鬲鳴飀飀。瓦盎深及膝，時復冷暖投。明燈一爪翦，快若鷹辭韝。天低瘴雲重，地蒲海氣浮。土無重腿藥，獨以薪水瘳。誰能更包裹，冠履裝沐猴。

查愼行《初白庵詩評》卷中：（「土無重腿藥」二句）妙！

趙克宜《角山樓蘇詩評注彙鈔》卷三九：（「明燈一爪翦」二句）取譬或繁或簡，皆見語妙。

紀昀評蘇文忠公詩集卷四十二

和陶游斜川　五月五日與兒子過出游作。

謫居澹無事，何異老且休。雖過靖節年，未失斜川游。春江渌未波，人卧船自流。我本無所適，汎汎隨鳴鷗。中流遇洑洄，捨舟步層邱。有口可與飲，何必逢我儔。過子詩似翁，我唱而輒酬。未知陶彭澤，頗有此樂不。問點爾何如，不與聖同憂。問翁何所笑，不爲由與求。

紀昀評《蘇文忠公詩集》卷四二：有自然之樂，形神俱似陶公。（「雖過靖節年」二句）紹合正月五日好，（「未知陶彭澤」二句）回顧三四句（即「雖過靖節年」二句），密。

陸瑩《問花樓詩話》卷二：先廣文愛其和陶詩，以謂此老晚年進境。其《和歸田園居》（略）諸作，多見道之言。佳句如「春江渌未波，人卧船自流」，（略）子由謂「精深華妙，無老人衰憊之氣」者也。

翁方綱《石洲詩話》卷三：東坡在儋州詩有云：「問點爾何如？不與聖同憂。」雖是偶爾撇脱語，卻正道着春風沂水一段意思。蓋春風沂水一段，與聖人老安少懷，究有虚實不同，不過境象相似耳。用舍行藏，未可遽以許若人也。孰謂東坡僅詩人乎？

溫汝綸《和陶合箋》卷二：起語着一「澹」字，便覺高遠，氣味逼眞淵明。以遷謫之況，而得澹然無事，可謂樂天知命，隨遇而安，東坡之胸次過人遠矣。

又引樊潛庵評：有此令嗣，雖萬里投荒，終強人意。未知陶彭澤頗有此樂不？眞喜極之語，不覺信手拈出，非有意問淵明也。

趙克宜《角山樓蘇詩評注彙鈔》卷二〇：「春江」十字，天然妙語。

陸瑩《問花樓詩話》卷二：先廣文愛其和陶詩，以謂此老晚年進境。其《和歸田園居》、《時運》、《始春懷古田舍》、《三良》諸作，多見道之言。佳句如「春江淥未波，人臥船自流」，（略）子由謂「精深華妙，無老人衰憊之氣」者也。

子由生日

上天不難知，好惡與我一。方其未定間，人力破陰騭。小忍待其定，報應眞可必。季氏生而仁，觀過見其實。端如柳下惠，焉往不三黜。天有時而定，壽考未易畢。兒孫七男子（自注：子由三子四孫），次第皆逢吉。遙知設羅門，獨掩縣磬室。回思十年事，無愧篋中筆。但願白髮兄，年年作生日。

汪師韓《蘇詩選評箋釋》卷六：是時子由年六十。祝頌之詞，以樸實潔淨爲合雅。

《御選唐宋詩醇》卷四一：語語樸摯，祝頌乃弟之體，故當如是。

紀昀評《蘇文忠公詩集》卷四二：此太板腐。

以黄子木拄杖爲子由生日之壽

靈壽扶孔光，菊潭飲伯始。雖云閒草木，豈樂蒙此恥。一時偶收用，千載相瘢疻。海南無嘉植，野果名黄子。堅瘦多節目，天材任操倚。嗟我始翦裁，世用或緣此。貴從老夫手，往配先生几。相從歸故山，不愧仙人杞（自注：《本草》：枸杞一名仙人杖）。

汪師韓《蘇詩選評箋釋》卷六：「從老夫手」，「配先生几」，「嗟余寡兄弟，四海一子由」，此語老而益信。

紀昀評《蘇文忠公詩集》卷四二：（起六句）起得極闊遠，又極緊切。（「野果名黄子」）直入本位，更不作一轉折。只兩兩對照，各不相屬。筆墨高絶。（「貴從老夫手」二句）「貴」字寫得有身分。「老夫」、「先生」字，俱極鄭重，與起處孔、胡（「靈壽扶孔光，菊潭飲伯始」），箭鋒相值。

王文誥《蘇文忠公詩編注集成》卷四二：（「靈壽扶孔光」二句）題已道盡，勿誤作對起。（「嗟我始翦裁」二句）曉嵐賞下句「貴」字，殊不知皆此十字斤兩，有無限作用在內，逼出下二句也。讀者久讀，當自知之。

上元夜過赴儋守召獨坐有感 自注：戊寅歲。

使君置酒莫相違，守舍何妨獨掩扉。靜看月窗盤蜥蜴，卧聞風幔落伊威。燈花結盡吾猶夢，香篆消時汝欲歸。搔首淒涼十年事，傳柑歸遺滿朝衣。

《瀛奎律髓彙評》卷一六《節序類》方回評：此詩元符元年戊寅作，坡年六十三矣。在儋州亦半年餘，以去年紹聖丁丑六月渡海也。十年前事，當是元祐二年丁卯，以翰林學士侍宴端門，戊辰知貢舉，皆在朝。至五十九歲時，紹聖元年甲戌，自中山謫惠州。乙亥年賦《上元》古詩有云：「前年侍玉輦，端門萬枝燈。」即元祐八年癸酉正月也。「去年中山府，老病亦宵興。」即甲戌正月也。「今年江海上，雲房寄山僧。」即乙亥正月也。人生能幾何年？如上元一節物耳，出處去來，歲歲不同，當是時又焉知渡海而逢上元耶？坡甲戌之貶，至元符三年庚辰徽廟立，乃得北歸。建中靖國元年辛巳卒于常州。學者睹此，則知身如浮雲外物，如雌風，如雄風，皆不足計較也。

又紀昀評：借以抒慨，語殊支蔓，不見警拔。

又：（使君置酒莫相違二）「莫」字是囑詞，不宜用之去後。

又何焯評：「傳柑」何足榮？唯君恩未報，不免戀戀耳。

又無名氏（甲）評：上元故事，京師戚里有傳柑宴，亦出于上賜也。

過於海舶得邁寄書酒作詩遠和之皆粲然可觀子由有書相慶也因用其韻賦一篇並寄諸子姪

我似老牛鞭不動，雨滑泥深四蹏重。汝如黃犢走卻來，海闊山高百程送。庶幾門戶有八慈，不恨居鄰無二仲。他年汝曹笏滿牀，中夜起舞踏破甕。會當洗眼看騰躍，莫指癡腹笑空洞。譽兒雖是兩翁癖，積德已自三世種。豈惟萬一許生還，尚恐九十煩珍從。六子晨耕簞瓢出，衆歸夜績燈火共。《春秋》《古史》乃家法，詩筆離騷亦時用。但令文字還照世，糞土腐餘安足夢。

查慎行《初白庵詩評》卷中：（《春秋》、《古史》乃家法）《古史》，子由所著。

紀昀評《蘇文忠公詩集》卷四二：語語緊健。

趙克宜《角山樓蘇詩評注彙鈔》卷二〇：虛境設想，語意充實，押強韻，絕不安排。

和陶郭主簿

清明日聞過誦書，聲節閑美，感念少時，悵焉追懷先君宮師之遺意，且念淮德二幼孫，無以自遣，乃和淵明二篇，隨意所寓，無復倫次也。

溫汝綸《和陶合箋》卷二：先生三子，過尤有父風。儋耳爲極邊煙瘴之地，觀其負擔從行，艱難萬狀，而能曲體親心，力學不倦，非其中有定見，外物不移者，能若是乎？要惟以詩書世其家者，乃能不墜厥聲也。篇中「家世事酌古，百史手自斟」二句更宜熟玩。人惟于古史酌之斟之，則書味深醇，義理昭著，異日希聖希賢，皆基于此。視末篇出世服食，擬作飛仙，未免蹈空，反覺無着。

又引樊潛庵評：二詩撫今追昔，似喜似憂，深有不即不離之致，較淵明《責子》詩，猶覺不能擺脫也。淵明集中《命子》之後，復有《責子》，而公和陶無此兩作，非遺之也。公幼子過，萬里侍行，顛沛流離中，猶不廢學，尚可責之乎？此天性之不忍作也。又公三子六孫，皆以能文章名于世，假公以師陶故，亦盡和之，是以賢子孫作詩料矣，公豈爲之哉？益以見古人作詩，必不虛設。世之讀詩作詩求多誇艷者，亦可以知返矣。

今日復何日，高槐布初陰。良辰非虛名，清和盈我襟。孺子卷書坐，誦詩如鼓琴。卻去四十年，玉顏如汝今。閉戶未嘗出，出爲鄰里欽。家世事酌古，百史手自斟。當年二老人，喜我作此音。淮德入我夢，角羈未勝簪。孺子笑問我，君何念之深。

查慎行《初白庵詩評》卷中：（「君何念之深」）「君」當作「若」。

雀鷇含淳音，竹萌抱靜節（自注：此兩句，先君少時詩，失其全首）。誦我先君詩，肝肺爲澄澈。猶如鳴鶴和，未作獲麟絕。願因騎鯨李，追此御風列。丈夫貴出世，功名豈人傑。家書三萬卷，獨取服食訣。地行即空飛，何必挾日月。

查慎行《初白庵蘇詩補注》卷四二：先生所用（「願因騎鯨李」「何必挾日月」），正是修煉家語。施氏原注引《莊子》「昭昭乎如揭日月而行」，與詩意不合。

趙翼《甌北詩話》卷五《蘇東坡詩》：坡詩不尚雄傑一派，其絕人處在乎議論英爽，筆鋒精銳，舉重若輕，讀之似不甚用力而力已透十分，此天才也。試即其詩，略爲舉似。五古如：（略）「丈夫貴出世，功名豈人傑。」（《和陶詩》）（略）此皆坡詩中最上乘，讀者可見其才分之高，不在功力之苦也。

王文誥《蘇海識餘》卷一：《和郭主簿》詩「地行即空飛，何必挾日月」二句，《靈芬館詩話》引「上界足官府」句，而以諸註爲非是。案施註引《莊子·山木篇》，查註引《黄庭經》，合註用修鍊事，本集似此逐句註字面者不可具數，詩話所引正等。如以註爲非是，是以五十步笑百步也。此詩本因記老蘇軼句，以鶴鳴子和足之，而以李謫仙騎鯨自比。李雖入翰林，因張垍輩讒間放廢，故下云：「丈夫貴出世，功名豈人傑。」此猶自道爲謫仙耳。下又云：「家書三萬卷，獨取服食訣。」乃找足老蘇軼句，即從中生出服食，作出世之綰合，此乃自葢其兩事牽合之迹，並不重「服食訣」三字。若當眞作求仙解，便誤。下又云：「地行即空飛，何必挾日月。」乃找足「丈夫貴出世，功名豈人傑」二句，謂我在泥塗，已同謫仙，正不必以功名終也。若惇、京在朝，挾其君以縱恣，此皆功名之士所羞，況我不爲功名者乎？公至海南，其言愈隱，但此類詩條條直直，久讀自見，例不加案語。今以詩話亦泥，看作道家事，又以施、查爲譏，故詳論之。

梁章鉅《退庵隨筆》：李文貞不喜蘇詩，謂東坡詩殊少風韻音節，逐句俱塡典故，亦不是古法。此非篤論也。蘇詩淸空如話者，集中觸處皆有。如《和陶》云：「丈夫貴出世，功名豈人傑。」（略）此豈得以少風韻、塡典故概之？文貞意在講學，于詩詣力未深。其于唐詩，只取張曲江及燕、許、李、杜、韓、柳數家，宋詩只取歐陽文忠、王荆公、朱子三家。講學與論詩，自是兩事，學者不必爲所惑也。

海南人不作寒食而以上巳上冢予攜一瓢酒尋諸生皆出矣獨老符秀才在因與飲至醉符蓋儋人之安貧守靜者也

老鴉銜肉紙飛灰，萬里家山安在哉。蒼耳林中太白過，鹿門山下德公回。管寧投老終歸去，王式當年本不來。記取城南上巳日，木綿花落刺桐開。

《瀛奎律髓彙評》卷一六《節序類》方回評：昌黎不謫潮州，後世豈知有趙德。東坡不落海南，後世豈知有符林。《李太白集·尋城北范居士落蒼耳道中》，坡用此以譬尋符林也。

又：司馬德操詣龐德公，値其上冢。坡用此以譬所尋諸生皆已上冢不値也。

又：管寧避地遼東，後還中國。坡用此以譬己終當北歸也。王式爲博士，悔爲江公所辱，曰：「我本不欲來。」坡用此以譬己元祐進用，亦本無富心也。東坡詩間架宏大，不可步驟，豈許用晦四句裝景所可及歟！此詩首尾四句言景，中四句用事。又未若移易中間四句兩用事，兩言景爲佳也。

又馮舒評：詩本隨人作，只要文理通耳，何嘗有情景硬局耶？

又：第二句亦不專景。

又：第四句未妥。

又馮班評：方君謂第三句「譬所尋諸生皆已上冢，不値也」，「回」字拍不上。

又：東坡無所不可，如此便板煞。

又紀昀評：方君謂「東坡不落海南，後世豈知有符林」，此語固是，然亦微露攀附之本懷。

又：前後景而中言情，正是變化。此以板法律東坡，與前後所說自相矛盾。

又：起句不雅，次句亦平易。

又馮班評：自然大樣。

袁宏道評閱譚元春選《東坡詩選》卷一〇譚元春評：太白、德公、管寧、王式連用，安得老坡此中空洞無物乎？

紀昀評《蘇文忠公詩集》卷四二：用四人名，礙格。

張道《蘇亭詩話》卷二：東坡既不得歸，每有先壟之思。（略）在儋州云：「老鴉銜肉紙飛灰，萬里家山安在哉？」（《海南人不知寒食云云》）

高步瀛《唐宋詩舉要》卷六引吳汝綸評：起句倒戟而入，奇肆票姚。（「王式當年本不來」）用典妙絶。

往年宿瓜步夢中得小絶錄示謝民師

吳塞蒹葭空碧海，隋宮楊柳只金堤。春風自恨無情水，吹得東流竟日西。

紀昀評《蘇文忠公詩集》卷四二：後二句沉痛之至，便有玉溪生意味。

王文誥《蘇文忠公詩編注集成》卷四四：（「吳塞蒹葭空碧海」二句）比小人雖得志一時，而終必身敗名裂也。（「春風自恨無情水」二句）公後遇廣帥朱行中于湞陽，且以民師爲託，有班斤郢斲之譽，亦甚愛重之矣。詳玩此詩，乃患民師年少，或恐才美而不進于德，故托爲舊夢以勉之，蓋欲引之爲清流也。公自後爲詩，多有意深晦，不容探討，不可不知。

趙克宜《角山樓蘇詩評注彙鈔》卷二〇：思路拗曲，而萬事東流之感愈深。

五色雀

海南有五色雀，常以兩絳者爲長，進止必隨焉，俗謂之鳳凰云。久旱而見，輒雨。潦則反是。吾卜居儋耳城南，嘗一至庭下，今日又見之。進士黎子雲及其弟威家既去，吾舉酒祝曰：若爲吾來者，當再集也。已而果然，乃爲賦詩。

粲粲五色羽，炎方鳳之徒。青黄縞元服，翼衛兩紱朱。仁心知閔農，常告雨霽符。我窮惟四壁，破屋無瞻烏。惠然此粲者，來集竹與梧。鏘鳴如玉佩，意欲相嬉娱。寂寞兩黎生，食菜眞臞儒。小圃散春物，野桃陳雪膚。舉杯得一笑，見此紅鸞雛。高情如飛仙，未易握粟呼。胡爲去復來，眷眷豈屬吾。回翔天壤間，何必懷此都。

紀昀評《蘇文忠公詩集》卷四二：（「仁心知閔農」二句）「仁心」二句平鈍。

和陶乞食

莊周昔貸粟，猶欲舂脱之。魯公亦乞米，炊煮尚不辭。淵明端乞食，亦不避嗟來。嗚呼天下士，死生寄一杯。斗水何所直，遠汲苦姜詩。幸有餘薪米，養此老不才。至味久不壞，可爲子孫貽。

紀昀評《蘇文忠公詩集》卷四二：此無佳處。

溫汝綸《和陶合箋》卷二：東坡謫居海南，盡賣酒器，以供衣食，酒盡米竭，時見于歌。至僦官舍數椽，復遭迫逐，無地可居，偃息于桄榔林中，摘葉書銘，以記其處。此元符己卯間事也。是詩之作，應在此時。跡其遷謫景況，蓋比淵明窮困爲甚。而處之泰然，嘯詠自得，則又千載一轍。

又引樊潛庵評：考公昔評此詩云：「淵明得一食，至欲以冥謝主人，哀哉哀哉！此大類丐者口頰也。非獨余哀之，舉世莫不哀之也。饑寒常在身前，功名常在身後，二者不相得，此士之所以窮也。」又云：「孔子不取微生高，孟子不取於陵仲子，惡其不情也。陶淵明欲仕則仕，不以求之爲嫌；欲隱則隱，不以去之爲高。饑則扣門而乞食，飽則鷄黍以迎賓。古今賢之，貴其眞也。」觀此，公蓋拳拳于五柳而和之，故其詩曰：「淵明端乞食，亦不避嗟來。」正與張爾公「黔婁不受嗟來，淵明卻詠乞食，兩人高致，情同採薇」之意合。何爾公謂公讀書慧眼，至淵明《乞食》「冥報以相貽」句，亦云「大類丐者口頰」，是淺窺淵明矣。嗟嗟，毋責之太甚乎？

和陶和胡西曹示顧賊曹

長春如稚女，飄颻倚輕颸。卯酒暈玉頰，紅綃卷生衣。低顏香自斂，含睇意頗微。寧當娣黃菊，未肯似戎葵。誰言此弱質，閲世觀盛衰。頩然疑薄怒，沃盥未可揮。瘴雨吹蠻風，凋零豈容遲。老人不解飲，短句餘清悲。

紀昀評《蘇文忠公詩集》卷四二：（「寧當娣黃菊」二句）「娣」、「似」字是東坡用字法也。（「老人不解飲」二句）結得悽惋。

和陶乙巳歲三月爲建威參軍使都經錢谿遊城北謝氏廢園作

喬木卷蒼藤，浩浩崩雲積。謝家堂前燕，對語悲宿昔。仰看桄榔樹，元鶴舞長翮。新年結荔子，主人黃壤隔。溪陰宜館我，稍省薪水役。相如賣車騎，五畝亦可易。但恐鵩鳥來，此生還蕩析。誰能插籬槿，護此殘竹柏。

紀昀評《蘇文忠公詩集》卷四二：（「喬木卷蒼藤」四句）起得緊切。

溫汝綸《和陶合箋》卷一引樊潛庵評：不堪回首，復嘆己之老竄，歌泣怨慕，淋漓滿紙，惟淵明「前途當幾許，未知止泊處」足以敵此詩之妙。

趙克宜《角山樓蘇詩評注彙鈔》卷二〇：起勢極厚，廢園精神涌出。

和陶擬古九首

許學夷《詩源辨體》後集纂要卷一：子瞻《和陶詩》，篇篇次韻，既甚牽縶，又境界各別，旨趣亦異。（略）如《擬古》、《雜詩》等作，用事殆無虛句，去陶益遠。

王文誥《蘇文忠公詩編注集成》卷三九：公之和陶，但以陶自託耳。至于其詩，極有區別。有作意倣之，與陶一色者；有本不求合，適與陶相似者；有借韻爲詩，置陶不問者；有毫不經意，信口改一韻者。若（略）《擬古》，（略）則篇幅太多，無此若干作意，勢必雜取詠古紀游諸事以足之，此雖和陶，而有與陶絕不相干者。蓋未嘗規規于學陶也。

《唐宋詩本》卷一戴第元評：此東坡在儋耳和陶之什。題雖云《擬古》，皆言嶺南風土，謫居實事，與從前多作寓言者不同。而性情溫厚，氣味冲淡，則固與陶爲一。必如此，方可學陶。

有客叩我門，繫我門前柳。庭空鳥雀散，門閉客立久。主人枕書卧，夢我平生友。忽聞剝啄聲，驚散一杯酒。倒裳起謝客，夢覺兩愧負。坐談雜今古，不答顏愈厚。問我何處來，我來無何有。

《容齋三筆》卷三《東坡和陶詩》：又「東方有一士」詩十六句，復重載于《擬古》九篇中，坡公遂亦兩和之，皆隨意即成，不復細考耳。陶之首章云：「榮榮窗下蘭，密密堂前柳。初與君別時，不謂行當久。出門萬里客，中道逢嘉友。未言心先醉，不在接杯酒。蘭枯柳亦衰，遂令此言負。」坡和云：「有客扣我門（略）。」二者金石合奏，如出一手，何止子由所謂遂與比轍者哉！

紀昀評《蘇文忠公詩集》卷四二：（「問我何處來」二句）結二句調用劉隨州。然劉語覺峭拔，此覺近佻，非古人淳厚氣象。由全篇體格不同也。（「驚散一杯酒」）句俚。（「不答顏愈厚」）強押。

溫汝綸《和陶合箋》卷一引樊潛庵評：首從夢至覺，信手拈來，極渾樸簡秀，正不必有其事，覺《古詩十九首》反多設色。

王文誥《蘇文忠公詩編注集成》卷四二：（「有客叩我門」四句）公在海南，眞有此種情狀，隨手拈來，皆古人所不道。

酒盡君可起，我歌已三終。由來竹林人，不數濤與戎。有酒從孟公，愼勿從揚雄。崎嶇頌沙麓，塵埃汙西風。昔我未嘗達，今者亦安窮。窮達不到處，我在阿堵中。

紀昀評《蘇文忠公詩集》卷四二：（「我在阿堵中」）亦佻。

溫汝綸《和陶合箋》卷一引樊潛庵評：次言山濤、王戎不及二阮諸子之高，揚子雲《美新》，未若陳遵縱酒，猶得自放。

客去室幽幽，鵩鳥來坐隅。引吭伸兩翅，太息意不舒。吾生如寄耳，何者爲吾廬。去此復何之，少安與汝居。夜中聞長嘯，月露荒榛蕪。無問亦無答，吉凶兩何如。

紀昀評《蘇文忠公詩集》卷四二：（「夜中聞長嘯」以下四句）用得變化，便覺超妙。

溫汝綸《和陶合箋》卷一引樊潛庵評：三首言賈誼見鵩而悲，殊非達者，我則直以生爲寄，何吉凶之可疑。

少年好遠遊，蕩志隘八荒。九夷爲藩籬，四海環我堂。盧生與若士，何足期渺茫。稍喜海南州，自古無戰場。奇峰望黎母，何異嵩與邙。飛泉瀉萬仞，舞鶴雙低昂。分流未入海，膏澤彌此方。芋魁儻可飽，無肉亦奚傷。

紀昀評《蘇文忠公詩集》卷四二：此亦樸老。

溫汝綸《和陶合箋》卷一引樊潛庵評：四言雖老死遐荒，亦無足憾，即「日啖荔枝三百顆，不妨長作嶺南人」意。

王文誥《蘇文忠公詩編注集成》卷四二：自此以上四篇，在《文選》諸賦奪胎，脱淨《客嘲》、《賓戲》之迹。

又《蘇海識餘》卷一：儋州和陶以《擬古》之「稍喜海南州，自古無戰場」二句爲《海外集》綱領，其意不肯説壞海南，即《海外集》不肯流入怨望之本旨。靈均之貶，全以怨立言。公之貶，全以樂易爲意。予于自序已詳論之，知其故，則讀《海外集》頭頭是道，詩旨出矣。公于湖州，劉誼亦云「致懇款矣」，而《和陶擬古》云「朱劉兩狂子，隕墜如風花」，則痛詆焉。公凡于朋儕中，雖交道甚篤，而或于民事一有乖謬，即絲毫不能假借，此其情性天成，雖至海南，有牢不可破者如此，故其平生積爲嫌恨者多也。

溫汝綸《和陶合箋》卷三引樊潛庵評：四言雖老死遐荒，亦無足憾。即「日啖荔枝三百顆，不妨長作嶺南人」意。

馮冼古烈婦，翁媼國于兹。策勳梁武後，開府隋文時。三世更險易，一心無磷緇。錦繖平積亂，犀渠破餘疑。廟貌空復存，碑版漫無辭。我欲作銘誌，慰此父老思。遺民不可問，僂句莫予欺。犦牲菌雞卜，我當一訪之。銅鼓壺盧笙，歌此送迎詩。

紀昀評《蘇文忠公詩集》卷四二：此則平鈍。

溫汝綸《和陶合箋》卷一引樊潛庵評：五章慨馮冼夫人廟食不振。

沈香作庭燎，甲煎粉相和。豈若炷微火，縈煙嫋清歌。貪人無飢飽，胡椒亦求多。朱劉兩狂子，隕墜如風花。本欲竭澤漁，奈此明年何（自注：朱初平、劉誼欲冠帶，黎人以取水沈耳）。

溫汝綸《和陶合箋》卷一引樊潛庵評：六援元載、朱初平、劉誼事，以見古今人莫不以奢喪元。

又：宋代採香，其禍最烈。先生目擊當時之弊，故結語及此。馮氏所引《續通鑑》云云，安知非史氏之或誣乎？自當以自注爲正。

鷄窠養鶴髮，及與唐人游。來孫亦垂白，頗識李崖州。再逢盧與丁，閱世眞東流。斯人今在亡，未遽掩一邱。我師吳季子，守節到晚周。一見春秋末，渺焉不可求。

紀昀評《蘇文忠公詩集》卷四二：（「我師吳季子」以下）後四句未詳。

溫汝綸《和陶合箋》卷一引樊潛庵評：七首謂李德裕、盧多遜、丁謂諸人，猶及見鷄窠小兒。今我蹤迹莫覯，豈其人尚在，如吳季札之高隱乎？

王文誥《蘇文忠公詩編注集成》卷四二：自此以上三篇，雜述舊聞。「再逢」四句，從「頗識」句帶串而下，此乃在「來孫」口吻中，只應如是完結也。

城南有荒池，瑣細誰復採。幽姿小芙蕖，香色獨未改。欲爲中州信，浩蕩絕雲海。遙知玉井蓮，落蕊不相待。攀躋及少壯，已失那容悔。

紀昀評《蘇文忠公詩集》卷四二：此首純乎古音，絕無本色。置之曲江、正字之間，不可復辨。

溫汝綸《和陶合箋》卷一引樊潛庵評：八傷己之不獲生還。

趙克宜《角山樓蘇詩評注彙鈔》卷二〇：語太快，與曲江、正字氣息不同。

黎山有幽子，形槁神獨完。負薪入城市，笑我儒衣冠。生不聞詩書，豈知有孔顏。翛然獨往來，榮辱未易關。日暮鳥獸散，家在孤雲端。問答了不通，歎息指屢彈。似言君貴人，草莽棲龍鸞。遺我古貝布，海風今歲寒。

紀昀評《蘇文忠公詩集》卷四二：以對照見意（「生不聞詩書」以下四句），感慨以言外寓之。

溫汝綸《和陶合箋》卷一引樊潛庵評：九藉黎幽子以自況。淵明詩全指革運，公則寓物託情，事雖殊而感則一也。

王文誥《蘇文忠公詩編注集成》卷四二：自此以上二篇，因出游而記近事也。凡此類和陶，公所謂借韻者也，如必逐首似陶，雖陶有所不能也，讀者當以此意參之。

趙克宜《角山樓蘇詩評注彙鈔》卷二〇：寫野人行徑，巧于相形，寓慨深渾。

和陶癸卯歲始春懷古田舍二首

儋人黎子雲兄弟居城東南，躬農圃之勞，偶與軍使張中同訪之。居臨大池，水木幽茂，坐客欲爲醵錢作屋，予亦欣然同之。名其屋曰載酒堂，用淵明《始春懷古田舍》韻作二首。

退居有成言，垂老竟未踐。何曾淵明歸，屢作敬通免。休閒等一味，妄想生愧靦（自注：淵明本用緬字，今聊取其同音字）。聊將自知明，稍積在家善。城東兩黎子，室邇人自遠。呼我釣其池，人魚兩忘反。使君亦命駕，恨子林塘淺。

《梁谿漫志》卷七《作詩押韻》：坡在嶺外《和淵明懷古田舍》詩云：「休閑等一味，妄想生愧靦。」自注云：「淵明本用『緬』字，今聊取其同音字。」（略）且東坡欲和此二韻，似亦不難矣，然纔覺牽合，則寧舍之，不以是壞此篇之全意也。後人不曉此理，纔到和韻處，以不勝人爲耻，必勮力冥搜，縱不可使，亦須強押，正如醉人語言，全無倫類，可以一笑也。

陸瑩《問花樓詩話》卷二：先廣文愛其和陶詩，以謂此老晚年進境。其（略）《始春懷古田舍》（略）諸作，多見道之言。佳句如「城東兩黎子，室邇人自遠，呼我釣其池，人魚兩忘反」。（略）子由謂「精深華妙，無老人衰憊之氣」者也。

溫汝綸《和陶合箋》卷一引樊潛庵評：一結深有老死遐荒之嘆，公破涕成笑，人多不覺讀過耳。

茅茨破不補，嗟子乃爾貧。菜肥人愈瘦，竈閒井常勤。我欲致薄少，解衣勸坐人。臨池作虛堂，雨急瓦聲新。客來有美載，果熟多幽欣。丹荔破玉膚，黃柑溢芳津。借我三畝地，結茅爲子鄰。鴂舌儻可學，化爲黎母民。

袁文《甕牖閑評》卷八：蘇東坡詩云：「果熟多幽欣。」余自少喜「幽欣」二字。

和陶辛丑七月赴假還江陵夜行塗中作口號郊行步月作

缺月不早出，長林踏青冥。犬吠主人怒，愧此閭里情。怪我夜不歸，茜袂窺柴荆。雲間與地上，待我兩友生。驚鵲再三起，樹端已微明。白露凈原野，始覺邱陵平。暗蛩方夜績，孤螢亦宵征。歸來閉戶坐，寸田且默耕。莫赴花月期，免爲詩酒縈。詩人如布穀，聒聒常自名。

紀昀評《蘇文忠公詩集》卷四二：（「犬吠主人怒」二句）「犬吠」十字眞至。（「詩人如布穀」二句）激語妙于竟住，遂不甚露。

趙克宜《角山樓蘇詩評注彙鈔》卷二〇：「暗蛩」一聯，義兼比興。

陸瑩《問花樓詩話》卷二：先廣文愛其和陶詩，以謂此老晚年進境。其《和歸田園居》、《時運》、《始春懷古田舍》、《三良》諸作，多見道之言。佳句如「驚鵲再三起，樹端已微明。白露凈原野，始覺邱陵平」。（略）子由謂「精深華妙，無老人衰憊之氣」者也。

溫汝綸《和陶合箋》卷一引樊潛庵評：（「犬吠主人怒」二句）寫出田家桑梓許多厚道，儲光羲《田舍》詩無此警策。

和陶庚戌歲九月中于西田穫早稻

蓬頭三獠奴，誰謂愿且端。晨興灑掃罷，飽食不自安。願治此圃畦，少資主游觀。晝功不自覺，夜氣乃潛還。早韭欲爭春，晚菘先破寒。人間無正味，美好出艱難。蚤知農圃樂，豈有非意干。尙恨不持鉏，未免騂我顏。此心苟未降，何適不間關。休去復歇去，菜食何所歎。

查愼行《初白庵蘇詩補注》卷四二：杜甫有《示獠奴》詩，又有《課隸人伯夷，辛秀、信行等入山斬陰木》詩。又《信行修水筒》詩云：「於斯答恭敬，足以殊殿最。」此詩起二語（「逢頭三獠奴，誰謂愿且端？」）正用此。

紀昀評《蘇文忠公詩集》卷四二：（「人間無正味」以下四句）常語卻極深至。

趙翼《甌北詩話》卷五《蘇東坡詩》：坡詩不以鍊句爲工，然亦有研鍊之極，而人不覺其鍊者。如（略）「人間無正味，美好出艱難。」（略）此等句在他人雖千鎚萬杵，尙不能如此爽勁，而坡以揮灑出之，全不見用力之迹，所謂天才也。

溫汝綸《和陶合箋》卷一引樊潛庵評：（「人間無正味」以下二句）體貼無限人情物理，眞得道語也。公《和勸農》六章，純用此意。

趙克宜《角山樓蘇詩評注彙鈔》卷二〇：以東坡之透快，效陶之平淡，相濟而成溫厚之音。

和陶丙辰歲八月中于下潠田舍穫

聚糞西垣下，鑿泉東垣隈。勞辱何時休，宴安不可懷。天公豈相喜，雨霽與意諧。黃菘養土膏，老楮生樹雞。未忍便烹煮，繞觀日百回。跨海得遠信，冰盤鳴玉哀。茵陳點膾縷，照坐如花開。一與蜑叟醉，蒼顏兩摧頹。齒根日浮動，自與粱肉乖。食菜豈不足，呼兒拆雞棲。

溫汝綸《和陶合箋》卷一引樊潛庵評：「宴安不可懷」下，緊接「天公豈相喜，雨霽與意諧」，益見力耕人天亦相之。不以濠梁易楚相，此莊子所以有犧牲之喻也。公之念此，豈待居儋之日？亦勢所不能耳。

答海上翁

山翁不復見新詩，疑是河南石壁曦，海水豈容鯨飲盡，然犀何處覓瓊枝。

貧家淨掃地

貧家淨掃地，貧女好梳頭。下士晚聞道，聊以拙自修。叩門有佳客，一飯相邀留。春炊勿草草，此客未易婾。愼勿用勞薪，感我和薰蕕。德人抱衡石，銖黍安可廋。

汪師韓《蘇詩選評箋釋》卷六：兢兢自修是拙，一飯未嘗留俗客，亦是拙。

《御選唐宋詩醇》卷四一：起一語瞥空而入，是詩家興體。

新居

朝陽入北林，竹樹散疎影。短籬尋丈間，寄我無窮境。舊居無一席，逐客猶遭屏。結茅得兹地，翳翳村巷永。數朝風雨涼，畦菊發新穎。俯仰可卒歲，何必謀二頃。

查愼行《初白庵詩評》卷中：（「朝陽入北林」四句）神似杜陵。

汪師韓《蘇詩選評箋釋》卷六：境之無窮在心而不在境。當此居不遑安，辛苦經營，幸得一廛，以庇風雨，宜其於悒無聊者，而乃蕭條高寄。仁智所樂，不勝娛衷散賞，履之泰然，非夫澄懷觀道，曷克有此？

紀昀評《蘇文忠公詩集》卷四二：（起四句）查云：「神似杜陵。」余謂正在韋、柳間耳。

趙克宜《角山樓蘇詩評注彙鈔》卷二〇：論氣息較近韋、柳，然三四語意自別，純從悟境拈出。

和陶與殷晉安別　送昌化軍使張中。

孤生知永棄，末路嗟長勤。久安儋耳陋，日與雕題親。海國此奇士，官居我東鄰。卯酒無虛日，夜碁有達晨。小甕多自釀，一瓢時見分。仍將對牀夢，伴我五更春。暫聚水上萍，忽散風中雲。恐無再見日，笑談來生因。空吟清詩送，不救歸裝貧。

馬永卿《懶眞子》卷一：五柳《與商晉安別》詩，舊本十韻，第九韻云：「才華不隱世，江湖多賤貧。」第十韻云：「脫有經過便，念來存故人。」今世有本，無第十韻，故東坡詩《送張中》，亦止于「貧」字，云「不救歸裝貧」。又今本云：「游好非久長，一遇盡因勤。」而舊本云：「游好非少長，一遇定因勤。」蓋其意云，吾與子非少時長時游從也，但今一相遇故定交耳。此語最妙，識者自知之。

查愼行《初白庵蘇詩補注》卷四二：此詩和陶《與殷晉安別》韻。張中平生不詳。特以先生故，罷官，甚至斥死，其人可知矣。宜送行詩至再至三，惓惓不釋也。

紀昀評《蘇文忠公詩集》卷四二：情眞，而語未超拔。

張道《蘇亭詩話》卷一：東坡詩，有推勘到盡頭語：（略）「恐無再見日，笑談來生因。」（《送張中》）余每遇山水之游，別時不忍去，東坡官繫之身，不得自主，故知更愴然也。

溫汝綸《和陶合箋》卷一：末段語別意拳拳，讀之眞令人惻然淚下。

又卷二引樊潛庵評：三詩（按：指此首及《和陶王撫軍座送客》、《和陶答龐參軍》）于憤懣中忽作曠達語。

和陶王撫軍座送客　再送張中。

胸中有佳處，海瘴不能腓。三年無所愧，十口今同歸。汝去莫相憐，我生本無依。相從大塊中，幾合幾分違。莫作往來相，而生愛見悲。悠悠含山日，炯炯留清輝。懸知冬夜長，恨不晨光遲。夢中與汝別，作詩記忘遺。

紀昀評《蘇文忠公詩集》卷四二：（「胸中有佳處」二句）「腓」原作病字解，然以代病字則不可。此首眞至。

溫汝綸《和陶合箋》卷二引樊潛庵評：三詩（按：指此首及《和陶與殷晉安別》、《和陶答龐參軍》）于憤懣雖作曠達語。

和陶答龐參軍　三送張中。

留燈坐達曉，要與影晤言。下帷對古人，何暇復窺園。使君本學武，少誦十三篇。頗能口擊賊，戈戟亦森然。才智誰不如，功名嘆無緣。獨來向我說，憤懣當奚宣。一見勝百聞，往鑿臯蘭山。白衣挾三矢，趁此征遼年。

紀昀評《蘇文忠公詩集》卷四二：此首淺近。

溫汝綸《和陶合箋》卷二引樊潛庵評：三詩（按：指此首及《和陶與殷晉安別》、《和陶王撫軍座送客》）于憤懣中，忽作曠達語。

次韻子由贈吳子野先生二絕句

馬跡車輪滿四方，若爲閉著小茅堂。安心欲捉左元放，癡疾還同顧長康。

查愼行《初白庵詩評》卷中：（「若爲閉暑小茆堂」）「暑」當作「著」。

江令蒼苔圍故宅，謝家語燕集華堂。先生笑說江南事，只有青山繞建康。

紀昀評《蘇文忠公詩集》卷四二：亦是窠臼語。

被酒獨行偏至子雲威徽先覺四黎之舍三首

半醒半醉問諸黎，竹刺藤梢步步迷。但尋牛矢覓歸路，家在牛欄西復西。

胡仔《苕溪漁隱叢話》前集卷七：律詩之作，用字平側，世固有定體，衆共守之。然不若時用變體，如兵之出奇，變化無窮，以驚世駭目。（略）東坡嘗用此變體作詩云：「半醒半醉問諸黎（略）。」

紀昀評《蘇文忠公詩集》卷四二：（「但尋牛矢覓歸路」）「牛矢」字俚甚。

王文誥《蘇文忠公詩編注集成》卷四二：此儋州記事詩之絶佳者，要知公當此時，必無「令嚴鐘鼓三更月」之句也。曉嵐不取此詩，其意與不喜「鴨與鷄」、「命如鷄」等句相似，皆囿于偏見，不能自廣耳。《左傳》文公十八年：「埋之馬矢之中」，《史記·廉頗傳》「一飯三遺矢」，凡此類，古人皆據事直書，未嘗以「矢」字爲穢，代之以文言也。記事詩與史傳等，當據事直書處，正復以他字替代不得。

總角黎家三四童，口吹蔥葉送迎翁。莫作天涯萬里意，谿邊自有舞雩風。

胡仔《苕溪漁隱叢話》前集卷七：律詩之作，用字平側，世固有定體，衆共守之。然不若時用變體，如兵之出奇，變化無窮，以驚世駭目。（略）東坡嘗用此變體作詩云：（略）「總角黎家三四童（略）。」

紀昀評《蘇文忠公詩集》卷四二：末句亦腐氣。

符老風情奈老何，朱顏減盡鬢絲多。投梭每困東鄰女，換扇惟逢春夢婆（自注：是日復見符林秀才，言換扇之事）。

查愼行《初白庵詩評》卷中：（「換扇唯逢春夢婆」）「換扇」事不詳。

王文誥《蘇文忠公詩編注集成》卷四二：（「朱顏減盡鬢絲多」）寫來全不是土著。

過黎君郊居

半園荒草沒佳蔬，煮得占禾半是藷。萬事思量都是錯，不如還叩仲尼居。

紀昀評《蘇文忠公詩集》卷四二：（「萬事思量都是錯」二句）此更腐。

和陶示周續之祖企謝景夷三郎　游城東學舍作。

聞有古學舍，竊懷淵明欣。攝衣造兩塾，窺戶無一人。邦風方杞夷，廟貌猶殷因。先生饌已缺，弟子散莫臻。忍飢坐談道，嗟我亦晚聞。永言百世祀，未補平生勤。今此復何國，豈與陳蔡鄰。永愧虞仲翔，絃歌滄海濱。

紀昀評《蘇文忠公詩集》卷四二：此首殊難收拾。（「永愧虞仲翔」二句）如此結法，遂令諷刺化爲忠厚。

溫汝綸《和陶合箋》卷二引樊潛庵評：（「永言百世祀」二句）自負語也。蓋公當日淸忠亮節，希聖希賢，煞有定見，乃能冲口道出。其得祀于海外，豈偶然哉。

和陶連雨獨飲

吾謫海南，盡賣酒器，以供衣食。獨有一荷葉杯，工製美妙，留以自娛。乃和淵明《連雨獨飲》二首。

平生我與爾，舉意輒相然。豈止磁石鍼，雖合猶有間。此外一子由，出處同偏僊。晚景最可惜，分飛海南天。糾纏不吾欺，寧此憂患先。顧引一杯酒，誰謂無往還。寄語海北人，今日爲何年。醉裏有獨覺，夢中無雜言。

紀昀評《蘇文忠公詩集》卷四二：（「此外一子由」以下四句）插入子由，極平而極奇。（「糾纏不吾欺」二句）「糾纏」二句未詳。

溫汝綸《和陶合箋》卷二：末二語意味深長，非素位而行，不能道也。

阿堵不解醉，誰歟此頹然。誤入無功鄉，掉臂嵇阮間。飲中八仙人，與我俱得仙。淵明豈知道，醉語忽談天。偶見此物眞，遂超天地先。醉醒可還酒，此覺無所還。淸風洗徂暑，連雨催豐年。牀頭伯雅君，此子可與言。

王若虛《謬誤雜辨》（《滹南集》卷三二）：城陽君《桑榆雜錄》云：「王衍呼錢爲阿堵物，東坡《和陶詩》以阿堵爲牆，或指佛書云『理應阿堵上』。」阿堵如俗言阿底也，不應爲牆。若顧愷之所謂傳神寫照正在阿睹中，則阿睹乃眸子耳，此字從目。按東坡《和陶詩》云「阿堵不解飮，誰歟此頹然」，此亦指牆而言阿底，與王衍之呼錢無異，豈遂以爲牆之名哉！愷之語從目者，蓋一時書寫之偶然，或俗子以意改之，其實訓義皆一，不妨通用。然則東坡未嘗以堵爲牆，而城陽妄認睹爲眸子也。

紀昀評《蘇文忠公詩集》卷四二：（「牀頭伯雅君」二句）繳還本位，完密。

溫汝綸《和陶合箋》卷二：是歲正逐出官舍，無可容身之際，而安之若素，了無罣礙，上觀千古，眞惟有一淵明還堪與語。

又引樊潛庵評：二詩了不容思，蓋其落筆時心曠神怡，無半點塵埃故也。眞可與五柳先生頡頏。

和陶贈羊長史

得鄭嘉會靖老書，欲于海舶載書千餘卷見借。因讀淵明《贈羊長史》詩云：「愚生三季後，慨然念黃虞。得知千載事，上賴古人書。」次其韻以謝鄭君。

我非皇甫謐，門人如摯虞。不持兩鴟酒，肯借一車書。欲令海外士，觀經似鴻都。結髮事文史，俯仰六十踰。老馬不耐放，長鳴思服輿。故知根塵在，未免病藥俱。念君千里足，歷塊猶踟躕。好學眞伯業，比肩可相如。此書久已熟，救我今荒蕪。顧慚桑榆迫，久厭詩書娛。奏賦病未能，草玄老更疎。猶當距楊墨，稍欲懲荆舒。

《游宦紀聞》卷四：借書一癡，還書一癡，或作「嗤」字，此鄙俗無狀語。前輩謂借書還書，皆爲一瓻。《禮部韻》云：「瓻，盛酒器也。」山谷以詩借書目于胡朝請，末聯云：「願公借我藏書目，時送一鴟開鎖魚。」坡公和陶詩云：「不持兩鴟酒，肯借一車書。」吳王取伍子胥尸，盛以鴟夷革，浮之江中。應劭曰：「取馬革爲鴟夷，榼形。」范蠡號鴟夷子皮，師古曰：「若盛酒之鴟夷。」揚子云《酒箴》：「鴟夷滑稽，腹大如壺。」師古曰：「鴟夷、韋囊，以盛酒也。」蘇、黃用鴟字本此。

施德操《北窗炙輠錄》卷上：介甫既封荆公，後遂進封舒王，合之乃荆舒。故東坡詩曰：「未暇辟楊墨，且復懲荆舒。」此皆門人不學之過。、程鉅夫《跋東坡帖》：蘇公坐謫時，有在都城見叔黨而障面者。及遷儋耳，鄭嘉會靖老乃能以海舶載書千餘卷爲借，亦可嘉已。公和淵明《贈羊長史》詩以謝之，千載而下，知有靖老，士烏可不自附于青雲哉？此帖言所借書收掌如法，前輩借人書籍，愛護如此，皆是盛德事。

紀昀評《蘇文忠公詩集》卷四二：（「不持兩鴟酒」二句）三四太易。（「猶當距楊墨」二句）結指半山。

溫汝綸《和陶合箋》卷一引樊潛庵評：「欲令海外士，觀經似鴻都。」又曰：「猶當距楊墨，稍欲懲荆舒。」蓋欲海南人士，靡然向學，而又必規規于正。不獨黎子雲、姜公弼輩得公奬進之益，其有功海外、萬世，非淺鮮也。

和陶五月旦日作和戴主簿

海南無冬夏，安知歲將窮。時時小摇落，榮悴俯仰中。上天信包荒，佳植無由豐。鉏耰代肅殺，有澤非霜風。手栽蘭與菊，侑我淸宴終。擷芳眼已明，飮酒腹尙冲。草去土自隤，井深牆愈隆。勿笑一畝園，蟻垤齊衡嵩。

紀昀評《蘇文忠公詩集》卷四二：未喩其意。

溫汝綸《和陶合箋》卷二引樊潛庵評：並前《和戴主薄》之作，于極淒慘中搖曳而出，無憒懣語，公眞能處約者矣。唐詩歌《蟋蟀》亦是此意。

和陶怨詩楚調示龐主簿鄧治中

當歡有餘樂，在戚亦頹然。淵明得此理，安處故有年。嗟我與先生，所賦良奇偏。人間少宜適，惟有歸耘田。我昔墮軒冕，毫釐眞市廛。困來卧重裀，憂愧自不眠。如今破茅屋，一夕或三遷。風雨睡不知，黃葉滿枕前。寧當出怨句，慘慘如孤煙。但恨不早悟，猶推淵明賢。

溫汝綸《和陶合箋》卷一引樊潛庵評：張爾公云：「二蘇晩更憂患，雅欲師範淵明，致有和陶之作。劉後村猶多不滿。後世以烏紗縈其白髮，到老不休，日夜爲妻子富貴計，置淵明先生斂篋中，不一晤對者，此其爲人賢不肖又何如哉？若二蘇者，可謂曠然者矣。」愚謂爾公目空千載，從于古人中不少假貸，至此氣爲之一平，公之賢寧以詩耶？

倦夜

倦枕厭長夜，小窗終未明。孤村一犬吠，殘月幾人行。衰鬢久已白，旅懷空自清。荒園有絡緯，虛織竟何成。

袁宏道評閱譚元春選《東坡詩選》卷一〇譚元春評：字字唐人。

查愼行《初白庵詩評》卷中：通首俱得少陵神味。

汪師韓《蘇詩選評箋釋》卷六：虛廓寂寥，具臻妙境。

紀昀評《蘇文忠公詩集》卷四二：（「荒園有絡緯」二句）結有意致，遂令通體俱有歸宿。若非此結，則成空調。

趙克宜《角山樓蘇詩評注彙鈔》卷二〇：查評動引少陵，竟無毫髮之似。紀言「結有意致」是矣，謂通體有歸宿則非。

高步瀛《唐宋詩舉要》卷四：（「孤村一犬吠」二句）寫景如在目前，而絕不喫力，故佳。（「荒園有絡緯」二句）義兼比興。

用過韻冬至與諸生飲酒

小酒生黎法，乾糟瓦盎中。芳辛知有毒，滴瀝取無窮。凍醴寒初泫，春醅暖更饛。華夷兩尊合，醉笑一歡同。里閈峨山北，田園震澤東。歸期那敢說，安訊不曾通。鶴鬢驚全白，犀圍尚半紅。愁顏解符老，壽耳鬬吳翁。得穀鵝初飽，亡貓鼠益豐。黃薑收土芋，蒼耳斫霜叢。兒瘦緣儲藥，奴肥爲種菘。頻頻非竊食，數數尙乘風。河伯方夸若，靈媧自舞馮。歸途陷泥淖，炬火燎茅蓬。膝上王文度，家傳張長公。和詩仍醉墨，戲海亂羣鴻。

陸游《老學庵筆記》卷八：故事：謫散官雖別駕司馬，皆封賜如故。故宋尙書在鄜時詩云：「經時不巾櫛，慵更佩金魚。」東坡先生在儋耳，亦云「鶴髮驚全白，犀圍尙半紅」是也。至司戶參軍，則奪封賜。故世傳寇萊公謫雷州，借錄事參軍綠袍拜命，袍短才至膝。又予少時，見王性之曾夫人言，曾丞相謫廉州司戶，亦借其侄綠袍拜命云。

查愼行《初白庵詩評》卷中：（「奴肥爲種松」）「松」當作「菘」。（「膝上王文度」二句）時先生幼子過相隨海外，故用王文度、張長公爲比。

紀昀評《蘇文忠公詩集》卷四二：（「靈媧自舞馮」）「馮夷」之「馮」，皮冰反，入東韻誤。

縱筆三首

汪師韓《蘇詩選評箋釋》卷六：搖曳生姿，含情不盡。

王文誥《蘇文忠公詩編注集成》卷四二：此三首平淡之極，卻有無限作用在內，未易以情景論也。

寂寂東坡一病翁，白鬚蕭散滿霜風。小兒誤喜朱顏在，一笑那知是酒紅。

釋惠洪《冷齋夜話》卷一：山谷云：「詩意無窮，而人之才有限；以有限之才，追無窮之意，雖淵明、少陵，不得工也。然不易其意而造其語，謂之換骨法；窺入其意而形容之，謂之奪胎法。」如（略）樂天詩曰：「臨風杪秋樹，對酒長年身。醉貌如霜葉，雖紅不是春。」東坡南中作詩云：「兒童誤喜朱顏在，一笑那知是酒紅。」凡此之類，皆奪胎法也。學者不可不知。

胡仔《苕溪漁隱叢話》前集卷五一引《王直方詩話》：樂天有詩云：「醉貌如霜葉，雖紅不是春。」東坡有詩云：「兒童誤喜朱顏在，一笑那知是酒紅。」鄭谷有詩云：「衰鬢霜供白，愁顏酒借紅。」老杜有詩云：「髮少何勞白，顏衰肯更紅。」無已詩云：「髮短愁催白，顏衰酒借紅。」皆相類也。然無己初出此一聯，大爲當時諸公所稱賞。

洪邁《容齋五筆》卷七《東坡不隨人後》：樂天云：「醉貌如霜葉，雖紅不是春。」坡則曰：「兒童誤喜朱顏在，一笑那知是酒紅。」（略）正採舊公案，而機杼一新，前無古人，于是爲至。

瞿佑《歸田詩話》卷中《詩無愁恨意》：東坡詩云：「寂寂東坡一病翁（略）」皆言閑退而無愁恨之思。至黃山谷則云：「老色日上面，歡悰日去心。今既不如昔，後當不如今。」讀之令人慘然不樂。

郎瑛《七修類稿》卷二八：（前引《冷齋夜話》）予以山谷之言自是，而覺範（惠洪）引證則非矣。蓋東坡變樂天之辭，正是換骨。

紀昀評《蘇文忠公詩集》卷四二：（「小兒誤喜朱顏在」二句）嘆老意，如此出之，語妙天下。

趙克宜《角山樓蘇詩評注彙鈔》卷二〇：衍唐人「衰顏借酒紅」五字爲一聯，語近稚拙，紀以爲妙，殊所未解。

施補華《峴傭說詩》：東坡七絕亦可愛，然趣多致多，而神韻卻少。（略）「小兒誤喜朱顏在，一笑那知是酒紅」，趣也。

父老爭看烏角巾，應緣曾現宰官身。溪邊古路三叉口，獨立斜陽數過人。

紀昀評《蘇文忠公詩集》卷四二：（「溪邊古路三叉口」二句）含情不盡。

王文誥《蘇文忠公詩編注集成》卷四二：（「溪邊古路三叉口」）此三首之第三句，皆于極平澹中陡然而出，而此句尤奇突，殊不知「爭看」二字已安根矣，三首皆弄此手法。

趙克宜《角山樓蘇詩評注彙鈔》卷二〇：憤語卻寫成閑適，所謂言近旨遠也。

北船不到米如珠，醉飽蕭條半月無。明日東家當祭竈，隻雞斗酒定膰吾。

袁宏道評閱譚元春選《東坡詩選》卷一〇譚元春評：（「隻雞斗酒定膰吾」）意淺。

紀昀評《蘇文忠公詩集》卷四二：（「明日東家當祭竈」二句）眞得好。

趙克宜《角山樓蘇詩評注彙鈔》卷二〇：次句未圓。（「隻雞斗酒定膰吾」）《左傳》「天子有事膰焉」，「膰」字原可活用，但「膰吾」二字終硬。

延君壽《老生常談》：人生太窮，至於飲食不繼，雖說該去忍飢讀書，然枵腹高吟，肚裏如何支架得住。偶憶東坡絕句云（下引此詩）。夫以東坡之賢豪，餓到十來天，也想人家饋東西喫，而眞率之氣，妙能縱筆寫出。乃知陶公叩門乞食，浣花偕妻乞絲，都不足爲古人深病。

夜燒松明火

歲暮風雨交，客舍悽薄寒。夜燒松明火，照室紅龍鸞。快焰初煌煌，碧煙稍團團。幽人忽富貴，蕙帳芳椒蘭。珠煤綴屋角，香𣿬流銅槃（自注：香𣿬，松瀝也，出《本草》注）坐看十八公，俯仰灰燼殘。齊奴朝爨蠟，萊公夜長嘆。海康無此物，燭盡更未闌。

紀昀評《蘇文忠公詩集》卷四二：瑣屑題，寫得大雅。

紀昀評蘇文忠公詩集卷四十三

庚辰歲人日作時聞黃河已復北流老臣舊數論此今斯言乃驗二首

《瀛奎律髓彙評》卷一六《節序類》紀昀評：題下之注，宜在「三策」句下，本集誤連爲題目，大書之，更誤。

紀昀評《蘇文忠公詩集》卷四三：題「時聞」以下十九字（指詩題）應注在「三策」句（第一首「三策已應思賈讓」）下。若標于題中，則似爲此事而作，題與詩不相應矣。

老去仍棲隔海村，夢中時見作詩孫，天涯已慣逢人日，歸路猶欣過鬼門。三策已應思賈讓，孤忠終未赦虞翻。典衣剩買河源米，屈指薪芻作上元。

《老學庵筆記》卷八：東坡《海外詩》云：「夢中時見作詩孫。」初不解。在蜀中蘇山藏公墨迹

《疊韻竹詩》，後題云：「寄作詩孫符」，乃知此句爲仲虎發也。

方回《瀛奎律髓彙評》卷一六《節序類》紀昀評：雖非極筆，究是老將登壇，謦咳自別。

紀昀評《蘇文忠公詩集》卷四三：（「三策已應思賈讓」）五句非自譽語，乃冀幸語也。故不失忠厚之旨。

王文誥《蘇文忠公詩編注集成》卷四三：此詩已形北歸之兆，氣機動矣。言者，心之所發，雖公有不自知其然也。

趙克宜《角山樓蘇詩評注彙鈔》卷二〇：「作詩孫」三字硬。

不用長愁挂月村，檳榔生子竹生孫（自注：海南勒竹，每節生枝，如竹竿大，蓋竹孫也）。新巢語燕還窺研，舊雨來人不到門。春水蘆根看鶴立，夕陽楓樹見鴉翻。此生念念隨泡影，莫認家山作本元。

《瀛奎律髓彙評》卷一六《節序類》方回評：前輩論詩文，謂子美夔州後詩，東坡嶺外文，老筆愈勝少作，而中年亦未若晚年也。此詩元符三年東坡年六十五，謫居儋耳所作。「人日」、「鬼門」之對固工，兩篇首尾雄渾，不敢删落。存此則知選詩之意，不拘節序也。明年靖國元年辛巳七月，東坡北還，卒于常州云。

又：海南人日，燕已來巢，亦異事。

又馮班評：可用。

又紀昀評：（駁方回「不拘節序」）未嘗不拘節序，此語無着，且無謂。

又：此種詩只看其老健處，不以字字句句求之。

汪師韓《蘇詩選評箋釋》卷六：渾雄沉着，可遏浮響而拯頹風。

袁宏道評閱譚元春選《東坡詩選》卷一二譚元春評：結語醜甚。「春水」、「夕陽」二語全倣唐句，不足稱也。

紀昀評《蘇文忠公詩集》卷四三：（「此生念念隨泡影」二句）末亦無聊自寬之語，勿以禪悅視之。

丁儀《詩學淵源》卷七：宋人用事，類多硬砌，如東坡「不用長愁挂月村」，用杜詩「月挂客愁村」句也。一則何等自然，一則何等生硬，山谷尤甚。如此用典，終覺太苦。

庚辰歲正月十二日天門冬酒熟予自漉之且漉且嘗遂以大醉二首

自撥牀頭一甕雲，幽人先已醉濃芬。天門冬熟新年喜，麴米春香並舍聞（自注：杜子美詩云：

「聞道雲安麴米春。」蓋酒名也)。菜圃漸疏花漠漠，竹扉斜掩雨紛紛。擁裘睡覺知何處，吹面東風散縠紋。

汪師韓《蘇詩選評箋釋》卷六：花雨於醉中見之，別饒情趣。

紀昀評《蘇文忠公詩集》卷四三：(「天門冬熟新年喜」)三句太質。

載酒無人過子雲，年年家醖有奇芬。醉鄉杳杳誰同夢，睡息齁齁得自聞。口業向詩猶小小，眼花因酒尚紛紛。點燈更試淮南語，汎溢東風有縠紋(自注：《淮南子》云：東風至而酒汎溢。許慎注云：酒汎，清酒也)。

紀昀評《蘇文忠公詩集》卷四三：(「睡息齁齁得自聞」)「齁齁」字不雅。

追和戊寅歲上元

賓鴻社燕巧相違，白鶴峰頭白板扉。石建方欣洗牏廁，姜龐不解嘆蟰蛸。一龕京口嗟春夢，萬炬錢塘憶夜歸。合浦賣珠無復有，當年笑我泣牛衣。

《石林詩話》卷中：古今人用事有趁筆快意而誤者，雖名輩有所不免。蘇子瞻「石建方欣洗牏廁，姜龐不解嘆蚼蟣」，據《漢書》，「牏廁」本作「廁牏」，蓋中衣也，二字義不應顛倒用。魯直「啜羹不如放麑，樂羊終愧巴西」，本是「西巴」，見《韓非子》，蓋貪於得韻，亦不暇省爾。

黃徹《䂬溪詩話》卷八：坡云「賓鴻社燕巧相違」。《月令》來賓事，嘗疑人未曾用，及觀夢得《秋江晚泊》云「莫霞千萬狀，賓鴻次第飛」；顧況云「安得凌風翰，肅肅賓天京」；老杜「別浦雁賓秋」：蓋有所本。

查慎行《初白庵詩評》卷中：先生自跋云：「戊寅上元，在儋耳。過子夜出，余獨守舍，作『違』字韻詩。今庚辰上元已再期矣。家在惠州白鶴峰下。過子不眷婦子，從余此來，其婦亦篤孝。悵然感之，故和前篇，有『石建』『姜龐』之句。又復悼懷同安君，末章故復有『牛衣』之句，悲君亡而喜子存也。」

紀昀評《蘇文忠公詩集》卷四三：語亦愷至。

張道《蘇亭詩話》卷二《故事類》：東坡在儋州，《追和戊寅歲上元詩》（略）。此詩有自題于後云：「戊寅上元，余在儋耳，過子夜出，守舍作違字韻詩，今庚辰上元，已再期矣，家在惠州白鶴峰下，過子並婦從余來此。」讀此知首二句蓋憶惠州家人，三指過，四指過婦，五六追念昔時兩郡過燈夕之事，末乃因過夫婦孝養而思同安君也。《宋史》亦言子由嘗稱過孝，施注未引及此，幾不知何指。

和陶雜詩十一首

紀昀評《蘇文忠公詩集》卷四三：十一首俱渾然深厚，逼近陶公。字句偶露本色，所謂形骸之外。

王文誥《蘇文忠公詩編注集成》卷三九：公之和陶，但以陶自託耳。至于其詩，極有區别。有作意傚之，與陶一色者；有本不求合，適與陶相似者；有借韻爲詩，置陶不問者；有毫不經意，信口改一韻者。若（略）《雜詩》，則篇幅太多，無此若干作意，勢必雜取詠古紀游諸事以足之，此雖和陶，而有與陶絶不相干者。蓋未嘗規規于學陶也。

又卷四一：今觀諸詩，以海南作起結，中託述古以自寓，皆形骸之内也。讀此集，不容躐等而進，更讀十年求之，未爲晚也。

許學夷《詩源辨體》後集纂要卷一：子瞻《和陶詩》，篇篇次韻，既甚牽縶，又境界各别，旨趣亦異。（略）如《擬古》、《雜詩》等作，用事殆無虚句，去陶益遠。

趙克宜《角山樓蘇詩評注彙鈔》卷二〇：諸作俱東坡本色議論，謂之逼近陶公，未確。

斜日照孤隙，始知空有塵。微風動衆竅，誰信我忘身。一笑問兒子，與汝定何親。從我來海南，比絕無四鄰。耿耿如缺月，獨與長庚晨。此道固應爾，不當怨尤人。

陳模《懷古錄》卷上：蒼山曰：「只如『斜日照孤隙』，起三句便微傷於工巧矣，其豪俊已難比柳。柳清峭雖不可比陶，卻出乎齊梁之上。」

王文誥《蘇文忠公詩編注集成》卷四三：（「與汝定何親」）此意從「相與有瓜葛」翻出，彼則近戲，而此則眞至，故公詩無所不備矣。

溫汝綸《和陶合箋》卷一引樊潛庵評：又「此道固應爾，不當怨尤人」，（略）眞達觀語。君子見危授命，知止不辱，蓋云此耳。惟識此意，方于公之詩不徒虛讀。

故山不可到，飛夢隔五嶺。眞游有黃庭，閉目寓兩景。室空無可照，火滅膏自冷。披衣起視夜，海闊河漢永。西窗半明月，散亂梧楸影。良辰不可繫，逝水無留騁。我苗期後枯，持此一念靜。

紀昀評《蘇文忠公詩集》卷四三：（「室空無可照」以下）情在景中。

王文誥《蘇文忠公詩編注集成》卷四三：題曰「雜詩」，詩不雜也。十一首，以「我」字作骨，一綫穿成。上首從「我忘身」句領起海南，此首道其海南之我，更深一層，進得有叙。
趙克宜《角山樓蘇詩評注彙鈔》卷二〇：（「披衣起視夜」）四語寫景渾成。
眞人有妙觀，俗子多妄量。區區勸粒食，此豈知子房。我非徒跣相，終老懷未央。兔死縛淮陰，狗功指平陽。哀我亦可羞，世路皆羊腸。
王文誥《蘇文忠公詩編注集成》卷四三：自此以下六首，以古方今，逐首皆落「我」字。人多以詠古囫圇讀過。
相如偶一官，嗤鄙蜀父老。不記犢鼻時，滌器混傭保。著書曾幾何，渴肺灰土燥。琴臺有遺魄，笑我歸不早。作書遺故人，皎皎我懷抱。餘生幸無愧，可與君平道。
紀昀評《蘇文忠公詩集》卷四三：（「琴臺有遺魄」以下）如此落下，奇絕之筆。
王文誥《蘇文忠公詩編注集成》卷四三：此首以蜀人喻我。曉嵐前後茫如，故以此首落「我」字爲奇絕，乃自具實未了了親供也。
趙克宜《角山樓蘇詩評注彙鈔》卷二〇：（「渴肺灰土燥」）太粗。

孟德黠老狐，姦言嗾鴻豫。哀哉喪亂世，梟鸞各騰翥。逝者知幾人，文舉獨不去。天方斲漢室，豈計一郗慮。昆蟲正相齧，乃比藺相如。我知公所坐，大名難久住。細德方險微，豈有容公處。既往不可悔，庶爲來者懼。

紀昀評《蘇文忠公詩集》卷四三：（「文舉獨不去」）以孔融自比。（「既往不可悔」二句）結出主意。

王文誥《蘇文忠公詩編注集成》卷四三：此以孔融自慨，乃十一首之正面詩，有次叙。（「文舉獨不去」）合註亦有此論。其後公《和狄咸》詩自道云「才疎絶類孔文舉」，謂幾于見殺也。引此句方是確證。

溫汝綸《和陶合箋》卷一引樊潛庵評：又（略）「大名難久住，細德方險微」，眞達觀語。君子見危授命，知止不辱，蓋云此耳。惟識此意，方于公之詩不徒虛讀。

博大古眞人，老聃關尹喜。獨立萬物表，長生乃餘事。稚川差可近，倘有接物意。我頃登羅浮，物色恐相值。徘徊朱明洞，沙水自淸駛。滿把菖蒲根，歎息復棄置。

藍喬近得道，常苦世褊迫。西游王屋山，不踐長安陌。爾來寧復見，鳥道度太白。昔與吳遠遊，同藏一瓢窄。潮陽隔雲海，歲晚倘見客。伐薪供養火，看作棲鳳宅。

王文誥《蘇文忠公詩編注集成》卷四三：十首皆著落「我」字，獨此首以見客暗落，特化實爲虛也。本集多抛花，假不度金針着手，本非易事，然誥不復多讓矣。

南榮晚聞道，未肯化庚桑。陶頑鑄強獷，枉費塵與糠。越子古成之，韓生教休糧。參同得靈鑰，九鎖啓伯陽。鵝城見諸孫，貧苦我爲傷。空餘焦先室，不傳元化方。遺像似李白，一賛臨江觴。

餘齡難把玩，妙解寄筆端。常恐抱永歎，不及邱明遷。親友復勸我，放心餞華顛。虛名非我有，至味知誰餐。思我無所思，安能觀諸緣。已矣復何嘆，舊說《易》兩篇。

王文誥《蘇文忠公詩編注集成》卷四三：此首道傳經之志，下首任傳經之責，相爲表裏。劃一首刺介甫則可笑，如謂與介甫爭經義，尤屬卑見。詩以大道自任，不屑與此曹較得失也。

溫汝綸《和陶合箋》卷一：柳子厚文：「前過三十年，與瞬息無異。後所得者，其不足把玩，亦已審矣。」「把玩」二字，卻令人尋思咀味，無限意趣。

又引樊潛庵評：按陶《雜詩》十二首，公不和末篇，未審何意。然亦讀史而發，其中薄相如，悲文舉，憤申、韓之亂道，淮陰、平陽之就烹，南榮、陶頑、越子徧隘不化，終不若伯陽、關尹喜、焦先、留侯諸公，先機高蹈，爲不可及，故曰「博大古眞人」也。至公以桑榆晚景，父子投荒，常不能如左邱明、司馬子長及時著書，表見後世，讀「餘齡難把玩」句，令人欲歌欲泣。

申韓本自聖，陋古不復稽。巨君縱獨慾，借經作巖崖。遂令青衿子，珠璧人人懷。鑿齒井蛙耳，信謂天可彌。大道久分裂，破碎日愈離。我如終不言，誰悟角與羈。吾琴豈得已，昭氏有成虧。

葉寘《愛日齋叢鈔》卷四：東坡和陶詩：「吾琴豈得已，昭氏有成虧。」涉歷之久，固有所悔矣。

我昔登朐山，出日觀滄涼。欲濟東海縣，恨無石橋梁。今茲黎母國，何異于公卿。蠔浦既黏山，暑退亦飛霜。所欣非自謟，不怨道里長。

紀昀評《蘇文忠公詩集》卷四三：（「申韓本自聖」以下）此刺荆公也。

王文誥《蘇文忠公詩編注集成》卷四三：收到海南作結，是公本意，故云此十一詩，皆形骸之內也。

和陶始作鎮軍參軍經曲阿

虞人非其招，欲往畏簡書。穆生責醴酒，先見我不如。江左古弱國，強臣擅天衢。淵明墮詩酒，遂與功名疎。我生值良時，朱金義當紆。天命適如此，幸收廢棄餘。獨有愧此翁，大名難久居。不思犧牛龜，兼取熊掌魚。北郊有大賚，南冠解囚拘。眷言羅浮下，白鶴返故廬。

紀昀評《蘇文忠公詩集》卷四三：此未渾圓。

溫汝綸《和陶合箋》卷一引樊潛庵評：靖節高風逸致，空古今無兩人，公憂患中心醉久矣，故和陶諸作多自悔自責語。

和陶桃花源

世傳桃源事，多過其實。考淵明所記，止言先世避秦亂來此，則漁人所見，似是其子孫，非秦人不死者也。又云殺雞作食，豈有仙而殺者乎？舊說南陽有菊花水甘而芳，民居三十餘家，飲其水皆壽，或至百二三十歲。蜀青城山老人村有見五世孫者，道極險遠，生不識鹽醯，而溪中多枸杞根，如龍蛇，飲其水故壽。近歲道稍通，漸能致五味，而壽亦益衰。桃源蓋此比也歟。使武陵太守得而至焉，則已化爲爭奪之場久矣。嘗意天壤間若此者甚衆，不獨桃源。予在潁州，夢至一官府，人物與俗間無異，而山川清遠，有足樂者。顧視堂上，榜曰仇池。覺而念之，仇池武都氐故地，楊難當所保，余何爲居之。明日以問客，客有趙令時德麟者曰：「公何問此，此乃福地小有洞天之附庸也。杜子美蓋云：『萬古仇池穴，潛通小有天。』」他日工部侍郎王欽臣仲至謂余曰：「吾嘗奉使過仇池，有九十九泉，萬山環之，可以避世，如桃源也。」

凡聖無異居，清濁共此世。心閑偶自見，念起忽已逝。欲知眞一處，要使六用廢。桃源信不遠，杖藜可小憩。躬耕任地力，絕學抱天藝。臂雞有時鳴，尻駕無可稅。苓龜亦晨吸，枸杞或夜吠。耘樵得甘芳，齕齧謝炮製。子驥雖形隔，淵明已心詣。高山不難越，淺水何足厲。不如我仇池，高舉復幾歲。從來一生死，近又等癡慧。蒲澗安期境（自注：在廣州），羅浮稚川界。夢往從之遊，神交發吾蔽。桃花滿庭下，流水在戶外。卻笑逃秦人，有畏非眞契。

胡仔《苕溪漁隱叢話》前集卷三：（前引蘇軾詩序）東坡此論，蓋辨證唐人以桃源爲神仙，如王摩詰、劉夢得、韓退之作《桃源行》是也。惟王介甫《桃源行》與東坡之論暗合。（略）洪駒父曰：「桃源非神仙，予素知狀，此來見東坡《和淵明桃源詩序》，論其非神仙，暗與人意合。」其敢妄言如此，豈非預先偷子一聯詩乎？

葉矯然《龍性堂詩話續集》：陶公《桃源詩》有「鷄犬互鳴吠」語，子瞻和之云「枸杞或夜吠」，俱佳。

紀昀評《蘇文忠公詩集》卷四三：（「凡聖無異居」二句）一篇主意。（「心閑偶自見」二句）翻入一層，用意超妙，筆力亦曲折自如。（「桃花滿庭下」四句）即所謂「心閑偶見」也。

翁方綱《石洲詩話》卷一：古今詠桃源事者，至右丞而造極，固不必言矣。然此題詠者，唐宋諸賢略有不同。右丞及韓文公、劉賓客之作，則直謂成仙；而蘇文忠之論則以爲是其子孫，非即避秦之人至晉尚在也。此說似近理。蓋唐人之詩但取興象超妙，至後人乃益研核情事耳，不必以此爲分別也。王荆公詩亦如蘇說。

王文誥《蘇文忠公詩編注集成》卷四〇：（「桃花滿庭下」二句）十字仙筆。

溫汝綸《和陶合箋》卷四：神仙之說，雖屬渺茫，然天地間何所不有，惟不見耳。而况桃源之事，理有可信者耶。即或古人寓意託辭，亦游戲三昧之一端，不足以爲古人病。徒執一說以律古人，恐古詩文之可議者多矣，豈獨《桃源記》哉。樊氏以張評爲固，誠哉是言也。

又引張爾公評：東坡不悟《桃源記》，卻從南陽、青城覓蹊徑，直是夢中說夢。至所云：「豈有仙而殺者乎？」此又兒女子癡語。淵明聞此，必大笑東坡不是解人。

又引樊潛庵評：公序中「豈有仙而殺之」一語，蓋證「非秦人不死」句，謂天壤間若此者甚衆，正不欲以幽渺事惑世人也。即淵明此作，謂其託言漁人以避秦自況可也，謂有其事而實指之，亦無不可也。何張先生（張爾公）竟置《搜神後記》于不問，執定是淵明幻五柳爲桃花，幻三徑作漁人，直將一個陶靖節生擒活縛到自己意中，復將一個蘇文忠極力詼諧，謂其不悟。眞固哉，高叟之爲詩也。

趙克宜《角山樓蘇詩評注彙鈔》卷二〇：陶用實敘，此則架空，難在發端得力。（「淵明已心詣」）四語轉關。（結處）指點幻化，綰結極緊。

和陶歸去來兮辭

子瞻謫居昌化，追和淵明《歸去來辭》，蓋以無何有之鄉爲家，雖在海外，未嘗不歸云爾。

歸去來兮，吾方南遷安得歸。卧江海之澒洞，弔角鼓之悽悲。迹泥蟠而愈深，時電往而莫追。懷西南之歸路，夢良是而覺非。悟此生之何常，猶寒暑之異衣。豈襲裘而念葛，蓋得觕而喪微。我歸甚易，匪馳匪奔。俯仰還家，下車闔門。藩垣雖缺，堂室故存。挹吾天醴，注之窪尊。飲月露以洗心，飧朝霞而眩顏。混客主而爲一，俾婦姑之相安。知盜竊之何有，乃掊門而折關。廓圜鏡以外照，納萬象而中觀。治廢井以晨汲，滃百泉之夜還。守靜極以自作，時爵躍而鯢桓。歸去來兮，請終老於斯游。我先人之敝廬，復舍此而焉求。均海南與漢北，挈往來而無憂。畸人告予以一言，非八卦與九疇。方飢須糧，已濟無舟。忽人牛之皆喪，但喬木與高邱。警六用之無成，自一根之返流。望故家而求息，曷中道之三休。已矣乎，吾生有命歸有時，我初無行亦無留。駕言隨子聽所之，豈以師南華而廢從安期。謂湯稼之終枯，遂不溉而不耔。師淵明之雅放，和百篇之新詩。賦歸來之清引，我其後身蓋無疑。

蘇轍《和子瞻歸去來詞並引》（《欒城後集》卷五）：昔予謫居海康，子瞻自海南以《和淵明歸去來》之篇要予同作，時予方再遷龍川，未暇也。辛巳歲，予既還潁川，子瞻渡海浮江，至淮南而病，遂沒於晉陵。是歲十月，理家中舊書，復得此篇，乃泣而和之。蓋淵明之放與子瞻之辯，予皆莫及也。

晁說之《答李持國先輩書》（《嵩山文集》卷一五）：足下愛淵明所賦《歸去來辭》，遂同東坡先生和之，是則僕之所未喻也。建中靖國間，東坡和《歸去來》，初至京師，其門下賓客又從而和之者數人，皆自謂得意也。陶淵明紛然一日滿人目前矣。參寥忽以所和篇視予，率同賦，予謝之曰：「造之者富，隨之者貧。童子無居位，先生無並行。與吾師共推東坡一人於淵明間可也。」參寥即索其文袖之，出吳音曰：「罪過公，悔不先與公語。」今輒以厚於參寥者厚於吾年姪，何如？抑又聞焉，大宋相公謂陶公《歸去來》是南北文章之絕唱，五經之鼓吹，近時繪畫《歸去來》者皆作大聖變，和其辭者如即時遣興小詩，皆不得正中者也。

李之儀《跋東坡諸公追和淵明歸去來引後》（《姑溪居士後集》卷一五）：歐陽文忠公謂詩非能窮人，殆窮而後能工。人知誦此語，而不知其工果何在也。及觀淵明之賦也，其窮可知。嗷嗷數百年間，如孤雲之遊太清，見者莫不引睇，將欲與追逐先後，豈復可得？東坡平日自謂淵明後身，且將盡和其詩乃已。自知杭州以後，時時如所約，然此語未嘗載之筆下。予在潁昌，一日從容，黃門公遂出東坡所和。不獨見知爲幸，而於其卒章始載其後盡和平日談笑間所及。公又曰：「家兄近寄此作，令約諸君同賦。而南方已與魯直、少游相期矣，二君之作未到也。」居數日，黃門公出其所賦，而輒與牽強。後又得少游者，而魯直作與不作未可知，竟未見也。張文潛、晁無咎、李方叔亦相繼而作，三人者雖未及見，其賦之則久矣，異日當盡見之。以是知窮而後工者，不爲虛發。藏雲秋日，周智臣以此紙見邀，云：「必滿軸乃已。」因尋繹所得者，次第書之，而不腆之作，遂託其後，眞所謂淘之汰之者也。政和元年八月二十日。

又《跋東坡與杜子師書》（《姑溪居士文集》卷三八）：東坡尤喜淵明詩，在揚州因飲酒，遂和淵明《飲酒二十首》。序其和詩之因，則曰：「將盡和其詩而後已。」既留海外，卒踐其志。雖《歸去來》亦次韻，今別爲一集，子由作序。

洪邁《容齋隨筆》卷三：今人好和《歸去來辭》，予最敬晁以道所言。其《答李持國書》云：「足下愛淵明所賦《歸去來辭》，遂同東坡先生和之，僕所未喻也。建中靖國間，東坡《和歸去來》。初至京師，其門下賓客從而和者數人，皆自謂得意也，陶淵明紛然一日滿人目前矣。參寥忽以所和篇示予，率同賦，予謝之曰：『童子無居位，先生無並行，與吾師共推東坡一人于淵明間可也。』參寥即索其文袖之，出吳音曰：『罪過公，悔不先與公話。』今輒以厚于參寥者爲子言。」昔大宋相公謂陶公《歸去來》是南北文章之絕唱，《五經》之鼓吹。近時繪畫《歸去來》者皆作大聖變，和其辭者如即事遺興小詩，皆不得正中者也。

王若虛《滹南詩話》卷二：東坡酷愛《歸去來辭》，既次其韻，又衍爲長短句，又裂爲集字詩，破碎甚矣。陶文信美，亦何必爾，是亦未免近俗也。

紀昀評《蘇文忠公詩集》卷四三：此亦桃源詩意，然詞究不宜入之詩集。陶詞亦與諸文同編。

溫汝綸《和陶合箋》卷一四：先生以垂老之年遷謫海外，其不晝夜思歸者非人情也。故其欲歸不得之懷，時時露于言外，此篇情思尤復悽惻。

歸去來集字十首並引

予喜讀淵明《歸去來辭》，因集其字爲十詩，令兒曹誦之，號《歸去來集字》云。

查愼行《初白庵蘇詩補注》卷四三：東坡和陶詩，起於揚州，終於儋州。在惠州作者，不過十分之三四。而山谷云：「飽喫惠州飯，細和淵明詩。」蓋未加詳考耳。

趙翼《甌北詩話》卷五：孔毅父集古人句成詩贈坡，坡答曰（略）。似譏集句非大方家所爲。然坡又有集淵明《歸去來辭》作五律十首，則不惟集句，且集字矣。

紀昀評《蘇文忠公詩集》卷四三：此亦借事消閒，不得謂之詩，然亦不惡。十首皆代淵明語。

溫汝綸《和陶合箋》卷四：集字爲詩，寔屬創體。然以文人錦心繡口，組織成章，固無所不可，況公之才大如海者乎？

又引樊潛庵評：自七才子集唐，而後有集李、杜，集陶者矣，未聞有集字以成詩者。創之蓋自公始，且十律中格調嚴整，語意流麗，欲尋一毫斧鑿痕，不可得也。

命駕欲何向，欣欣春木榮。世人無往復，鄉老有將迎。雲內流泉遠，風前飛鳥輕。相攜就衡宇，酌酒話交情。

王文誥《蘇文忠公詩編注集成》卷四三：（「命駕欲何向」四句）方集字時，本借淵明以自道。及詩成，皆如代淵明語，公亦不自覺其然也。（「雲內流泉遠」四句）氣味醇茂之甚，所謂外枯而中腴者是矣。

涉世恨形役，告休成老夫。良欣就歸路，不復向迷途。去去徑猶菊，行行田欲蕪。情親有還往，清酒引尊壺。

王文誥《蘇文忠公詩編注集成》卷四三：（「涉世恨形役」四句）渾然無迹，深得《歸去來》意。

與世不相入，膝琴聊自歡。風光歸笑傲，雲物寄游觀。言話審無倦，心懷良獨安。東皐清有趣，植杖日盤桓。

王文誥《蘇文忠公詩編注集成》卷四三：公謂朱康叔云：「舊好誦陶《歸去來》，近輒微加增損，作《般涉調哨遍》。雖微改其詞，而不改其意，請以《文選》及本傳考之。方知字字皆非創入也。」此六首亦同時在齊安作，可見其致力于斯文者久矣。

世事非吾事，駕言歸路尋。向時迷有命，今日悟無心。庭內菊歸酒，窗前風入琴。寓形知已老，猶未倦登臨。

王文誥《蘇文忠公詩編注集成》卷四三：（「窗前風入琴」）以上五句，究竟是集字之作。雲岫不知遠，巾車行復前。僕夫尋老木，童子引清泉。矯首獨傲世，委心還樂天。農夫告春事，扶老向良田。富貴良非願，鄉關歸去休。攜琴已尋壑，載酒復經邱。翳翳景將入，涓涓泉欲流。老農人不樂，我獨與之游。觴酒命童僕，言歸無復留。輕車尋絕壑，孤掉入清流。乘化欲安命，息交還絕游，琴書樂三徑，老矣亦何求。

王文誥《蘇文忠公詩編注集成》卷四三：（「觴酒命童僕」二句）李太白《潯陽紫極宮感秋作》詩：「陶令歸去來，田家酒應熟。」眞有此種風味。

歸去復歸去，帝鄉安可期。鳥還知已倦，雲出欲何之。入室還攜幼，臨流亦賦詩。春風吹獨立，不是傲親知。

王文誥《蘇文忠公詩編注集成》卷四三：（「歸去復歸去」二句）信筆出之，純是淵明本色。（「鳥還知已倦」二句）通幅皆佳，而此二句尤勝，置陶集中，不可辯矣，豈尙有刻劃之迹哉。

役役倦人事，來歸車載奔。征夫問前路，稚子候衡門。入息亦詩策，出游常酒尊。交親書已絕，雲壑自相存。

王文誥《蘇文忠公詩編注集成》卷四三：（「役役倦人事」四句）元遺山集陶諸作，讀之如新脫口，然究是用陶成句，遺山能充之以氣耳。如此詩，亦若陶之成句，所以爲難。

寄傲疑今是，求榮感昨非。聊欣尊有酒，不恨室無衣。邱壑世情遠，田園生事微。柯庭還獨眄，時有鳥歸飛。

王文誥《蘇文忠公詩編注集成》卷四三：（「寄傲疑今是」六句）字字榛泊，斷非集字。

題過所畫枯竹石三首

老可能爲竹寫眞，小坡今與石傳神。山僧自覺菩提長，心境都將付卧輪。
散木支離得自全，交柯蚴蟉欲相纏。不須更說能鳴雁，要以空中得盡年。
倦看澀勒暗蠻村，亂棘孤藤束瘴根。惟有長身六君子，猗猗猶得似淇園。

陸游《老學庵續筆記》：海南儋、崖諸郡，出勒竹杖，大于澀竹，膚有芒，可以剉爪。東坡云「倦看澀勒暗蠻村」者是也。

眞一酒歌

布算以步五星，不如仰觀之捷；吹律以求中聲，不如耳齊之審。鉛汞以爲藥，策易以候火，不如天造之眞也。是故神宅空樂出虛蹋踘者以氣升，孰能推是類以求天造之藥乎？於此有物，其名曰眞一。遠遊先生方治此道，不飲不食，而飲此酒，食此藥，居此堂。予亦竊其一二，故作眞一之歌，其詞曰：

室中細莖插天芒，不生沮澤生陵岡。涉閱四氣更六陽，森然不受螟與蝗。飛龍御月作秋涼，蒼波改色屯雲黃。天旋雷動玉塵香，起溲十裂照坐光。跏趺牛噍安且詳，動搖天關出瓊漿。壬公飛空丁女藏，三伏遇井了不嘗。釀與眞一和而莊，三杯儼如侍君王。湛然寂照非楚狂，終身不入無功鄉。

查愼行《東坡先生編年詩補註》卷四三：此詩大意，取道家「三一還丹」之訣，借題以寓言。「室中細莖插天芒」以下六句，言麥得四時之氣以成，故性溫和也。「天旋雷動玉塵香」二句，屑麥造麴法也。「跏趺牛噍安且詳」至末，雜記蒸米釀酒及釀成後品格香味，飲之可解渴而不可醉也。通篇大指如此，但前後錯落，如羚羊挂角，無迹可求耳。

紀昀評《蘇文忠公詩集》卷四三：太章咒氣。

趙翼《甌北詩話》卷五：東坡旁通佛老，詩中有仿《黃庭經》者。如《辨道歌》、《眞一酒歌》等作，自成一則。

翁方綱《石洲詩話》卷三：蘇公在惠州《眞一酒》七律，是即賦其酒也。在儋州《眞一酒歌》七古，則非賦其酒也。查初白以爲取道家「三一還丹」之訣，借題作寓言矣，而又據本集《寄徐德之眞一酒法》，以爲釀酒在惠州，此詩當亦在惠州作。或釀酒在惠，而作歌則在儋，未可觀其序自明。

知也。此言殊屬拘泥。本詩「細莖」云云，雖是借麥之字面，而其實與惠州所釀之酒，全無交涉，

汲江煎茶

活水還須活火烹，自臨釣石取深清。大瓢貯月歸春甕，小杓分江入夜瓶。雪乳已翻煎處腳，松風忽作瀉時聲。枯腸未易禁三椀，坐聽荒城長短更。

胡仔《苕溪漁隱叢話》後集卷一一：此詩奇甚，道盡烹茶之要，且茶非活水則不能發其鮮馥，東坡深知此理矣。

黃徹《䂬溪詩話》卷七：唐趙璘述《因話錄》，載其家兵部君性尤嗜茶，能自煎，謂人曰：「茶須緩火炙，活水煎。」坡有「活水還須緩火煎」，恐亦用此。

高似孫《緯略》卷二：如東坡汲江水煎茶詩：「活水還須活火烹，自臨釣石取深清。」此二句直入茶泉理窟。

楊萬里《誠齋詩話》：東坡《煎茶》詩云：「活水還將活火烹，自臨釣石汲深清。」第二句七字而具五意：水清，一也；深處清，二也；石下之水，非有泥土，三也；石乃釣石，非尋常之石，四

也，東坡自汲，非遣卒奴，五也。「大瓢貯月歸春甕，小杓分江入夜瓶」，其狀水之清美極矣。「分江」二字，此尤難下。「雪乳已翻煎處腳，松風仍作瀉時聲」，此倒語也，尤爲詩家妙法，即少陵「紅稻啄餘鸚鵡粒，碧梧棲老鳳凰枝」也。「枯腸未易禁三椀，卧聽山城長短更」，又翻卻盧仝公案。仝喫到七椀，坡不禁三椀。山城更漏無定，「長短」二字，有無窮之味。

方回《瀛奎律髓彙評》卷一八《茶類》方回評：楊誠齋大賞此詩，謂「自臨釣石取深清」，深也，清也，近石也，又非常石，乃釣石，不令僕取，而自取之也。一句含數意。三、四尤奇。

又紀昀評：楊誠齋解首二句分爲七層，太瑣碎，詩不必如此說。

又：此說殊妄生支節，東坡本意不如此。

又：此詩老潔。

又：《博物志》曰：「飲眞茶令人少眠。」結二句即此意。

又馮班評：氣局自闊。次句似賈長江《斑竹枝》詩。

查愼行評：「貯月」、「分江」，小中見大；第六句對法不測。

又何焯評：「大瓢」句反呼「三椀」，「分江」二字方見活水，「夜」字爲結句伏脈，五、六是形容活火。「三椀」便不能成寐，以足深情之意。「長短」則亦有活字餘韻，枕上時聞時不聞也。

吳喬《圍爐詩話》卷五：子瞻《煎茶》詩「活水還須活火烹」，可謂之茶經，非詩也。

查愼行《初白庵詩評》卷中：（「活水還須活火煎」）「煎」當作「烹」。

汪師韓《蘇詩選評箋釋》卷一：此（《試院煎茶》）與《汲江》一篇，在古近體中各推絕唱。又卷六：舒促雅合，若風湧雲飛。楊萬里輩曲爲疏解，似反失其趣詣。

紀昀評《蘇文忠公詩集》卷四三：細膩而出一脫灑。細膩詩易于粘帶，如此脫灑爲難。（「枯腸未易禁三椀」二句）入情無迹。

翁方綱《石洲詩話》卷三：《汲江煎茶》七律，自是清新俊逸之作。而楊誠齋賞之，則謂「一篇之中，句句皆奇，一句之中，字字皆奇」。此等語，誠令人不解。如謂蘇詩字句皆不落凡近，則何篇不爾？如專於此篇八句刻求其奇處，則豈他篇皆凡近乎？且於數千篇中，獨以奇推此，實索之不得其說也。豈誠齋之於詩，竟未窺見深旨耶？此等議論，直似門外人所爲。

趙克宜《角山樓蘇詩評注彙鈔》卷二〇：（「松風仍作瀉時聲」）「松風」句傳神。

贈李兕彥威秀才

魏王大瓠實五石，種成護落將安適。可憐公子持十牛，海上三年竟何得。先生少負不羈才，從軍數到單于臺。天山直欲三箭取，白衣將軍何人哉。夜逢怪石曾飲羽，戲中戟枝何足數。誓將馬革裹尸還，肯學班超苦兒女。封侯衛霍知幾許，老矣先生困羈旅。酒酣聊復說平生，結襪猶堪一再鼓。棄書捐劍學萬人，紈袴儒冠皆誤身。窮途政似不龜手，與世羞爲西子顰。如今唯有談天口，雲夢胸中呑八九。世間萬事寄黄粱，且與先生説烏有。

紀昀評《蘇文忠公詩集》卷四三：用唐人轉韻古格，亦自流暢，但非東坡佳處耳。（「棄書捐劍學萬人」）去「敵」字不妥。

方東樹《昭昧詹言》卷一二：氣骨凡淺。「封侯」以下，皆庸語凡筆。

戲贈孫公素

披扇當年笑溫嶠，握刀晚歲戰劉郎。不須戚戚如馮衍，便與時時説李陽。

趙令畤《侯鯖錄》卷一：公素畏內，衆所共知，嘗求坡公書扇，坡題云：「披扇當年笑溫嶠（略）。」公素昔爲程宣徽門賓，後娶程公之女，性極妒悍，故云。

查愼行《初白庵詩評》卷中：孫必懼內者，可發一笑。

趙翼《甌北詩話》卷五：孔毅父集古人句成詩贈坡，坡答曰（略）似譏集句非大方家所爲。然（略）《戲孫公素懼內》詩云（略）則仍典雅，不作惡戲。

儋耳

霹靂收威暮雨開，獨憑闌檻倚崔嵬。垂天雌霓雲端下，快意雄風海上來。野老已歌豐歲語，除書欲放逐臣回。殘年飽飯東坡老，一壑能專萬事灰。

汪師韓《蘇詩選評箋釋》卷六：嶒崒雄姿，經挫折而不稍損抑，養浩然之氣，於此見其心聲。

方東樹《昭昧詹言》卷二〇：（「垂天雌霓雲端下」二句）三四奇警。

高步瀛《唐宋詩舉要》卷六引吳汝綸評：雄宕。

余來儋耳得吠狗曰烏觜甚猛而馴隨予遷合浦過澄邁泅而濟路人皆驚戲爲作此詩

烏喙本海獒，幸我爲之主。食餘已瓠肥，終不憂鼎俎。晝馴識賓客，夜悍爲門戶。知我當北還，掉尾喜欲舞。跳踉趁童僕，吐舌喘汗雨。長橋不肯躡，徑渡清深浦。拍浮似鵝鴨，登岸劇虓虎。盜肉亦小疵，鞭箠當貰汝。再拜謝厚恩，天不遺言語。何當寄家書，黃耳定乃祖。

查愼行《初白庵詩評》卷中：（「長橋不肯躡」六句）沉酣於少陵，乃有此跌宕雄深境界。

汪師韓《蘇詩選評箋釋》卷六：一時戲筆，摹繪入情。至「盜肉亦小疵，鞭箠當貰汝」二句，寓意甚深，即小可以喻大。

紀昀評《蘇文忠公詩集》卷四三：小品亦佳。（「盜肉亦小疵」二句）閒情有致。

澄邁驛通潮閣二首

倦客愁聞歸路遙，眼明飛閣俯長橋。貪看白鷺橫秋浦，不覺青林沒晚潮。

翁方綱《石洲詩話》卷三：東坡《澄邁驛通潮閣》詩：「貪看白鷺橫秋浦，不覺青林沒晚潮。」眞唐賢語也。（略）此皆阮亭《池北偶談》採宋絕句所未之及者。

餘生欲老海南村，帝遣巫陽招我魂。杳杳天低鶻沒處，青山一髮是中原。

胡仔《苕溪漁隱叢話》後集卷二〇：《次韻沈長官》詩云：「聞道山中食無肉，玉池清水自生肥。」《天慶觀乳泉賦》云：「鏘瓊佩之落谷，灩玉池之生肥。」《澄邁驛通潮閣》詩云：「杳杳天低鶻沒處，青山一髮是中原。」《伏波將軍廟碑》有云：「南望連山，若有若無，杳杳一髮耳。」皆兩用之，其語倔奇，蓋得意也。

汪師韓《蘇詩選評箋釋》卷六：羈望深情，含蘊無際。

紀昀評《蘇文忠公詩集》卷四三：（末二句）神來之筆。

趙克宜《角山樓蘇詩評注彙鈔》卷二〇：意極悲痛，佳在但作指點，不與說盡。

施補華《峴傭說詩》：東坡七絕亦可愛，然趣多致多，而神韻卻少。（略）獨「餘生欲老海南村（略）。」則氣韻兩到，語帶沉雄，不可及也。

陳衍《宋詩精華錄》卷二：虞伯生題畫詩云「青山一髮是江南」，全套此詩。

洞酌亭

瓊山郡東，衆泉觱發，然皆冽而不食。丁丑歲六月，南遷過瓊，始得雙泉之甘於城之東北隅，以告其人，自是汲者常滿。泉相去咫尺而異味。庚辰歲六月十七日，遷於合浦，復過之，太守承議郎陸公求泉上之亭名與詩，名之曰洞酌，其詩曰：

洞酌彼兩泉，挹彼注茲。一瓶之中，有澠有淄。以瀹以烹，衆喊莫齊。自江徂海，浩然無私。豈弟君子，江海是儀。既味我泉，亦嚌我詩。

李光《跋東坡雙泉詩》（《永樂大典》卷九〇七引）：東坡先生紹聖庚辰六月十七日北歸過瓊，作《雙泉詩》，蓋有讖焉。先生度嶺海，雖黎童蠻婦，亦知愛敬，而士大夫或致厚薄愛憎於去來之間，故其詩曰「一瓶之中，有澠有淄」，又曰「豈弟君子，江海是儀」。雖先生曠懷雅量，亦未能忘情於此時也。

六月二十日夜渡海

參橫斗轉欲三更，苦雨終風也解晴。雲散月明誰點綴，天容海色本澄清。空餘魯叟乘桴意，粗識軒轅奏樂聲。九死南荒吾不恨，茲游奇絕冠平生。

劉克莊《後村詩話》前集卷二：李伯紀丞相《過海》絕句云「假使黑風漂蕩去，不妨乘興訪蓬萊」，與東坡「九死南荒吾不恨，茲游奇絕冠平生」之句殆相伯仲，異乎李文饒、盧多遜窮愁無聊之作矣。

文天祥《送項巽可入南序》(《文山先生全集》卷九):東坡作《韓文公廟碑》詩云:「作書詆佛譏君王,要觀南海窺衡湘。」坡在南方亦云「茲游最奇絕」,又云「茲游奇絕冠平生」。當文公諫佛骨,豈故欲爲揭陽之行?坡不幸罹黨禍,乃以炎方爲誇。自古詩人,大言而非情,往往如此。

方回《劉元輝詩序》(《桐江集》卷四):元祐臣僚被謫,乃熙、豐小人用事報復,宋之存亡攸關。坡過嶺過海,不爲詩也。名高衆忌,視死如歸,故詩曰:「九死南荒吾不恨,茲游奇絕冠平生。」元輝責之太甚,千萬世東坡自不朽也。

方回《瀛奎律髓彙評》卷四三《遷謫類》方回評:紹聖四年丁丑,東坡在惠州,年六十二矣。五月再謫瓊州別駕,昌化軍安置,即儋州也。以六月二十日夜渡海,七月十三日至儋州。或謂尾句太過,無省愆之意,殊不然也。章子厚、蔡卞欲殺之,而處之怡然。當此老境,無怨無怒,以爲茲游奇絕,眞了生死、輕得喪天人也。四詩可一以此意觀。

又紀昀評:(「茲游奇絕冠平生」)此語分明。東坡南遷,乃時宰之意,非天子之意,故不妨如此說。

又:前半純是比體,如此措辭,自無痕迹。

又馮班評:落句可用。

又查愼行評:前半四句俱用四字作疊而不覺其板滯,由于氣充力厚,足以陶鑄熔冶故也。

又無名氏（甲）評：東坡晚年詩，人嘆精深華妙矣。孰知按之于唐，終不入格。只是直言，無詩味也。

瞿佑《歸田詩話》卷中《東坡傲世》：（東坡）放曠不羈，（略）《渡海》云：「九死南荒吾不恨，兹游奇絶甚平生。」方負罪戾，而傲世自得如此。雖曰取快一時，而中含戲侮，不可以爲法也。

何焯《義門讀書記》卷五：「遠遊雖寂寞」二句，坡翁「九死南荒吾不恨，兹遊奇絶冠平生」，分明學此，卻覺痕迹少味。「遠遊」只己事，投荒不恨，是以君命爲戲也。

查愼行《初白庵蘇詩補注》卷四三：按方回《瀛奎律髓》謂「此詩紹聖四年責儋州時作。六月二十渡海，七月十三日至儋」云云。以余考之，訛也。本集和淵明《移居》詩序云：「丁丑，余謫海南，子由亦謫雷州，五月十一日相遇於藤，同行至雷。六月十一日與子由相别渡海。」則南遷時渡海，乃六月十一日，非二十日也。又按本集《到昌化軍謝表》，至儋州在七月二日，亦非十三日也。今從施氏原本，定爲北歸時作。

汪師韓《蘇詩選評箋釋》卷六：高闊空明，非實身有仙骨，莫能有其隻字。

紀昀評《蘇文忠公詩集》卷四三：（「苦雨終風也解晴」）比也。

吳喬《圍爐詩話》卷五引黄公曰：《過海》云：「空餘魯叟乘桴意（略）。」如此胸襟，眞天人矣。

賀裳《載酒園詩話·蘇軾》：坡詩吾第一服其氣概。後至垂老投荒，夜渡瘴海，猶云：「空餘魯叟乘桴意，粗識軒轅奏樂聲。九死南荒吾不恨，兹游奇絶冠平生。」如此胸襟，眞天人也。

張佩綸《澗于日記》辛卯下：以「滋游奇絕冠平生」，結東海一案也。

王文誥《蘇文忠公詩編注集成》卷四三：（「雲散月明誰點綴」）問章惇也。（「天容海色本澄清」）公自謂也。凡此種聯句，必不可傅會，典實註繁，則詩旨反爲所晦。

趙克宜《角山樓蘇詩評注彙鈔》卷二〇：雖有比興，然語直而盡，卻乏深味。

自雷適廉宿於興廉村淨行院

荒涼海南北，佛舍如雞棲。忽行榕林中，跨空飛栱枅。當門冽碧井，洗我兩足泥。高堂磨新磚，洞戶分角圭。倒牀便甘寢，鼻息如虹霓。童僕不肯去，我爲半日稽。晨登一葉舟，醉兀十里溪。醒來知何處，歸路老更迷。

紀昀評《蘇文忠公詩集》卷四三：（「洗我兩足泥」及下句）二句皆俚。

雨夜宿淨行院

芒鞵不踏利名場，一葉輕舟寄淼茫。林下對牀聽夜雨，靜無燈火照淒涼。

廉州龍眼質味殊絶可敵荔支

龍眼與荔支，異出同父祖。端如甘與橘，未易相可否。異哉西海濱，琪樹羅元輔。纍纍似桃李，一一流膏乳。坐疑星隕空，又恐珠還浦。圖經未嘗說，玉食遠莫數。獨使皴皮生，弄色映琱俎。蠻荒非汝辱，幸免妃子汚。

魏慶之《詩人玉屑》卷一七引《室中語》：子瞻作詩，長于譬喻。（略）《龍眼》詩云：「龍眼與荔枝，異出同父祖。端如柑與橘，未易相可否。」皆累數句也。如一聯則「少年辛苦眞食蓼，老境清閑如啖蔗」，如一句即「雪裏波菱如鐵甲」之類，不可勝紀。

查愼行《初白庵蘇詩補注》卷四三：（未易相可否。）按「否」字，《廣韻》載「四紙」者，符鄙切，載「有」韻者，方久切。未有入「七麌」者。考之他人詩亦然，不知先生何據。

紀昀評《蘇文忠公詩集》卷四三：（「坐疑星隕空」二句）「坐疑」二句可删。（「蠻荒非汝辱」二句）寓意作結。

合浦愈上人以詩名嶺外將訪道南岳留詩壁上云閒伴孤雲自在飛東坡居士過其精舍戲和其韻

孤雲出岫豈求伴，錫杖凌空自要飛。爲問庭松向西指，不知老奘幾時歸。

洪邁《容齋三筆》卷六《東坡詩用老字》：東坡賦詩，用人姓名，多以老字足成句。（略）若其他鉅出，如（略）「不知老奘幾時歸」之類，皆隨語勢而然。白樂天云「每被老元偸格律」，蓋亦有自來矣。

查愼行《初白庵蘇詩補注》卷四三：施氏原注：「此詩墨蹟，公自題其後云：『元符三年八月十日。』」新刻删去。「不知老奘幾時歸？」墨蹟作「幾年」。今補錄。

梅聖俞之客歐陽晦夫使工畫茅菴己居其中一琴橫牀而已曹子方作詩四韻僕和之云

寂寞王子猷，回船剡溪路。迢遙戴安道，雪夕誰與度。倒披王恭氅，半掩袁安戶。應調折絃琴，自和撚須句。

《困學紀聞》卷一八：東坡《與歐陽晦夫》詩三首，晦夫名闢，桂州人。梅聖俞有詩送之云：「我家無梧桐，安可久留鳳。」東坡南遷，至合浦，晦夫時爲石康令，出其詩稿數十幅。事見《桂林志》。注坡詩者以爲文忠之族，非也。

歐陽晦夫惠琴枕

中郎不眠仰看屋，得此古椽圍尺竹。輪囷濩落非笛材，剖作袖琴徽軫足。流傳幾處到淵明，卧枕綸巾酒新漉。孤鸞別鵠誰復聞，鼻息齁齁自成曲。

琴　枕

清眸作金徽，素齒爲玉軫。響泉竟何用，金帶常苦窘。斕斑漬珠淚，宛轉堆雲鬢。君若安七絃，應彈卓氏引。

王文誥《蘇文忠公詩編注集成》卷四三：（「響泉竟何用」二句）以琴爲枕，故曰「苦窘」。題無實典可使，詩以二句合爲琴枕也。（「君若安七絃」二句）此二句釣渡「枕」字以爲戲，枯題之法也。

留別廉守

編萑以苴豬，墐塗以塗之。小餅如嚼月，中有酥與飴。懸知合浦人，長誦東坡詩。好在眞一酒，爲我醉宗資。

紀昀評《蘇文忠公詩集》卷四三：殊不成語。

餅笙

庚辰八月二十八日，劉幾仲餞飲東坡，中觴聞笙簫聲，杳杳若在雲霄間。抑揚往返，粗中音節。徐而察之，則出於雙餅，水火相得，自然吟嘯，蓋食頃乃已。坐客驚嘆，得未曾有，請作《餅笙》詩記之。

孤松吟風細泠泠，獨繭長繅女媧笙。陋哉石鼎逢彌明，蚯蚓竅作蒼蠅聲。缾中宮商自相賡，昭文無虧亦無成。東坡醉熟呼不醒，但云作勞吾耳鳴。

葉寘《愛日齋叢鈔》卷四：晚從海上還，賦《瓶笙》云：「瓶中宮商自相賡，昭文無虧亦無成。」及此而謂無虧成，由其在我者，莫之加損也。

紀昀評《蘇文忠公詩集》卷四三：歷落有奇逸之氣。

王文誥《蘇文忠公詩編注集成》卷一一：此（《無錫道中賦水車》）詩與《瓶笙》同一手法。

趙克宜《角山樓蘇詩評注彙鈔》卷二〇：起二語善于狀物。

歐陽晦夫遺接㒿琴枕戲作此詩謝之

攜兒過嶺今七年，晚途更著黎衣冠。白頭穿林要藤帽，赤腳渡水須花縵。不愁故人驚絕倒，但使俚俗相恬安。見君合浦如夢寐，挽須握手俱汍瀾。妻縫接䍦霧縠細，兒送無絃且寄陶令意，倒載猶作山公看。我懷汝陰六一老，眉宇秀發如春巒。羽衣鶴氅古仙伯，岌岌兩柱扶霜紈。至今畫像作此服，凜如退之加渥丹。爾來前輩皆鬼錄，我亦帶脫巾攲寬。作詩頗似六一語，往往亦帶梅翁酸。

紀昀評《蘇文忠公詩集》卷四三：（「爾來前輩皆鬼錄」之前）似有闕文。

曾國藩《曾文正公全集·讀書錄》卷九《東坡文集》：首六句自叙至嶺南後冠服。「見君」六句，叙送冠枕。末十句有懷歐、梅。

張道《蘇亭詩話》卷二《考韻類》：《歐陽晦夫遺接䍦琴枕》詩：「白頭穿林要藤帽，赤腳渡水須花縵。」押入寒韻。今韻書無此字。《集韻》有謨官切一音，亦宜補也。此二字均有平上去三音，韻書上去俱收，而平韻獨遺。可見宋時韻書異于今本矣。

紀昀評蘇文忠公詩集卷四十四

次韻王鬱林

晚途流落不堪言，海上春泥手自翻。漢使節空餘皓首，故侯瓜在有頹垣。平生多難非天意，此去殘年盡主恩。誤辱使臣相抆拭，寧聞老鶴更乘軒。

汪師韓《蘇詩選評箋釋》卷六：忠厚悱惻，方是大雅之音。

紀昀評《蘇文忠公詩集》卷四四：（「漢使節空餘皓首」）此事屢用，俱不切。（「平生多難非天意」二句）五六詩人之言。

延君壽《老生常談》：東坡嘻笑怒駡固多，然亦有極蘊藉之作。如《次韻王鬱林》云：「平生多難非天意，此去殘年盡主恩。」學者當細心檢點，不可鹵莽草率，道聽途說。

藤州江上夜起對月贈邵道士

江月照我心，江水洗我肝。端如徑寸珠，墮此白玉盤。我心本如此，月滿江不湍。起舞者誰飮，莫作三人看。嶠南瘴癘地，有此江月寒。乃知天壤間，何人不清安。牀頭有白酒，盎若白露溥。獨醉還獨醒，夜氣清漫漫。仍呼邵道士，取琴月下彈。相將乘一葉，夜下蒼梧灘。

胡仔《苕溪漁隱叢話》後集卷二九：予謂東坡此語似成于太白矣。大率東坡每題詠景物，于長篇中只篇首四句，便能寫盡，語仍快健。（略）《藤州江上夜起對月》首句云：「江月照我心，江水洗我肝。端如徑寸珠，墮此白玉盤。」此聊舉四詩，其他甚衆。

汪師韓《蘇詩選評箋釋》卷六：舒元輿序白一篇，只辦形容擬議，猶是「日下孤燈」伎倆。此詩乃能證出妙明心，直是照天照地。

紀昀評《蘇文忠公詩集》卷四四：清光朗澈，無復筆墨之痕。此爲神來之候。

徐元用使君與其子端常邀僕與小兒過同游東山浮金堂戲作此詩

昔與徐使君，共賞錢塘春。愛此小天竺，時來中聖人。松如遷客老，酒似使君醇。繫舟藤城下，弄月鐔江濱。江月夜夜好，山雲朝朝新。使君有令子，眞是石麒麟。我子乃散材，有如木輪困。二老白接䍦，兩郎烏角巾。醉卧松下石，扶歸江上津。浮橋半沒水，揭此碧鱗鱗。

紀昀評《蘇文忠公詩集》卷四四：平直少興象。（「眞是石麒麟」）率句。

宋長白《柳亭詩話》卷三：蘇子瞻《同徐元用游金山》詩：「松如遷客老，酒似使君醇。」蓋以後凋自況，以心醉美徐也。（略）琢句雅健，俱得比興之神。

送鮮于都曹歸蜀灌口舊居

籋盡霜鬚照碧銅，依然春雪在長松。朝行犀浦催收芋，夜渡繩橋看伏龍。莫嘆倦游無駟馬，要將老健敵千鐘。子雲三世惟身在，爲向西南説病容。

查慎行《初白庵詩評》卷中：相如、子雲皆蜀人，故後半用之，一以比都曹，一以自説。

書堂嶼

蒼山古木書堂嶼，北出湘水百餘步。誰爲往來虧世界，至今人指安禪處。豈無驚蛇與飛鳥，後來那復知其趣。不知我身今是否，空記名稱在常住。

查愼行《初白庵詩評》卷中：書堂嶼一在韶州之曲江縣，一在仁化縣（原注：一本尚有「一在梧州」四字）。案湘灕同源，出於陽朔山南爲灕水，北即湘水。今詩中有「北出湘水」句，當是韶州。

紀昀評《蘇文忠公詩集》卷四四：輕率。

送邵道士彥肅還都嶠

乞得紛紛擾擾身，結茅都嶠與仙鄰。少而寡欲顏常好，老不求名語益眞。許邁有妻還學道，陶潛無酒亦從人。相隨十日還歸去，萬刦淸游結此因。

書韓幹二馬

赤髯碧眼老鮮卑，回策如縈獨善騎。赭白紫騮俱絶世，馬中湛岳有妍姿。

李治《敬齋古今黈》卷八：（「回策如縈獨善騎」）按《晉書》：「王湛乘其侄濟馬，姿容既妙，迴策如縈，善騎者無以過之。」此「善騎」之「騎」，自合作去聲讀之。書傳中言善騎射者多矣，今押作平聲，定誤。

張佩倫《澗于日記》壬辰上：（前引《敬齋古今黈》）案：《說文》：騎，跨馬也，從馬，奇聲，渠羈切。《廣韻》收入支韻者，訓跨馬，安得以押平聲爲誤乎？東坡每行役，必攜小學，未可輕議。

觀大水望朝陽巖作

朝陽巖前不結廬，下眺江水百步餘。春泉濺濺出乳竇，青沙白石半洿涂。不到津頭二三日，誰知江水漲天墟。遙望橫盃不敢濟，巖口正有人罾魚。

紀昀評《蘇文忠公詩集》卷四四：效杜吳體，未爲高老，吳體拗折，非渾然天成不可。

張道《蘇亭詩話》卷三《故事類》下：《續補遺詩》中有《觀大水望朝陽巖作》一首，《滄浪亭懷古》一首，《柏家渡》一首，《書堂嶼》一首，《題潭州徐氏春暉亭》一首，是湖南衡永湘潭間詩。又《宋復古畫瀟湘晚景圖》詩，有「舊游心自省」句。考東坡蹤跡未嘗至湖南，不知何時往游。顧《柏家渡》詩有「一夢愔愔四十秋」句，似在黃州時偶游到彼，抑和人作耶？

將至廣州用過韻寄邁迨二子

皇天遣出家，臨老乃學道。北歸爲兒子，破戒堪一笑。披雲見天眼，回首失海潦。蠻唱與黎歌，餘音猶杳杳。大兒收衆稺，四歲守孤嶠。次子病學醫，三折乃粗曉。小兒耕且養，得暇爲書繞。我亦困詩酒，去道愈茫渺。紛紛何時定，所至皆可老。莫爲柳儀曹，詩書敎蠻獠。亦莫事登陟，谿山有何好。安居與我游，閉戶淨灑掃。

查愼行《初白庵詩評》卷中：（「大兒收衆稺」六句）先生謫海南，邁與家屬留廉州，獨與過同行。

紀昀評《蘇文忠公詩集》卷四四：刻意擺脱，直而不剽。

贈鄭清叟秀才

風濤戰扶胥，海賊橫泥子。胡爲犯二怖，博此一笑喜。問君奚所欲，欲談仁義耳。我才不逮人，所有聊足已。安能相付與，過聽君誤矣。霜風掃瘴毒，冬日稍清美。年來萬事足，所欠惟一死。澹然兩無求，滑淨空棐几。

李頎《古今詩話》：秦少游謫雷州，有詩曰：「南土四時都熱，愁人日夜俱長。安得此心如石，一時忘了家鄉。」黃魯直謫宜州，作詩曰：「老色日上面，歡情日去心。今既不如昔，後當不如今。」「輕紗一幅巾，短簟六尺牀。無客日自靜，有風終夕涼。」少游鍾情，故詩酸楚，魯直學道，故詩閒暇。至東坡南中詩曰：「平生萬事足，所欠惟一死。」則英特之氣，不受折困。

釋惠洪《冷齋夜話》卷四：詩者，妙觀逸想之所寓也，豈可限以繩墨哉。如王維作畫，雪中芭蕉，法眼觀之，知神情寄寓于物，俗論則譏以爲不知寒暑。荆公方大拜，賀客滿門，忽點墨書其壁曰：「霜筠雪竹鍾山寺，投老歸歟寄此生。」坡在儋耳作詩曰：「平生萬事足，所欠唯一死。」豈可與世俗論哉。予嘗與客論至此，而客不然予論。予作詩自誌其略曰：「東坡醉墨浩琳琅，千首空餘萬丈光。雪裏芭蕉失寒暑，眼中騏驥略玄黃。」

陳善《捫虱新話》上集卷二：僧惠洪覺範嘗言：「東坡言語文字，理性通曉，蓋從《般若》中來。然嘗恨其寢幻夢如隔霧見月，雖老而死者，聖達所不免，譬如晝則有夜，而坡欲白日仙去，竟以病而歿。」蓋徐師川亦云。予以爲不然。坡公胸次，韜藏萬象，洞視八表，視天下萬物，無足以易其樂者。顧常好寫字畫竹，談笑之餘，猶復留意養生，蓋游戲爲之，于道不妨也。公詩云：「平生萬事足，所欠唯一死。」此豈生死夢幻所能蔽障乎？覺範之言，良亦未是。

紀昀評《蘇文忠公詩集》卷四四：微有剽意。然語有頓宕，尚不甚滑。（「年來萬事足」二句）「年來」二句宋人詩話亦議之。然東坡特自言萬念皆空，故不立語言文字之意，非有所怨尤。論者未看上下文義耳。

趙翼《甌北詩話》卷五《蘇東坡詩》：坡詩不尚雄傑一派，其絕人處在乎議論英爽，筆鋒精銳，舉重若輕，讀之似不甚用力而力已透十分，此天才也。試即其詩，略爲舉似。五古如：（略）「年來萬事足，所欠惟一死。」（《海外歸贈鄭秀才》）（略）此皆坡詩中最上乘，讀者可見其才分之高，不在功力之苦也。

又：坡詩不以鍊句爲工，然亦有研鍊之極，而人不覺其鍊者。如「年來萬事足，所欠唯一死。」（略）此等句在他人雖千鎚萬杵，尚不能如此爽勁，而坡以揮灑出之，全不見用力之迹，所謂天才也。

王文誥《蘇文忠公詩編注集成》卷四二：（「年來萬事足」四句）其說（按：指紀評）清楚。清叟越海相見，尚何他求，亦惟仁與義而已矣。詩言我不逮人，僅足爲自了漢，如是而止，于清叟無所發明也。凡詩話截取數句以論詩，註家截數句以註詩，檢其所引出處，連上下文讀之，其時地情景多不合，原文並不如是解也。

和孫叔靜兄弟李端叔唱和

病骨瘦欲折，霜髯𥳽更疎。喜聞新國政，兼得故人書。秉燭眞如夢，傾杯不敢餘。天涯老兄弟，懷抱幾時攄。

紀昀評《蘇文忠公詩集》卷四四：題有脱誤處。渾老有情，不同空調。

王文誥《蘇文忠公詩編注集成》卷四四：此題乃孫叔靜出觀近年唱和諸什，公有所感，即自道一詩，就便以和。其唱和爲題，故詩中毫不管顧唱和一層，並不知何處唱和也。題字並無脱誤，紀氏疑題與詩不類，故云題有脱誤字。此是其周密處也。

廣倅蕭大夫借前韻見贈復和答之二首

汪師韓《蘇詩選評箋釋》卷六：老榦疏枝，卓立傑出。

生還粗勝虞，早退不如疏。垂死初聞道，平生誤信書。風濤驚夜半，疾病送災餘。賴有蕭夫子，憂懷得少攄。

汪師韓《蘇詩選評箋釋》卷六：軾詩好用古人姓壓韻，前人有譏之者。若此詩起二句，亦是習氣未除，而格韻則高堅于晚節矣。

紀昀評《蘇文忠公詩集》卷四四：此便淺率。

王文誥《蘇文忠公詩編注集成》卷四四：此首自謂。

心閒詩自放，筆老語翻疎。贈我皆強韻，知君得異書。滔滔沮叟是，綽綽孟生餘。一笑滄溟側，應無憤可攄。

王文誥《蘇文忠公詩編注集成》卷四四：下首述贈答之意，皆指蕭也。

趙克宜《角山樓蘇詩評注彙鈔》卷二〇：（「贈我皆強韻」二句）次聯宋格之佳者。

周教授索枸杞因以詩贈錄呈廣倅蕭大夫

鄴侯藏書手不觸，嗟我嗜書終日讀。短檠照字細如毛，怪底昏花懸兩目。扶衰賴有王母杖，名字於今挂仙錄。荒城古塹草露寒，碧葉叢低紅菽粟。春根夏苗秋著子，盡付天隨恥充腹。蘭傷桂折緣有用，爾獨何損丹其族。贈君慎勿比薏苡，采之終日不盈匊。外澤中乾非爾儔，斂藏更借秋陽曝。雞壅桔梗一稱帝，堇也雖尊等臣僕。時復論功不汝遺，異時謹事東籬菊。

紀昀評《蘇文忠公詩集》卷四四：（「時復論功不汝遺」二句）結寓感慨。

跋王進叔所藏畫

紀昀評《蘇文忠公詩集》卷四四：五首各有寄託，風調亦復不乏。惟《山茶》一首，怨而太怒。

王文誥《蘇文忠公詩編注集成》卷四四：此五首，曉嵐謂各寓託諷。（略）是時三司常有燕集，既會，則出藏弆鑑別，因以求題。故公與叔靜屢過進叔，其所題見于集者，尚有《王太尉峽中詩刻》、《唐咸通判湖州刺史牒跋》、《石延年詩筆跋》、《書進叔所藏琴事》諸篇。凡此皆隨手酬應之作，未必專于此五詩寓諷刺也。

徐熙杏花

江左風流王謝家，盡攜書畫到天涯。卻因梅雨丹青暗，洗出徐熙落墨花。

紀昀評《蘇文忠公詩集》卷四四：此首自寓。

趙昌四季

倚竹佳人翠袖長，天寒猶著薄羅裳。揚州近日紅千葉，自是風流時世妝。（芍藥）

紀昀評《蘇文忠公詩集》卷四四：此首以刺小人。

楓林翠壁楚江邊，躑躅千層不忍看。開卷便知歸路近，劍南樵叟爲施丹。（躑躅）

紀昀評《蘇文忠公詩集》卷四四：此首獨用賦體，但寫鄉心，並無別意。（開卷便知歸路近）「知」字疑「如」字之誤。

輕肌弱骨散幽葩，眞是青裙兩髻丫。便有佳名配黃菊，應緣霜後苦無花。（寒菊）

紀昀評《蘇文忠公詩集》卷四四：此刺小人之乘時得道。

遊蜂掠盡粉絲黃，落蕊猶收蜜露香。待得春風幾枝在，年來殺菽有飛霜。（山茶）（略）

紀昀評《蘇文忠公詩集》卷四四：（「年來殺菽有飛霜」）此結太露，亦太激。以其時論之，亦不應作此語。

馮應榴《蘇文忠公詩合註》卷四四：（「待得春風幾枝在」二句）此乃寓言，因有殺菽之霜，故不能多枝留待春時，以比遭謫之人，不能再被春和也。

王文誥《蘇文忠公詩編注集成》卷四四：（「待得春風幾枝在」二句）（馮應榴）所論亦不確。

和黃秀才鑒空閣

明月本自明，無心孰爲境。挂空如水鑒，寫此山河影。我觀大瀛海，巨浸與天永。九州居其間，無異蛇盤鏡。空水兩無質，相照但耿耿。妄云桂兔蟆，俗說皆可屏。我遊鑒空閣，缺月正淒冷。黄子寒無衣，對月句愈警。借君方諸淚，一沐管城穎。誰言小叢林，淸絕冠五嶺。

《容齋續筆》卷一六《月中桂兔》：《酉陽雜俎·天咫篇》，載月星神異數事。其命名之義，取《國語》楚靈王曰「是知天咫，安知民則」之說。其紀月中蟾桂，引釋氏書，言須彌山南面有閻扶樹，月過樹，影入月中。或言月中蟾桂，地影也，空處，水影也。予記東坡公《鑒空閣》詩云：「明月本自明（略）」正用此說。其詩在集中，題爲《和黃秀才》。頃予游南海，西歸之日，泊舟金利山下，登崇福寺，有閣枕江流。標曰「鑒空」，正見詩牌揭其上，蓋當時臨賦處也。

《春渚紀聞》卷七《辨月中影》：王荆公言，月中仿佛有物，乃山河影也。至東坡先生亦有「正如大圓鏡，寫此山河影」、「妄言桂兔蟆，俗說皆可屏」之句。以二先生窮理盡性，固當無可議者，然尚有未盡解處。今以半鏡懸照，物像則全而見之；月未滿，則中之物像亦只半見，何也。

朱翌《猗覺寮雜記》卷上：東坡《鑒空閣》云：「懸空如水鏡，瀉此山河影。」「妄稱桂兔蟆，俗說皆可屏。」《酉陽雜俎》云：「月中蟾桂，地影也。空處，水影也。」東坡用此。桂兔蟆其來久矣。《五經通義》：月中有兔與蟾蜍，何月陰也？蟾蜍，陽也。與兔並明，陰繫于陽也。《春秋演孔圖》曰：蟾蜍，月精也。虞憙《安天論》曰：「俗傳月中仙人、桂樹，今視其初生，仙人之足已成形，桂樹後生。」東坡故云俗說。俞文豹《吹劍三錄》：張衡《靈憲序》：月者陰精，積而成獸象兔。

其數偶。羿請不死之藥于西王母，羿妻嫦娥竊之奔月，是爲蟾蜍。韓文《毛穎傳》云：竊嫦娥，騎蟾蜍，入月窟。《酉陽雜俎》云：月桂高五百丈，西河人姓吳名成，學道有過，謫令伐樹，斫之，創隨合。或言蟾蜍地影也，常空處水影也。佛書言須彌山閻扶樹及山河影。荆公言：月中仿佛有物，乃山河影。東坡詩：「明月本自明（略）

謝肇淛《五雜俎》卷一：「懸空如水鏡，寫此山河影。」「妄稱桂兔蟆，俗說皆可屏。」然坡知蟾兔蟆之爲俗說，而不知山河影亦俗說也。段成式《酉陽雜俎》云：「月中蟾桂，地影也；空處，水影也。」宋人之論本此。

查慎行《初白庵蘇詩補注》卷四四：據此（指洪邁《容齋續筆》），鑒空閣當在廣州。王氏注引《杭州圖經》，云「顯明院吳越王錢氏臣孟廉建，院中有鑒空閣」者謬。觀本詩結句（「誰言小叢林，清絕冠五嶺」），不待辨而自明。

紀昀評《蘇文忠公詩集》卷四四：靈空超妙，不減前藤州江上作。

趙克宜《角山樓蘇詩評注彙鈔》卷二〇：「方諸」一聯，語意新峭，結句結得欠融。

韋偃牧馬圖

神工妙技帝所收，江都曹韓逝莫留。人間畫馬惟韋侯，當年爲誰掃驊騮。至今霜蹄踏長楸，圉人困卧沙壠頭。沙苑茫茫蒺藜秋，風騣霧鬣寒颼颼。龍種尚與駑駘遊，長楷短豆豈我羞。八鑾六轡非馬謀，古來西山與東邱。

紀昀評《蘇文忠公詩集》卷四四：語頗遒緊。（「沙苑茫茫蒺藜秋」以下）後半純是寓言。

《唐宋詩本》卷一三戴引第元評：入後語意尤極沈快。按胡仔《苕溪漁隱》曰：「東坡《題伯時畫馬》云：「龍眠胸中有千駟」，議者謂譏其無德而稱。余意不然，文與可作墨竹，故《和篔簹谷》云：「料得清貧饞太守，渭川千里在胸中。」豈亦是譏之耶？今集中無《題伯時畫馬》詩。

又：入後語意，尤極沉快。

方東樹《昭昧詹言》卷一二：起有勢。

題靈峰寺壁

靈峰山上寶陀寺，白髮東坡又到來。前世德雲今我是，依稀猶記妙高臺。

王文誥《蘇文忠公詩編注集成》卷二六（《金山妙高臺》）：此以德雲比了元，當時並無德雲其人，後題廣州靈洲山詩，所謂「前世德雲今我似，依希猶記妙高臺」者，又借此詩爲金山舊事，皆寓言也。

廣州何道士衆妙堂

湛然無觀古眞人，我獨觀此衆妙門。夫物芸芸各歸根，衆中得一道乃存。道人晨起開東軒，趺坐一醉扶桑暾。餘光照我玻瓈盆，倒射窗几清而溫。欲收月魄餐日魂，我自日月誰使吞。

題馮通直明月湖詩後

老衍清篇墨未枯，小馮新作語尤殊。呼兒淨洗涵星硯，爲子賡歌墮月湖。聞道牂江空抱珥（自注：南詔有西珥河，即古牂牁江也。河形如月抱珥，故名之西珥云），年來合浦自還珠。請君多釀蓮花酒，準擬王喬下履鳧。

袁宏道評閱譚元春選《東坡詩選》卷一二譚元春評：此等詩皆帶俗氣，坡文中亦有之。

次韻鄭介夫二首

一落泥塗迹愈深，尺薪如桂米如金。長庚到曉空陪月，太歲今年合守心。相與齧氈持漢節，何妨振履出商音。孤雲倦鳥空來往，自要閒飛不作霖。

紀昀評《蘇文忠公詩集》卷四四：（「相與齧氈持漢節」）總用此事，不可解。二公雖遠謫，猶宋土也。（「孤雲倦鳥空來往」二句）結二句自好。

趙翼《甌北詩話》卷五《蘇東坡詩》：坡詩有云「清詩要鍛鍊，方得鉛中銀」。然坡詩實不以鍛鍊爲工，其妙處在乎心地空明，自然流出，一似全不著力而自然沁入心脾。此其獨絕也。今第就七言律論之，如（略）「相與齧氈持漢節，何妨振履出商音。」（略）此數十聯乃是稱心而出，不假雕飾，自然意味悠長。即使事處，亦隨其意之所欲出，而無牽合之迹。此不可以聲調、格律求之也。

一生憂患萃殘年，心似驚蠶未易眠。海上偶來期汗漫，葦間猶得見延緣。良醫自要經三折，老將何妨敗兩甄。收取桑榆種梨棗，祝君眉壽似增川。

昔在九江與蘇伯固唱和其略曰我夢扁舟浮震澤雪浪橫空千頃白覺來滿眼是廬山倚天無數開青壁蓋實夢也昨日又夢伯固手持乳香嬰兒示予覺而思之蓋南華賜物也豈復與伯固相見於此耶今得來書知已在南華相待數日矣感嘆不已故先寄此詩

扁舟震澤定何時，滿眼廬山覺又非。春草池塘惠連夢，上林鴻雁子卿歸。水香知是曹溪口，眼淨同看古佛衣。不向南華結香火，此生何處是眞依。

紀昀評《蘇文忠公詩集》卷四四：（「上林鴻雁子卿歸」）又用此事，眞不可解。

翁方綱《石洲詩話》卷三：蘇詩云：「水香知是曹溪口。」按《韶志》載「智藥三藏至此水口，飲水香美，謂其徒曰：『此水與西天之水無異，源上必有勝地』」云云。予以盂準量其水，已較曹溪九龍井水加重一錢。而曹溪九龍井水，又不及峽山寺水。蓋「出山泉濁」之理，於茲益信。而彼宗之妄，不辨自明矣。

追和沈遼贈南華詩

善哉彼上人，了知明鏡臺。歡然不我厭，肯致遠公杯。莞爾無心雲，胡爲出岫來。一堂安寂滅，卒歲扃蒼苔。

曹溪夜觀傳燈録燈花落一僧字上口占

山堂夜岑寂，燈下看《傳燈》，不覺燈花落，荼毗一箇僧。

紀昀評《蘇文忠公詩集》卷四四：（「不覺燈花落」二句）此豈是詩？

南華老師示四韻事忙姑以一偈答之

惡業相纏五十年，常行八棒十三禪。卻著衲衣歸玉局，自疑身是五通仙。

次韻韶守狄大夫見贈二首

華髮蕭蕭老遂良(自注:褚河南帖云,即日遂良鬚髮盡白,蓋謫長沙時也),一身萍挂海中央。無錢種菜爲家業,有病安心是藥方。才疏正類孔文舉,癡絕還同顧長康。萬里歸來空泣血,七年供奉殿西廊(自注:邇英閣在延和殿西廊下)。

洪邁《容齋三筆》卷六《東坡詩用老字》:東坡賦詩,用人姓名,多以老字足成句。如(略)《次韻韶守》云「華髮蕭蕭老遂良」,(略)是皆以爲助語,非眞謂其老也。大抵七言則于第五字用之,五言則于第三字用之。

王偁《匡山叢談》卷一:律詩之作,用字平仄,世固有定體,衆共守之矣。然不若時用變體,如兵之出奇變化無窮,方見韜略。東坡亦常用此作詩,如「華髮蕭蕭老遂良」是也。

胡仔《苕溪漁隱叢話》前集卷七:律詩之作,用字平側,世固有定體,衆共守之。然不若時用變體,如兵之出奇,變化無窮,以驚世駭目。(略)東坡嘗用此變體作詩云(下引此詩)。

查愼行《初白庵詩評》卷中:「癡絕」句(「癡絕還同顧長康」)集中再見。

森森畫戟擁朱輪,坐詠梁公覺有神。白傅閒游空誦句(自注:事見白樂天《吳郡詩石記》),拾遺窮老敢論親（自注：事見子美《贈狄明府》詩）。東海莫懷疏受意，西風幸免庾公塵。爲公過嶺傳新唱，催發寒梅一信春。

次韻韶倅李通直二首

一篇瀧吏可書紳，莫向長沮更問津。老去常憂伴新鬼，歸來且喜是陳人。曾陪令尹蒼髯古，又見郎君白髮新。回首天涯一惆悵，卻登梅嶺望楓宸。

汪師韓《蘇詩選評箋釋》卷六：險語釀成異采。骨畀清玉，下筆崔嵬。

紀昀評《蘇文忠公詩集》卷四四：（「回首天涯一惆悵」二句）語淺意深，常語而不覺其舊。

趙克宜《角山樓蘇詩評注彙鈔》卷二〇：「陳人」二字借一用。

青山祇在古城隅，萬里歸來卜築初。曾見四山朝鶴駕，更看三李跨鯨魚。欲從抱朴傳家學，應怪中郎得異書。待我丹成馭風去，借君瓊珮與霞裾（自注：僕昔爲開封幕，先公爲赤令，暇日相與論內外丹，且出其丹示僕。今三十年而見君曲江，同游南華，宿山水間數日，道舊感嘆，且勸我卜居於舒，故詩中皆及）。

查愼行《初白庵詩評》卷中：（「更看三李跨鯨魚」）李伯時與李亮功、李元中同登第，時號「龍眠三李」，皆舒人。

狄韶州煮蔓菁蘆菔羹

我昔在田間，寒庖有珍烹。常支折腳鼎，自煮花蔓菁。中年失此味，想像如隔生。誰知南岳老，解作東坡羹。中有蘆菔根，尚含曉露清。勿語貴公子，從渠嗜羶腥。

紀昀評《蘇文忠公詩集》卷四四：淺近。

張道《蘇亭詩話》卷三《故事類》下：《狄韶州煮蔓菁蘆菔羹》詩：「誰知南嶽老，解作東坡羹。」（文集有《東坡羹頌》）今人切大塊肥豚爛蒸之，名東坡肉，而羹則不傳。

李伯時畫其弟亮工舊隱宅圖

樂天早退今安有，摩詰長閒古亦無。五畝自栽池上竹，十年空有輞川圖。近聞陶令開三徑，應許揚雄寄一區。晚歲與君同活計，如雲鵝鴨散平湖。

查慎行《初白庵詩評》卷中：（「五畝自栽池上竹」二句）頸聯分承起二句（「樂天早退今安有」二句）。

汪師韓《蘇詩選評箋釋》卷六：「池上」，承「樂天」句；「輞川」，承「摩詰」句。陶令比李，揚雄自喻。一意直下，舒展自如，而體質凝厚不佻，律詩神境。

又：軾《與李惟熙帖》云：「偶得生還，平生愛龍舒風土，欲卜居爲終老之計。」篇內所云「一區之寄」，乃其素懷，不似後人作詩，只作無聊依附之語。

東坡居士過龍光求大竹作肩輿得兩竿南華珪首座方受請爲此山長老乃留一偈院中須其至授之以爲他時語錄中第一問

斫得龍光竹兩竿，持歸嶺北萬人看。竹中一滴曹溪水，漲起西江十八灘。

袁宏道評閱譚元春選《東坡詩選》卷一〇譚元春評：全是宗語，不必作詩看。

曾敏行《獨醒雜志》卷三：東坡北歸至嶺下，偶肩輿折杠，求竹于龍光寺。僧惠兩大竿，且延東坡飯。時寺無主僧，州郡方令往南華招請未至。公遂留詩以寄之，詩云：「斫得龍光竹兩竿（略）。」謂贛石也。東坡至贛，留數日，將發舟，一夕江水大漲，贛石無一見，越日而至廬陵。舟中見謝民師，因謂曰：「舟行江漲，遂不知有贛石，此吾龍光詩讖也。」民師問其故，東坡因舉以詩之本末。

贈嶺上老人

鶴骨霜髯心已灰，青松合抱手親栽。問翁大庾嶺頭住，曾見南遷幾箇回。

曾敏行《獨醒雜志》卷三：東坡還至庾嶺上，少憩村店，有一老翁出，問從者曰：「官爲誰？」曰：「蘇尙書。」翁曰：「是蘇子瞻歟？」曰：「是也。」乃前揖坡曰：「我聞人害公者百端，今日北歸，是天祐善人也。」東坡笑而謝之，因題一詩于壁間云：「鶴骨霜髯心已灰（略）。」

查愼行《初白庵詩評》卷中：須溪評云：「不知是去時，是歸時。」按子由和詩，知是歸時作。

汪師韓《蘇詩選評箋釋》卷六：高朗得青蓮之一體。

紀昀評《蘇文忠公詩集》卷四四：自幸之詞，然太淺。

贈嶺上梅

梅花開盡百花開，過盡行人君不來。不趁青梅嘗煮酒，要看細雨熟黃梅。

余昔過嶺而南題詩龍泉鐘上今復過而北次前韻

秋風卷黃落，朝雨洗綠淨。人貪歸路好，節近中原正。下嶺獨徐行，艱險未敢忘。遙知叔孫子，已致魯諸生。

汪師韓《蘇詩選評箋釋》卷六：此詩用古韻，刻意斲削，節短而味長。

紀昀評《蘇文忠公詩集》卷四四：用古韻。

過嶺二首

暫著南冠不到頭，卻隨北雁與歸休。平生不作兔三窟，今古何殊貉一邱。當日無人送臨賀，至今有廟祀潮州。劍關西望七千里，乘輿眞爲玉局游。

《瀛奎律髓彙評》卷四三《遷謫類》紀昀評：「不到頭」三字有病。五、六極典切，然出之他人則可，東坡自道則不可。

又無名氏（甲）評：東坡，蜀人，今去劍門甚遠。玉局觀在成都，東坡提舉奉祠處。

紀昀評《蘇文忠公詩集》卷四四：（「當日無人送臨賀」二句）五六自好，然不宜自況。

趙翼《甌北詩話》卷五《蘇東坡詩》：坡詩有云「清詩要鍛鍊，方得鉛中銀」。然坡詩實不以鍛鍊爲工，其妙處在乎心地空明，自然流出，一似全不著力而自然沁入心脾。此其獨絕也。今第就七言律論之，如（略）「當日無人送臨賀，至今有廟祀潮州。」（略）此數十聯乃是稱心而出，不假雕飾，自然意味悠長。即使事處，亦隨其意之所欲出，而無牽合之迹。此不可以聲調、格律求之也。

七年來往我何堪，又試曹溪一勺甘。夢裏似曾遷海外，醉中不覺到江南。波生濯足鳴空澗，霧繞征衣滴翠嵐。誰遣山雞忽驚起，半巖花雨落毿毿。

《瀛奎律髓彙評》卷四三《遷謫類》方回評：紹聖元年甲戌貶惠州，四年丁丑貶儋州，明年元符戊寅改元，三年庚辰量移廉州、永州，自便，凡七年。楊憑貶臨賀尉，惟徐晦送之，此事極切。「夢裏似曾遷海外」，此聯甚佳，殊不以遷謫爲意也。是年坡公年六十五。明年建中靖國元年辛巳七月卒于常州。

又馮班評：大筆自然不同。

又查愼行評：江西人以贛江爲南江。

又紀昀評：三、四眞境。

又：末句即「海鷗何事更相疑」意，非寫所見之景。

又無名氏（甲）評：曹谿，在廣東韶州。

汪師韓《蘇詩選評箋釋》卷六：視遷謫猶醉裏夢中，知其胸中別有澄定者在。

紀昀評《蘇文忠公詩集》卷四四：（「誰遣山鷄忽驚起」二句）結言機心已盡，不必相猜之意，非寫景也。

王文誥《蘇文忠公詩編注集成》卷四四：（「夢裏似曾遷海外」二句）眞乃吉祥文字。

過嶺寄子由

投章獻策謾多談，能雪冤忠死亦甘。一片丹心天日下，數行清淚嶺雲南。光榮歸珮呈佳瑞，瘴癘幽居弄晚嵐。從此西風庾梅謝，卻迎誰與馬毿毿。

查慎行《初白庵詩評》卷中：此係子由和詩。

紀昀評蘇文忠公詩集卷四十五

留題顯聖寺

渺渺疎林集晚鴉，孤村煙火梵王家。幽人自種千頭橘，遠客來尋百結花。浮石已乾霜後水，焦坑閒試雨前茶。祇疑歸夢西南去，翠竹江村繞白沙。

周煇《清波雜志》卷四：先人嘗從張晉彥覓茶，張答以二小詩：「內家新賜密雲龍，只到調元六七公。賴有家山供小草，猶堪詩老薦春風。」「仇池詩里識焦坑，風味官焙可抗衡。鑽餘權幸亦及我，十輩遺前公試烹。」時張偶得病，此詩俾其子代書，後誤刊在《于湖集》中。焦坑產庾嶺下，味苦硬，久方回甘。「浮石已干霜後水，焦坑新試雨前茶」，坡《南還回至章貢顯聖寺》詩也。後屢得之，初非精品，特彼人自以爲重，包裹鑽權幸，亦豈能望建溪之勝。

予初謫嶺南過田氏水閣東南一峰豐下鋭上里人謂之雞籠山予更名獨秀峰今復過之戲留一絶

倚天巉絶玉浮圖，肯與彭郎作小姑。獨秀江南知有意，要三二別四三壺。

查愼行《初白庵蘇詩補注》卷四五：按《燕丹子》云：「高欲令四三王，下欲令六五伯。」《困學紀聞》云：「四『三墳』，六『五典』，三『二曜』，六『五緯』。」先生此詩結句，正同此解。「二別」謂大別、小別；「三壺」謂方壺、蓬壺、瀛壺也。

紀昀評《蘇文忠公詩集》卷四五：（「要三二別四三壺」）此從「六五帝，四三王」語化來，然入詩不成句法。

寄題潭州徐氏春暉亭

曈曈曉日上三竿，客向東風競倚欄。穿竹鳥聲驚步武，入簷花影落杯盤。勿嫌步月臨元圃，冷笑乘槎向海灘。勝概直應吟不盡，憑君寄與畫圖看。

紀昀評《蘇文忠公詩集》卷四五：（「穿竹鳥聲驚步武」）「步武」字腐。

乞數珠贈南禪湜老

從君覓數珠，老境仗消遣。未能轉千佛，且從千佛轉。儒生推變化，乾策數大衍。道士守元牝，龍虎看舒卷。我老安能爲，萬劫付一喘。嘿坐閱塵界，往來八十反。區區我所寄，蹙縮蠶在繭。適從海上回，蓬萊又清淺。

紀昀評《蘇文忠公詩集》卷四五：太剽。

鬱孤臺 自注：再過虔州和前韻。

吾生如寄耳，嶺海亦閒游。贛石三百里，寒江尺五流。楚山微有霰，越瘴久無秋。望斷橫雲嶠，魂飛吒雪洲。曉鐘時出寺，暮鼓各鳴樓。歸路迷千嶂，勞生閱百州。不隨猿鶴化，甘作賈胡留。祇有貂裘在，猶堪買釣舟。

周必大《二老堂詩話》：蘇文忠公詩文，少重複者。惟「人生如寄耳」，十數處用，雖和陶詩亦及之，蓋有感于斯言。

汪師韓《蘇詩選評箋釋》卷六：落落參錯，矯矯變化，所謂不煩繩削而自合者。「人生如寄耳」一句，集中屢見，其才橫溢，固不屑于此也。

《御選唐宋詩醇》卷四一：深穩之至，彌出清新。

虔守霍大夫監郡許朝奉見和復次前韻

大邦安靜治，小院得閒游。贛水雨已漲，廉泉春未流。同烹貢茗雪，一洗瘴茅秋。秋思生尊鱠，寒衣待橘洲。揚雄未有宅，王粲且登樓。老景無多日，歸心夢幾州。敢因逃酒去，端爲和詩留。舊篋藏新語，清風自滿舟。

張道《蘇亭詩話》卷五《補注類》：《梁谿漫志》：「吾州道鄉先生書郡中後河興廢曰：『霍氏居河上游，河勢曲折，朝揖其門，鍾聚秀氣，世有名人。今知太平州霍公漢英與其侄給事數十年間相望起東南，爲時顯用。」」按給事名端友，建中靖國三年狀元，是書上有云，是歲在癸未，去熙寧癸丑適又三十年，則漢英知太平，在東坡歿後二年矣。查注引《虔州志》，不著漢英里居，據此知爲常州人。此則可補入《虔守霍大夫》詩注。

贈虔州術士謝晉臣

屬國新從海外歸，君平且莫下簾帷。前生恐是盧行者，後學過呼韓退之。死後人傳戒定慧，生時宿直斗牛箕。憑君爲算行年看，便數生時到死時。

《瀛奎律髓彙評》卷三七《技藝類》查愼行：坡公從儋耳南歸作。坡公前身五祖，又生命與退之同，故詩云然。

又紀昀評：東坡多以蘇武自比，殊爲不倫。

又：坡公七律，往往失之太快、太豪，此詩故亦不免此病。

又無名氏（甲）評：盧行者即慧能，號大鑒禪師，傳黃梅大師衣鉢。

查愼行《初白庵詩評》卷中：（「死後人傳戒定慧」二句）五六分承三四（「前生恐是盧行者」二句）。

紀昀評《蘇文忠公詩集》卷四五：（「前生恐是盧行者」二句）「前生」二句重出。

張謙宜《絸齋詩談》卷五：《贈虔州術士謝晉臣》腹聯云：「死後人傳戒定慧，生時宿直斗牛箕。」是巧句，卻非大家。

翁方綱《石洲詩話》卷三：「前生自是盧行者，後學過呼韓退之」二句，蘇詩凡兩見。其後一處，用以贈術士，則更妙矣。

方東樹《昭昧詹言》卷二〇：此首妙，有奇氣，章法亦往復。

查慎行《初白庵蘇詩補注》卷四五：此詩五六聯分承三四兩句，末一句又總結五六，章法遒緊。

虔州景德寺榮師湛然堂

卓然精明念不起，兀然灰槁照不滅。方定之時慧在定，定慧照寂非兩法。妙湛總持不動尊，默然眞入不二門。語息則默非對語，此話要將周易論。諸方人人把雷電，不容細看眞頭面。欲知妙湛與總持，更問江東三語椽。

紀昀評《蘇文忠公詩集》卷四五：直是偈咒。

趙翼《甌北詩話》卷五：至於摹彷佛經，掉弄禪語，以之入詩，殊覺可厭，不得以其出自東坡，遂曲爲之說也。（略）《題榮師湛然堂》詩：「卓然精明念不起（略）。」此等本非詩體而以之說禪理，亦如撮空，不過彷禪家語錄機鋒，以見其旁涉耳。

次韻陽行先

自注：用鬱孤臺韻。

室空惟法喜，心定有天游。摩詰原無病，須洹不入流。苦嫌尋直枉，坐待寸田秋。雖未麒麟閣，已逃鸚鵡洲。酒醒風動竹，夢斷月窺樓。衆謂元德秀，自稱陽道州。拔葵終相魯，辟穀會封留。用舍俱無礙，飄然不繫舟。

查慎行《初白庵蘇詩補注》卷四五：《唐書》「元德秀，字紫芝。母亡，以不及親在而娶，不肯婚。（略）」田汝成《志餘》曰：「陽行先平生不娶，東坡直造其室，嘗以元德秀呼之。居士曰：『某乃陽城之裔。』」故坡詩：「衆謂元德秀，自稱陽道州。」皆謂其無妻也。

再用數珠韻贈湜老

嗣宗雖不言，叔寶猶理遣。東坡但熟睡，一夕一展轉。南遷昔虞翻，卻掃今馮衍。古佛旣手提，諸方皆席卷。當年淸隱老，鶴瘦龜不喘。和我彈丸詩，百發亦百反。耆年日彫喪，但有犢角繭。時來窺方丈，共笑虎毛淺。

紀昀評《蘇文忠公詩集》卷四五：亦剽。

和猶子遲贈孫志舉

軒裳大爐鞴，陶冶一世人。從橫落模範，誰復甘飢貧。可憐方回癡，初不疑嘉賓。頗念懷祖黠，嗔兒與兵姻。失身墮浩渺，投老無涯垠。回看十年舊，誰似數子眞。孫郎表獨立，霜戟交重闉。深居不汝覿，豈問親與鄰。連枝皆秀傑，英氣推伯仁。我從海外歸，喜及崆峒春。新年得異書，西郭有逸民（自注：陽行先以登眞隱訣見借）。小孫又過我，歡若平生親。淸詩五百言，句句皆絕倫。養火雖未伏，要是丹砂銀。我家六男子，朴學非時新。詩詞各璀璨，老語徒周諄。願言敦宿好，永與竹林均。六子豈可忘，從我屢厄陳。

紀昀評《蘇文忠公詩集》卷四五：殊嫌冗漫。

南禪長老和詩不已故作六蟲篇答之

鳳凰覽德輝，遠引不待遺。鶺鴒戀庭宇，倏忽來千轉。那將坐井蛙，而比談天衍。蠹魚著文字，槁死猶遭卷。老牛疲耕作，見月亦妄喘。東坡方三問，南禪已五反。老人但目擊，侍者應足繭。最後《六蟲篇》，深奇恨語淺。

查愼行《初白庵蘇詩補注》卷四五：按本題云《六蟲篇》，而詩中止及五種（「鳳凰覽德輝」、「鶺鴒戀庭宇」、「那將坐井蛙」、「蠹魚著文字」、「老牛疲耕作」），豈以鳳凰爲二耶？殊不可解。

明日南禪和詩不到故重賦數珠篇以督之二首

未來不可招，已過那容遣。中間見在心，一一風輪轉。自從一生二，巧歷莫能衍。不如袖手坐，六用都懷卷。風雷生謦欬，萬竅自號喘。詩人思無邪，孟子內自反。大珠分一月，細綆合兩繭。纍然挂禪林，妙用夫豈淺。

朝來取飯化，乃是維摩遣。全鋒雖未露，半藏已曾轉。說有陋裴頠，談無笑王衍。看經聊爾耳，遮眼初不卷。三吒故自醒，一吷何由喘。請歸視故櫝，靜夜珠當反。安居三十年，古衲磨山蘚。持珠尚默坐，豈是功用淺。

用前韻再和霍大夫

文字先生飲（自注：謂劉執中），江山清獻遊。典刑傳父老，尊俎繼風流。度嶺逢梅雨，還家指麥秋，自慚鴻雁侶，爭集稻粱洲。野闊橫雙練，城堅聳百樓。行看鳳尾詔，卻下虎頭州。君意已吳越，我行無去留。歸途應食粥，乞米使君舟。

用前韻再和許朝奉

高門元世舊，客路晚追遊。清絕聞詩語，疏通豈法流。傳家有衣鉢，斷獄盡春秋。邂逅陪車馬，尋芳謝朓洲。淒涼望鄉國，得句仲宣樓。恨賦投湘水，悲歌祀柳州。何如五字律，相與一尊留。更約登塵外，歸時月滿舟。

王十朋《集註分類東坡先生詩》卷一九引次公曰：（「邂逅陪車馬」四句）凡詩四句，以第一句對三句，以第二句對四句，謂之扇對，蓋出于《白氏金針》。《詩林廣記後集・蘇東坡》引趙彥材云：凡詩四句，以第一句對第三句，以第二句對第四句，謂之扇對。東坡此詩「邂逅陪車馬，尋芳謝朓洲。凄涼望鄉國，得句仲宣樓」兩聯是也。此格蓋出于白氏《金針》。

查慎行《初白庵蘇詩補注》卷四五：趙彥村云：「凡詩四句：以第一句對第三句；以第二句對第四句，謂之扇對。蓋始於《白氏金針》。」胡仔云：「杜少陵哭鄭少監詩：『得罪臺州去，時危弃碩儒。移官蓬閣後，穀貴歿潛夫。』則前此已有之，不始於白氏矣。」篇中「邂逅」四句（「邂逅陪東馬，尋芳謝朓洲。凄涼望鄉國，得句仲宣樓。」正用此格。

紀昀評《蘇文忠公詩集》卷四五：（「邂逅陪車馬」四句）「邂逅」四句隔句對法。唐人有此格。

翁方綱《石洲詩話》卷三：東坡《歸自嶺外再和許朝奉》詩「邂逅陪車馬」四句，用扇對格。胡元任謂本杜詩「得罪台州去」是也。但此詩「邂逅」一聯乃第四韻，下「凄涼望鄉國」一聯乃第五韻，如此錯綜用之，則更變耳。

用前韻再和孫志舉

人衆者勝天，天定亦勝人。鄧通豈不富，郭解安得貧。驚飛賀廈燕，走散入幕賓。醉眠中山酒，結夢南柯姻。寵辱能幾何，悲歡浩無垠。回視人間世，了無一事眞。灑掃古玉局，香火通帝閽。我室思無邪，我堂德有鄰。所至爲鄉里，事賢友其仁。之子富經術，蔚如井大春。蜿蟺楚南極，淑氣生此民。唱高和自寡，非我誰當親。譬彼嶰谷竹，翦裁待伶倫。俗學吁可鄙，紙繒配芻銀。聊將調癡鬼，亦復爭華新。願子事篤實，浮言掃諄諄。窮通付造物，得喪理本均。期子如太倉，會當發陳陳。

崔文學甲攜文見過蕭然有出塵之姿問之則孫介夫之甥也故復用前韻賦一篇示志擧

象服盛簪珥，豈是邢夫人。敝衣破冠履，可憐范叔貧。君看崔員外，晚就觀國賓。當年頗赫赫，翁媼爭爲姻（自注：見退之《贈崔員外》詩）。蹭蹬阻風水，橫斜挂邊垠。青衫映白髮，今似梅子眞。道存百無害，甘守吳市闉。自言總角歲，慈母爲擇鄰。邦人驚似舅，矯矯惡不仁。詩文非他師，家法乃富春。豈非空同秀，爲國產儁民。挺然齊魯生，近出姬姜親。爲文不在多，一頌了伯倫。清詩要鍛煉，乃得鉛中銀。自我遷嶺外，七見槐火新。著書已絕筆，一嘿含千諄。蕢桴和葦籥，天節非人均。時時自娛嬉，豈爲俗子陳。

朱弁《風月堂詩話》卷上：東坡云：「詩文豈在多，一頌了伯倫。」是伯倫他文字不見于世矣。予嘗閱《唐史·藝文志》，劉伶有文集三卷，則伯倫非無他文章也，但《酒德頌》幸而傳耳。坡之論豈偶然得于落筆之時乎，抑別有所聞乎？

《滹南詩話》卷二：東坡詩云：「文章豈在多，一頌了伯倫。」朱少章云：「《唐藝文志》有《劉伶文集》三卷，則非無他文章也，坡豈偶忘于落筆之時乎，抑別有所聞也？」予謂不然。按《晉史》云：「伶未嘗措意文翰，惟著《酒德頌》一篇。」坡亦據此而已。且公意本謂只此一篇，足以道盡平生，傳名後世，則他文有無，亦不必論也。

查慎行《初白庵詩評》卷中：（「家法乃富春」）三國孫吳富春人也，借以指介夫。

戲贈虔州慈雲寺鑒老

居士無塵堪洗沐，道人有句借宣揚。窗間但見蠅鑽紙，門外惟聞佛放光。徧界難藏眞薄相，一絲不挂且逢場。卻須重說圓通偈，千眼熏籠是法王。

查慎行《初白庵詩評》卷中：重見。

查慎行《初白庵蘇詩補注》卷四五：（「窗間但見蠅鑽紙」二句）《冷齋夜話》載先生此篇，

「窗間」二字作「舉頭」，「門外」二字作「拊背」。細觀詩中，自起至末八句中，多用浴事，與洪覺範語不合。覽者不識作家用意所在，往往信口讀過。特援據釋典詳注之。

張道《蘇亭詩話》卷四《編排類》：續補遺詩，有已見正集而誤收入者。（略）《贈虔州慈雲寺鑒老》一首，已見四十卷補遺，按此詩，《冷齋夜話》云：「東坡自海南至虔，以水涸不可舟，逗留月餘，時過慈雲寺浴，長老明鑑魁梧如所畫慈恩然，叢林以道學與之，東坡戲之云云。」觀此則詩中洗沐及遍界難藏，一絲不挂，千眼薰籠語，皆言浴事。邵長蘅，馮景注俱未引此，幾不知詩旨何在。又《冷齋夜話》引「道人」作「老師」，「惟」作「時」。

畫車二首

王文誥《蘇文忠公詩編注集成》卷四五：此二詩乃畫車運水入城也。

何人畫此隻輪車，便是當年攲器圖。上易下難須審細，左提右挈免疎虞。

紀昀評《蘇文忠公詩集》卷四五：此首凡近。

九衢歌舞頌王明，誰惻寒泉獨自清。賴有千車能散福，化爲膏雨滿重城。

查慎行《初白庵詩評》卷中：（「九衢歌舞頌王明」二句）劉須溪云：「晝車及此，不可解。」「千車散福」（「賴有千車能散福，化爲膏雨滿重城。」）未詳。

紀昀評《蘇文忠公詩集》卷四五：此首未詳。

虔州呂倚承事年八十三讀書作詩不已好收古今帖貧甚至食不足

揚雄老無子，馮衍終不遇。不識孔方兄，但有靈照女。家藏古今帖，墨色照箱筥。飢來據空案，一字不堪煮。枯腸五千卷，磊落相撑拄。吟爲蜩蛩聲，時有島可句。爲語里長者，德齒敬已古。如翁有幾人，薄少可時助。

黃徹《䂬溪詩話》卷一〇：子建稱孔北海文章多雜以嘲戲，子美亦戲傚俳諧體，退之亦有寄詩雜詼俳，不獨文舉爲然。（略）大體材力豪邁有餘，而用之不盡，自然如此。（略）坡集類此不可勝數。（略）「飢來據空案，一字不堪煮。」皆斡旋其章而弄之，信恢刃有餘，與血指汗顏者異矣。

何薳《春渚紀聞》：呂倚夢得，維揚人，少有場屋聲，善屬對，喜收書畫，蹭蹬不偶。老始以恩補虔州瑞金簿，致仕，貧無以歸。年八十餘，惟有一女，嫁贛人，因居焉。與王禹玉有舊。元豐間，餉錢二萬、酒十壺。夢得作啓致謝，隔句中用「白水眞人，青州從事」爲對，禹玉極賞之。其後東坡過虔，以詩遺之云：「揚雄老無子（略）。」

查愼行《初白庵蘇詩補注》卷四五：石刻題云：「呂夢得承事年八十三，讀書和詩，手不釋卷。室如懸罄，但貯古今書帖而已。作詩以示慈雲老師。」

趙翼《甌北詩話》卷五《蘇東坡詩》：坡詩不以鍊句爲工，然亦有研鍊之極，而人不覺其鍊者。如（略）「飢來據空案，一字不堪煮。」（略）此等句在他人雖千鎚萬杵，尚不能如此爽勁，而坡以揮灑出之，全不見用力之迹，所謂天才也。

王子直去歲送子由北歸往返百舍今又相逢贛上戲用舊韻作詩留別

米盡無人典破裘，送行萬里一鄒游。解舟又欲攜君去，歸舍聊須與婦謀。聞道年來丹伏火，不愁老去雪蒙頭。剩買山田添鶴口，廟堂新拜富民侯。

黄徹《碧溪詩話》卷一〇：子建稱孔北海文章多雜以嘲戲，子美亦戲傚俳諧體，退之亦有寄詩雜詼俳，不獨文舉爲然。（略）大體材力豪邁有餘，而用之不盡，自然如此。（略）坡集類此不可勝數。（略）「飢來據空案，一字不堪煮。」皆斡旋其章而弄之，信恢刃有餘，與血指汗顏者異矣。

次韻江晦叔二首

人老家何在，龍眠雨未驚。酒船回太白，稚子候淵明。幸與登仙郭，同依坐嘯成。小樓看月上，劇飲到參横。

宋長白《柳亭詩話》卷一七《單用一姓》：坡詩「幸與登仙郭，同依坐嘯成」，又「歸來又見顛茶陸，多病仍逢止酒陶」，郭泰、成瑨、陸羽、陶潛，如此驅遣，自駱義烏《軍中詩》「獻凱多慚霍，論封幾謝班」句法得來。

鐘鼓江南岸，歸來夢自驚。浮雲時事改，孤月此心明。雨已傾盆落，詩仍翻水成。二江爭送客，木杪看橋橫。

胡仔《苕溪漁隱叢話》後集卷二六：（「浮雲時事改」二句）語意高妙，如參禪悟道之人吐露胸襟，無一毫窒礙也。

王應麟《困學紀聞》卷一八：「更無柳絮隨風舞，惟有葵花向日傾」，可以見司馬公之心。「浮雲世事改，孤月此心明」，見東坡之心。坡公晚年所造深矣。

汪師韓《蘇詩選評箋釋》卷六：冲襟內盎，見於文詞，無不邃然入理。

翁方綱《石洲詩話》卷三：東坡《自嶺外歸次韻江晦叔》詩，苕溪漁隱極賞其「浮雲世事改，孤月此心明」，所謂語意高妙，吐露胸襟，無一毫窒礙者也。然予意則賞其結二語云：「二江爭送客，木杪看橋橫。」以爲言外有神也。

次韻江晦叔兼呈器之

橫空初不跨鵬鼇，但覺胡牀步步高（自註：器之言嘗夢飛，自覺身與坐牀皆起空中）。一枕書眠春有夢，扁舟夜渡海無濤。歸來又見顛茶陸（自註：往在錢塘嘗語晦叔，陸羽茶顛君亦然），多病仍逢止酒陶（自註：陶淵明有《止酒》詩，器之少時飲量無敵，今不復飲矣）。笑說南荒底處所，祇今榕葉下庭皐。

宋長白《柳亭詩話》卷一七《單用一姓》：坡詩「幸與登仙郭，同依坐嘯成」，又「歸來又見顛茶陸，多病仍逢止酒陶」，郭泰、成瑨、陸羽、陶潛，如此驅遣，自駱義烏《軍中詩》「獻凱多慚霍，論封幾謝班」句法得來。

寒食與器之游南塔寺寂照堂

城南鐘鼓鬬清新，端爲投荒洗瘴塵。總是鏡空堂上客，誰爲寂照境中人。紅英掃地風驚曉，綠葉成陰雨洗春。記取明年作寒食，杏花曾與此翁鄰。

查慎行《初白庵詩評》卷中：（「紅英掃地風驚曉」四句）跌宕自喜。

汪師韓《蘇詩選評箋釋》卷六：花落木榮，不言人事，而人事之變遷自見，寄慨者深。

器之好談禪不喜游山山中筍出戲語器之可同參玉版長老作此詩

叢林眞百丈，法嗣有橫枝（自註：玉版橫枝，竹筍也）。不怕石頭路，來參玉版師。聊憑柏樹子，與問籜龍兒。瓦礫猶能說，此君那不知。

李光地《擬古十九首·蘇長公贈劉器之後》（《榕村集》卷二九）：退之在潮陽，不覺大顚下。云能外形骸，衣服爲之御。況我同道人，意氣相凌駕。及此共遷流，鐵石乃君亞。海外乏友生，傾心向日夜。謂我浮華芰，無亦虛假借。

查愼行《初白庵蘇詩補注》卷四五：此詩盡用禪家語形容，可謂善於遊戲者也。山谷云：「此老於般若，橫說豎說，百無剩語，非其筆端有舌乎？」

永和清都觀道士童顏鬒髮問其年生於丙子蓋與予同求此詩

鏡湖勑賜老江東，未似西歸玉局翁。欹枕未容春夢斷，淸都宛在默存中。每逢佳境攜兒去，試問行年與我同。自笑餘生消底物，半篙清漲百灘空（自注：予與劉器之同發虔州，江水忽清，漲丈餘，贛石三百里，無一見者。至永和，器之解舟先去，予獨游清都，作此詩）。

贈詩僧道通

雄豪而妙苦而腴，祇有琴聰與蜜殊（自註：錢塘僧思聰總角善琴，後舍琴而學詩，復棄詩而學道。其詩似皎然而加雄放。安州僧仲殊詩敏捷立成，而工妙絶人遠甚。殊辟穀，常啖蜜）。語帶煙霞從古少（自註：李太白云：他人之文如山無煙霞，春無草木），氣含蔬筍到公無（自註：謂無酸餡氣也）。香林乍喜聞薝蔔，古井惟慚斷轆轤。爲報韓公莫輕許，從今島可是詩奴。

《石林詩話》卷中：近世僧學詩者極多，皆無超然自得之氣，往往反拾掇摹倣士大夫所殘棄。又自作一種僧體，格律尤凡俗，世謂之酸餡氣。子瞻有《贈惠通詩》云：「語帶煙霞從古少，氣含蔬筍到公無。」嘗語人曰：「頗解蔬筍語事？爲無酸餡氣也。」聞者無不皆笑。

汪師韓《蘇詩選評箋釋》卷六：「氣含蔬筍」，祇是以諧語入詩，遂成千古名論。定知兔園四六、敗簏時文，撮合補綴，不足以爲支那撰述而具正法眼藏者。即如「不搽紅粉也風流」、「只要檀郎認得聲」等句，皆爲解第一義也。

紀昀評《蘇文忠公詩集》卷四五：（「雄豪而妙苦而腴」）是何言語？

趙翼評沈德潛《宋金元三家詩·東坡詩選》卷下：（「雄豪而妙苦而腴」）究屬頭巾氣。

張競辰永康所居萬卷堂

君家四壁如相如，卷藏天祿呑石渠。豈惟鄴侯三萬軸，家有世南行祕書。兒童拍手笑何事，笑人空腹談經義。未許中郎得異書，且與揚雄說奇字。淸江縈山碧玉環，下有老龍千古閒。知君好事家有酒，化爲老人夜扣關。留侯之孫書滿腹，玉函寶方何用讀。濠梁空復五車多，圯上從來一編足。

查愼行《初白庵詩評》卷中：反結天然合拍。

紀昀評《蘇文忠公詩集》卷四五：亦殊淺易。

葉矯然《龍性堂詩話初集》：坡老《題張競辰所居》詩云：「淸江縈山碧玉環，下有老龍千歲閒。知君好事家有酒，化爲老人來叩關。」此與《後赤壁》末段夢鶴意景，變化相似。因想子美《寄韓諫議》詩「美人娟娟隔秋水，濯足洞庭望八荒。鴻飛冥冥日月白，青楓葉赤天雨霜。玉京羣帝集北斗，或騎麒麟翳鳳凰。芙蓉旌旗煙霧落，影動倒景搖瀟湘」等語，文心幻淼，直登屈、宋之堂。蘇公又嘗教人作詩之法，當熟玩《離騷》曲折，良有見乎此也。

劉壯輿長官是是堂

閒燕言仁義，是非安可無。非非義之屬，是是仁之徒。非非近乎訕，是是近乎諛。當爲感麟翁，善惡分錙銖。抑爲阮嗣宗，臧否兩含糊。劉君有家學，三世道益孤。陳古以刺今，紬史行天誅。皎皎大明鏡，百陋逢一姝。鷃立時四顧，何由攫羣狐。作堂名是是，自說行坦途。孜孜稱善人，不善自遠徂。願君置座右，此語禹所謨。

周密《齊東野語》卷五《用事偶同》：歐陽公《非非堂記》曰：「是是近乎諂，非非近乎訕，不幸而過，寧訕無諂。」坡翁爲劉壯輿作《是是堂》詩云：「閒燕言仁義，是非安可無；非非義之屬，是是仁之徒；非非近乎訕，是是近乎諛。」（略）二公（蘇軾、蘇轍）豈相蹈襲者邪？其用事造語，若出一轍，而不以爲嫌也。然《韓非子》所載放麑，乃是西巴，恐一時偶誤耳。

紀昀評《蘇文忠公詩集》卷四五：太涉理路。

絶句

柴桑春晚思依依，屋角鳴鳩雨欲飛。昨日已收寒食火，吹花風起卻添衣。

紀昀評《蘇文忠公詩集》卷四五：小有情致，然不似東坡吐屬。

夢中絶句

楸樹高花欲插天，暖風遲日共茫然。落英滿地君方見，惆悵春光又一年。

紀昀評《蘇文忠公詩集》卷四五：亦不似東坡語。

予昔作壺中九華詩其後八年復過湖口則石已爲好事者取去乃和前韻以自解云

江邊陣馬走千峰，問訊方知冀北空。尤物已隨清夢斷（自注：劉夢得以九華爲造物一尤物），眞形猶在畫圖中（自注：《道藏》有《五嶽眞形圖》）。歸來晚歲同元亮，卻掃何人伴敬通。賴有銅盆修石供，仇池玉色自瑽瓏（自注：家有銅盆，貯仇池石，正綠色，有洞，水達背。予又嘗以怪石供佛印師，作《怪石供》一篇）。

曾季貍《艇齋詩話》：東坡：「歸來晚歲同元亮，卻掃何人伴敬通。」敬通，馮衍字也。「卻掃」字不見本傳。江文通《恨賦》云：「敬通見詆，罷歸田里，閉關卻掃，塞門不仕。」東坡蓋取諸此。

次韻郭功甫觀予畫雪雀有感二首

早知臭腐即神奇，海北天南總是歸。九萬里風安稅駕，雲鵬今悔不卑飛。

查愼行《初白庵詩評》卷中：（「早知臭腐即神奇」）「臭腐」、「神奇」，語出《莊子》。

汪師韓《蘇詩選評箋釋》卷六：以謫宦爲搏扶，擬「卑飛」於厚祿，偶露不平之鳴，翻案驚絕。

紀昀評《蘇文忠公詩集》卷四五：起句（「早知臭腐即神奇」）粗。

可憐倦鳥不知時，空羨騎鯨得所歸。玉局西南天一角，萬人沙苑看孤飛。

張道《蘇亭詩話》卷五《補注類》：《五總志》：「唐玄宗射獵沙苑，道士邢和璞化爲羽鶴，孤飛其上，帝彎弓射之，中其左股，復還玉局觀，留箭以示其徒曰：『此制天子明年幸蜀。』東坡歸自嶺表，復官食玉局祿，有詩，卒章云：『玉局西南天一角，萬人沙苑看孤飛。』蓋所謂見微而知著者。」按此《次韻郭功甫觀予畫雪雀有感》詩也。王注引徐佐卿化鶴事，見《廣德神異錄》，此作邢和璞，不知何本。又「此制」云云，語亦有脫誤，及詩題亦異，何也？此則應補注本詩二句下。

次韻法芝舉舊詩一首

春來何處不歸鴻，非復羸牛踏舊蹤。但願老師眞似月，誰家甕裏不相逢。

次舊韻贈清涼長老

過淮入洛地多塵，舉扇西風欲污人。但怪雲山不改色，豈知江月解分身。安心有道年顏好，遇物無情句法新。送我長蘆舟一葉，笑看雪浪滿衣巾。

睡起聞米元章冒熱到東園送麥門冬飲子

一枕清風直萬錢，無人肯買北窗眠。開心暖胃門冬飲，知是東坡手自煎。

紀昀評《蘇文忠公詩集》卷四五：（「開心暖胃門冬飲」）竟是藥店榜子。

夢中作寄朱行中

舜不作六器，誰知貴璵璠。哀哉楚狂士，抱璞號空山。相如起睨柱，頭璧與俱還。何如鄭子產，有禮國自閑。雖微韓宣子，鄙夫亦辭環。至今不貪寶，凜然照塵寰。

《詩話總龜》前集卷三四引《王直方詩話》：東坡絕筆也。

朱弁《風月堂詩話》卷下：朱行中知廣州，東坡自海南歸，留廣甚久，其唱和詩亦多。坡還嶺北，聞行中到廣，士大夫頗以廉潔少之。至毗陵，夢中得詩一首，寄行中云（下引此詩）。紙尾又題云：「夢中得此詩，自不曉其意，今寫以奉寄。夢中分明用此色紙也。」或言東坡絕筆于此詩。其愛行中也甚矣，不欲正言其事，聊假夢以諷之耳。其後行中果以此免，坡眞知言哉。

袁宏道評閱譚元春選《東坡詩選》卷一〇譚元春評：坡公臨終作此詩，高峻千仞之上，嚴冷百世之下矣。查愼行《初白庵蘇詩補注》卷四五：曾端伯《百家詩選》云：「東坡《寄朱行中》一篇，北歸時絕筆也！」

紀昀評《蘇文忠公詩集》卷四五：故隱其詞，如格格不吐者，然殊有古意。非《風月堂詩話》注明，此詩殆不可解。是以誦詩讀書，必知其人，論其事。

王文誥《蘇文忠公詩編注集成》卷四四：公後遇廣帥朱行中于湞陽，且以民師爲託，有班斤郢斲之譽，亦甚愛重之矣。

答徑山琳長老

與君皆丙子，各已三萬日。一日一千偈，電往那容詰。大患緣有身，無身則無疾。平生笑羅什，神咒眞浪出。

查愼行《初白庵蘇詩補注》卷四五：《紀年錄》：「七月，公疾頗革。徑山老惟琳來說偈，答云：

「平生笑摩什，神咒眞浪出。」琳問「神咒」事，索筆書：「昔鳩摩羅什病，亟出西域神咒三番。令弟子誦以免難。不及事而終。」

紀昀評蘇文忠公詩集卷四十六

春帖子詞

皇帝閣六首

靄靄龍旂色，琅琅木鐸音。數行寬大詔，四海發生心。
暘谷賓初日，清臺告協風。願如風有信，長與日俱中。
草木漸知春，萌芽處處新，從今八千歲，合抱是靈椿。
聖主憂民未解顔，天教瑞雪報豐年。蒼龍挂闕農祥正，老稚相呼看藉田。
昨夜東風入律新，玉關知有受降人。聖恩與解河湟凍，得共中原草木春。
翰林職在明光裏，行樂詩成拜舞中。不待驚開小桃杏，始知天子是天公。

紀昀評《蘇文忠公詩集》卷四六：館閣之詩，限于體制，雖東坡亦無所見長。

太皇太后閣六首

琱刻春何力，欣榮物自知。發生雖有象，覆載本無私。

小殿黃金榜，珠簾白玉鈎。一聲雙日蹕，春色滿皇州。

仗下春朝散，宮中晝漏稀。兩廂休侍御，應下讀書幃。

五日占雲十日風，憂勤終歲爲三農。春來有喜何人見，好學神孫類祖宗。

共道十年無臘雪，且欣三白壓春田。盡驅南畝扶犁手，稍發中都朽貫錢。

不獨淸心能省事，應緣克己自銷兵。傳聞塞外千君長，欲趁新年賀太平。

皇太后閣六首

寶冊瓊瑤重，新庭松桂香。雪消春未動，碧瓦麗朝陽。

瑞日明天仗，仙雲擁壽山。猗蘭春晝永，金母在人間。

查愼行《初白庵蘇詩補注》卷四六：（「倚蘭春晝永」）「倚蘭」墨蹟石刻作「猗蘭」，兩存備考。

朝罷金鋪掩，人間寶瑟塵。欲知慈儉德，書史樂青春。

仙家日月本長閒，送臘迎春亦偶然。翠管銀罌傳故事，金花綵勝作新年。

王應麟《困學紀聞》卷一八：《韋玄成傳》：「五世壙僚。」言五世無官也。呂成公銘湯烈母云：「湯世壙僚，委祉于後。」而婺本改爲「壙遼」。東坡《春帖》用「翠管銀罌」，出老杜《臘日》詩，而注者改爲「銀鈎」。此邢子所以有「日思誤書」之語也。

彤史年來不絕書，三朝德化婦承姑。宮中侍女減珠翠，雪裏貧民得袴襦。

邊庭無事羽書稀，閒遣詞臣進小詩。共助至尊歌喜事，今年春日得春衣。

皇太妃閣五首

葦桃猶在戶，椒柏已稱觴。歲美風先應，朝回日漸長。

甲觀開千柱，飛樓擢九層。雪殘烏鵲喜，翔舞下觚稜。

孝心日奉東朝養，儉德應師大練風。太史新年瞻瑞氣，四星明潤紫宮中。

九門挂月未催班，清禁風和玉漏閒。崇慶早朝銀燭下，珮環聲在五雲間。

東風弱柳萬絲垂，的皪殘梅尚一枝。繭館乍欣蠶浴後，禖壇猶記燕來時。

夫人閣四首

綵勝鏤新語，酥槃滴小詩。昇平多樂事，應許外庭知。

細雨曉風柔，春深入御溝。已漂新荇沒，猶帶斷水流。

查慎行《初白庵蘇詩補注》卷四六：「春深」（「春聲入御溝」）「深」字石刻作「聲」，當從之。

扶桑初日映簾昇，已覺銅缾暖不冰。七種共挑人日菜，千枝先剪上元燈。

雪消鴛瓦已流澌，風暖犀盤尚鎭帷。縹緲紫簫明月下，璧門桂影夜參差。

端午帖子詞

皇帝閣六首

盛德初融後，潛陰未姤時。侍臣占易象，明兩作重離。

采秀擷羣芳，爭儲百藥良。太醫初薦艾，庶草驗蕃昌。

微涼生殿閣，習習滿皇都。試問吾民慍，南風爲解無。

胡仔《苕溪漁隱叢話》後集卷二六引《藝苑雌黃》：東坡《端午帖子·皇帝閣》云：「微涼生殿閣（略）。」原其意，蓋欲聖君推南風之德以及于黎庶也。唐文宗與柳公權聯句，東坡以爲公權有美而無箴，因續四句，其作《端午帖子》，用此意也。

馬位《秋窗隨筆》：柳公權與唐文宗聯句，周少隱云：「責其享殿閣之涼，而不知人間之苦，所以譏之深矣，曉人不當如是耶？」此論甚是。東坡嫌其有美無箴而續之，反失詩人諷喻之旨。

西檻新來玉宇風，侍臣茗椀得雍容。庭槐似識天顏喜，舞破清陰作兩龍。

講餘交翟轉迴廊，始覺深宮夏日長。揚子江心空百鍊，只將無逸鑑興亡。

洪邁《容齋五筆》卷九《端午貼子詞》：唐世五月五日，揚州於江心鑄鏡以進，故國朝翰苑撰端午貼子詞，多用其事，然遣詞命意，工拙不同。（略）唯東坡不然，曰：「講餘交翟轉回郎（略）」其輝光氣燄，可畏而仰也。若白樂天《諷諫百煉鏡》篇云：「江心波上舟中鑄，五月五日日午時。」「背有九五飛天龍，人人呼爲天子鏡。」又云：「太宗常以人爲鏡，監古監今不監容。」「乃知天子別有鏡，不是揚州百煉銅。」用意正與坡合。予亦嘗有一聯云：「願儲醫國三年艾，不博江心百煉銅。」然去之遠矣。端午故事，莫如楚人競渡之的，蓋以其非吉祥，不可施諸祝頌，故必用鏡事云。

一扇清風灑面寒，應緣飛白在冰紈。坐知四海蒙膏澤，沐浴君王德似蘭。

程大昌《演繁露》續集卷四《端午飛白扇》：坡詩曰：「一扇清風灑面寒，應緣飛白在毫端。」《唐會要》三十五曰：貞觀十八年，太宗爲飛白書，作「鸞鳳蝶龍」等，筆勢驚絕。謂長孫無忌等曰：「五日舊俗必用服玩相賀，朕今反是，賜君白羽扇二枚，庶對清風，以增美德。」

太皇太后閤六首

漸臺通翠浪，暑殿轉清風。簾卷東朝散，金烏未遽中。

日永蠶收簇，風高麥上場。朝來耕田令，菰黍獻時芳。

舞羽諸羌伏，銷兵萬彙蘇。只應黃紙誥，便是赤靈符。

令節陳詩歲歲新，從官何以壽吾君。願儲醫國三年艾，不作沈湘《九辯》文。

忠臣諒節今千歲，孝女孤風滿四方。不復巫陽占郢夢，空餘仲御扣河章。

長養恩深動植均，只憂貪吏尚殘民。外廷已拜臯羹賜，應助吾君去不仁。

皇太后閣六首

露簟琴書冷，瑚盤餈餌新。深宮猶畏日，應念暑耘人。

萬歲菖蒲酒，千金琥珀杯。年年行樂處，新月挂池臺。

翠筒初裹楝，薌黍復纏菰。水殿開冰鑑，瓊漿凍玉壺。

袁文《甕牖閒評》卷三：蘇東坡嘗作《端午帖子》，曰：「翠筒初窒楝，薌黍復纏菰。」注謂：「楝，當作練耳。」然余家收得東坡親寫此帖子墨刻，范至能參政刊在蜀中，其「楝」字不曾改，只作此「楝」字。不知《藝苑》何所見而謂東坡改作「練」字乎？豈亦有贋作者而《藝苑》不能深察也？

查愼行《初白庵蘇詩補注》卷四六：胡仔《苕溪漁隱叢話》：「『新筒裹練明』，唐明皇端陽詩也。《藝苑雌黃》云：「查愼行《初學記》引吳均《續齊諧記》，乃作楝葉之楝，傳寫之訛。東坡之意，蓋謂楝當作練耳。」愼按仲子陵《五第絲續命賦》：「楝葉結，釆絲纈。」注云：「五月五日祭屈原，竹筒貯米初裹楝（略）」，正用此事。

秘殿扶疎夏木深，雨餘初有一蟬吟。應將嬴女乘鸞扇，更助南風長棘心。

上林珍木暗池臺，蜀產吳包萬里來。不獨槃中見盧橘，時于粽裏得楊梅。
閔楚遺風萬古情，沅湘舊俗到金明。翠輿黃繖何時幸，畫鷁飛鳧盡日橫。

皇太妃閣五首

午景簾櫳靜，薰風草木酣。誰知恭儉德，綵縷出親蠶。

王文誥《蘇文忠公詩編注集成》卷四六：（「薰風草木酣」）押「酣」字從「薰」字出，可謂醍醐貫頂，力透重關。若渡海作「萬谷酣笙鐘」，則又純用空靈矣。

雨細方梅夏，風高已麥秋。應憐百花盡，綠葉暗紅榴。
辟兵已佩靈符小，續命仍縈綵縷長。不爲祈禳得天助，要令風俗樂時康。
玉盆沉李灂清泉，金鴨噓空裊細煙。自有梧楸障畏日，仍欣麥黍報豐年。
良辰樂事古難同，繡繭朱絲奉兩宮。仁孝自應禳百沴，艾人桃印本無功。

夫人閣四首

肅肅槐庭午，沉沉玉漏稀。皇恩樂佳節，鬭草得珠璣。
節物荆吳舊，娛游禁掖閒。仙風隨畫筆，拜賜落人間。
五綵縈筒秫稻香，千門結艾鬢髯張。旋開寶典尋風物，要及靈辰共祓禳。
欲曉銅缾下井欄，鏗鍠金殿發清寒。似聞人世南風熱，日上牆東問幾竿。

王文誥《蘇文忠公詩編注集成》卷四六：（「欲曉銅缾下井欄」二句）「鏗」，金石聲也；「鍠」，金聲也。二字從「缾」、「欄」生出，謂未曉之時，宮禁靜寂，雖金殿亦聞之，而因以發其清寒也。此從「殿角生微涼」更進一層，所謂有美而有箴，合讀下二句，其意自見。

興龍節集英殿宴口號

臣聞帝武造周，已兆興王之迹；日符祚漢，實開受命之祥。非天私我有邦，惟聖乃作神主。仰止誕彌之慶，集於建丑之正。瑞玉旅庭，爰講比鄰之好；虎臣在泮，復通西域之琛。式燕示慈，與人均福。恭惟皇帝陛下睿思冠古，濬哲自天。煥乎有文，日講六經之訓；述而不作，思齊累聖之仁。夷夏宅心，神人協德。卜年七百，方過曆以承天；有臣三千，咸一心而戴后。彤庭振萬，玉座傳觴。誦干戈載戢之詩，作君臣相悅之樂。斯民何幸，白首太平。猥以微生，親逢盛日。始慶猗蘭之會，願賡《擊壤》之音。下采民言，上陳口號：

凜凜重瞳日月新，四方驚喜識天人。共知若木初升旦，且種蟠桃莫計春。請吏黑山歸屬國，給扶黃髮拜嚴宸。紫皇應在紅雲裏，試問淸都侍從臣。

又興龍節集英殿宴口號

臣聞天所眷命，生而神靈。惟三代受命之符，萃于茲日；實萬世無疆之福，延及我民。候南極之祥輝，交北鄰之瑞節。同趨鎬燕，爭頌華封。恭惟皇帝陛下稽古溫文，乘乾剛粹。體生知而猶學，藏妙用於何言。故得六聖承休，三靈眷佑。德隆星晷，齊六符而泰階平；河行地中，錫九疇而彝倫正。屬誕彌之令旦，履長發之嘉祥。夙設九賓于庭，徧舞六代之樂。日無私於臨照，葵藿自傾；天有信於發生，勾萌必達。臣等濫塵法部，獲造彤墀。下采民言，得三萬里之謠誦；登歌壽斝，以八千歲爲春秋。不度蕪音，敢進口號：

風卷雲舒合兩班，曈曈瑞日映天顏。觀書已獲千秋鏡，積德長爲萬歲山。臘雪未消三務起，壬人不用五兵閒。相逢父老爭相賀，卻笑華胥是夢間。

坤成節集英殿宴口號

臣聞視履考祥，旣占懷月之夢；對時育物，必有繼天之功。方大火之西流，屬陰靈之旣望。帝於是日，誕降仁人。意使斯民，咸歸壽域。共慶千秋之遇，得生二聖之朝。式燕示慈，與民同樂。恭惟皇帝陛下文思天縱，濬哲生知。力行湯禹之仁，常恐一夫之不獲；躬蹈曾閔之孝，故得萬國之懽心。恭惟太皇太后陛下道契天人，德超載籍。知人則哲，蓋帝堯之所難；修己安民，雖虞舜其猶病。風雲從而萬物覩，日月照而四時行。自然動植之咸安，莫知天地之何力。三宮交慶，羣后駿奔。寶鄰通四牡之歡，航海致重譯之賮。洞庭九奏，始識咸池之音；靈岳三呼，共獻後天之祝。臣等叨居法部，輒采民言，上瀆宸聰，敢陳口號：

三朝遺老九門前，又見承平大有年。文母憂勤初化俗，曾孫仁孝已通天。史書元祐三千牘，樂奏坤成第一篇。欲采蟠桃歸獻壽，蓬萊淸淺半桑田。

齋日口號

旋復陰陽，配五支于六幹；誕彌歲月，與元日爲三申。神后降慶於當年，曾孫效誠於茲旦。不煩巧立，自契眞符。道俗謳謠，天人協應。太皇太后陛下功高任姒，德配唐虞。上推顧託之心，下布仰成之政。寶慈與儉，蹈光憲之成規；卻狄安邦，襲武烈之餘慶。三朝順履，萬壽維新。雖絳縣之老人，難窮甲子；如楚南之靈木，莫計春秋。臣賤等草茅，心傾葵藿。采民謳於《擊壤》，效樂語之陳詩：

媧皇得道自神仙，金母長生不計年。甲子曾逢三朔旦，歲星行看兩周天。消兵漸覺腰無犢，種德方知福有田。彤管何人書後會，椒花椿頌一時編。

集英殿春宴口號

臣聞人和則氣和，故王道得而四時正；今樂猶古樂，故民心悅而八音平。幸此聖朝，陶然化國。飭三農於保介，維莫之春；興五福於太平，既醉以酒。恭惟皇帝陛下乘乾有作，出震無私。憲章六聖之典謨，斟酌百王之禮樂。天方祚于舜孝，人已誦于堯言。故得彝倫叙而水土平，北流軌道；壬人退而蠻夷服，西旅在庭。稍寬中昃之憂，一均湛露之澤。方將麴蘖羣賢而惡旨酒，鼓吹六藝而放鄭聲。雖白雪陽春，莫致天顏之一笑；而獻芹負日，各盡野人之寸心。臣猥以賤工，叨塵法部，幸獲望雲之喜，敢陳《擊壤》之音。不揆蕪才，上進口號：

萬人歌舞樂芳辰，長養恩深第四春。令下風雷常有信，時來草木豈知仁。璿璣已正三階泰，玉琯初知九奏均。更欲年年同此樂，故應相繼得元臣。

紫宸殿正旦口號

臣聞行夏之時，正莫加於人統；採周之舊，王方在于鎬京。惟吉月之布和，休庶工而未作。使華遠集，鄰好交修。萃簪笏于九門，來車書于萬里。將興嗣歲，以樂太平。恭惟皇帝陛下躬履至仁，誕膺眷命。法天地四時之運，民日用而不知；傳祖宗六聖之心，我無爲而自化。九德咸事，三年有成。始御八音之和，以臨元日之會。人神相慶，夷夏來同。臣等忝與賤工，得親壯觀，知輿情之願頌，顧盛德之難形。不度荒蕪，敢進口號：

九霄清蹕一聲雷，萬物欣榮意已開。曉日自隨天仗出，春風不待斗杓回。行看菖葉催耕耤，共喜椒花映壽杯。欲識太平全盛事，振振鵷鷺滿雲臺。

集英殿秋宴口號

臣聞天無言而四時成，聖有作而萬物覩。清淨自化，雖仰則于帝心；豈弟不回，亦俛同于衆樂。屬此九秋之候，粲然萬寶之成。吾王不遊，何以勞農而休老；君子如喜，則必大烹以養賢。恭惟皇帝陛下孝通神明，仁及草木。行堯禹之大道，守成康之小心。華夷來同，天地並應。以爲福莫大于無事，瑞曷加于有年。南極星祥，候秋分而老人見；西夷慕義，涉流沙而天馬來。嘉與臣工，肅陳燕俎。禮元侯于三夏，諧庶尹于九成。宣示御觴，聳近臣之榮觀；臚傳天語，溢兩廡之歡聲。臣等親覩昌辰，叨塵法部，采謠言于《擊壤》，助矇瞍之陳詩。仰奉威顏，敢進口號：

霜霏碧瓦尙生煙，日泛彤庭已集仙。靄靄四門多吉士，熙熙萬國屢豐年。高秋爽氣明宮殿，元祐和聲入管絃。菊有芳兮蘭有秀，從臣誰和《白雲》篇。

查慎行《初白庵蘇詩補注》卷四六：（「菊有芳兮蘭有秀」二句）詩意蓋用漢武《秋風辭》。

黃樓口號

百川反壑，五稼登場。初成百尺之樓，適及重陽之會。高高下下，既休畚鍤之勞；歲歲年年，共睹茱萸之美。恭惟知府學士，民人所恃，憂樂以時。度餘力而取羨材，因備災而成勝事。起東郊之壯觀，破西楚之淫名。賓客如雲，來四方之豪傑；鼓鐘殷地，竦萬目之觀瞻。實與徐民，長爲佳話。

一新柱石壯嚴闉，更值西風落帽辰。不用游從誇燕子，直將氣焰壓波神。山川尙遶當時國，城郭猶飄廣陌塵。誰憑闌干賞風月，使君留意在斯民。

趙倅成伯母生日口號

昔年占夢，適當重九之佳辰；今日獻香，願祝大千之遐算。慶婦姑之同日，雜茱萸以稱觴。殺雞已效于龐公，剪髮敢資於陶母。但某叨居樂部，忝預年家。不度蕪材，上塵口號：

今朝壽酒泛黃花，鬱鬱葱葱氣滿家。願得唐兒舞一曲，莫嫌國小向長沙。

袁文《甕牖閑評》卷二：《漢書》：「景帝召程姬，姬有所避，而飾侍者唐兒使夜進。上醉不知，以爲程姬而幸之，遂有身。已乃覺非程姬也。及生子，因名曰發。立爲長沙定王，以其母微無寵，故王卑濕貧國。」註云：「後二年，諸王來朝，有詔更前稱壽歌舞。定王但張袖小舉手，左右笑其拙。上怪問之，對曰：『臣國小地狹，不足回旋。』帝乃以武陵、零陵、桂陽三郡益焉。」蘇東坡作《趙倅成伯母生日口號》斷句云：「願得唐兒舞一曲，莫嫌國小向長沙。」舞者乃長沙王發，非唐兒，亦東坡錯誤也。

查愼行《初白庵蘇詩補注》卷四六：先生知密州，趙成伯爲倅。第十四卷中多唱和之什。此詩爲其母生日作。後二句引用唐兒事，蓋因所出微，而爲解嘲云爾。

王文誥《蘇文忠公詩編注集成》卷四六：（「願得唐兒舞一曲」二句）《漢書・禮樂志》：「《唐山夫人樂》即《安世樂》，分奏《武德》、《文始》、《四時》、《五行》之舞。」上句「唐兒舞一曲」，係兼用唐山事，本集似此串用事實甚多，合讀其義自見。但取肉爛汁裏，以氣勝之，並不計其鷄豚狗彘也。亦不獨公，凡才大而法密，筆雋手不忙迫者，皆不肯逐句板用一事，以其平也。《甕牖閑評》謂舞者乃長沙王發，非唐兒，東坡錯誤，此乃強作解事。

王氏生日口號

人中五日，知織女之暫來；海上三年，喜花枝之未老。事協紫微之夢，歡傾白髮之兒。好人相逢，一杯徑醉。伏以某人女郎，蒼梧仙裔，南海貢餘。憐謝端之早孤，潛炊相助；嘆張鎬之沒興，遇酒輒歡。采楊梅而朝飛，擘青蓮而暮返。長新玉女之年貌，未厭金膏之掃除。萬里乘桴，已慕仲尼而航海；五絲繡鳳，將從老子以俱仙。東坡居士尊俎千峰，笙簧萬籟。聊設三山之湯餅，共傾九醞之仙醪。尋香而來，苒天風之引步；此興不淺，炯江月之升樓。

羅浮山下已三春，松筍穿階晝掩門。太白猶逃水仙洞，紫簫來問玉華君。天容水色聊同夜，髮澤膚光自鑑人。萬戶春風爲子壽，坐看滄海起揚塵。

寒食宴提刑口號

良辰易失，四者難並；故人相逢，五斗徑醉。況中年離合之感，正寒食清明之間。時乎不可再來，賢者而後樂此。恭惟提刑學士才本天授，學爲人師。事業存乎斯民，文章蓋其餘事。望之已試於馮翊，翁子暫還於會稽。知府學士接好鄰邦，締交冊府。莫逆之契，義等於天倫，不腆之辭，意勤於地主。力講兩君之好，可無七字之詩？欲使異時，傳爲盛事。

雲間畫鼓疊春雷，千騎尋芳戲馬臺。半道已逢山簡醉，萬人爭看謫仙來。淮西按部威尤凜，歷下懷仁首重回。還把去年留客意，折花臨水更徘徊。

查慎行《初白庵蘇詩補注》卷四六：按元豐戊午，先生在徐州，有《寒食答李公擇三絕句》。題中所云「提刑」，當即公擇，故以謫仙稱之。公擇在齊州，先生曾訪之，故又有「歷下懷仁」及「去年留客」之句。（「淮西按部威尤凜，歷下懷仁首重回。還把去年留客意，折花臨水更徘徊。」）

紀昀評蘇文忠公詩集卷四十七

戲足柳公權聯句

宋玉對楚王：「此獨大王之雄風也，庶人安得而共之？」譏楚王知己而不知人也。柳公權小子與文宗聯句，有美而無箴，故爲足成其篇云。

人皆苦炎熱，我愛夏日長。薰風自南來，殿閣生微涼。一爲居所移，苦樂永相忘。願言均此施，清陰分四方。

蘇軾《續文宗詩句》(《蘇文忠公全集》卷六八)：「人皆苦炎熱，我愛夏日長。薰風自南來，殿閣生微涼。」世未有續之者。予亦有詩云：「臥聞疏響梧桐雨，獨詠微涼殿閣風。」

胡仔《苕溪漁隱叢話》後集卷二六引《藝苑雌黃》：唐文宗與柳公權聯句，東坡以爲公權有美而無箴，因續四句，其作《端午帖子》，用此意也。然洪駒父謂公權已含箴規之意，雖不必續可也。故呂氏《家塾廣記》云：「說者謂公權有諷諫之意，以文宗樂廣廈之涼，而不知路有暍死也。」此語良是。觀公權嘗以筆諫，蓋造次不忘納君于善者，豈于此而無箴邪？《砦溪詩話》卷一：（「薰風自南來」）或謂「薰風解愠阜財」，已有陳善責難意。愚謂不然。凡規諫之辭，須切直切分明，乃可以感悟人主。故盜言也甘，良藥苦口。若以「薰風自南」爲陳善閉邪，但恐後世導諛側媚、説持兩可者，皆得以冒敢諫之名矣。

周密《齊東野語》卷一八：唐文宗詩曰：「人皆苦炎熱，我愛夏日長。」柳公權續云：「薰風自南來，殿閣生微涼。」或者惜其未能因詩以諷，雖坡翁亦以爲有美而無箴，故爲續之云：「一爲居所移，苦樂永相忘。願言均此施，清陰分四方。」余謂柳句正所以諷也。蓋薰風之來，惟殿閣穆清高爽之地始知其涼。而征夫耕叟，方奔馳作勞，低垂喘汗于黃塵赤日之中，雖有此風，安知所謂涼哉？此與宋玉對楚王曰「此謂大王之風耳，庶人安得而共之者」同意。

查愼行《初白庵蘇詩補注》卷四七：《呂氏家塾廣記》云：「陳輔之以爲『殿桷生餘涼』，今世所傳只用公權舊語。故東坡《端午帖子詞》云：『微涼生殿閣』，又『獨詠微涼殿閣風』，不聞有『殿桷餘涼』之説」。又按《藝苑雌黃》云：「文宗與公權聯句，東坡以爲有美而無箴，因續四句。然洪駒父以爲公權已含箴規之意，雖不必續可也。」愚謂人臣忠其君，自當隨事納誨，以啓主心，而達下情。凡作隱躍含糊之語，冀幸一悟者，皆諛諛之徒也。先生此詩，爲此一流發，偶借公權爲質的耳。嚴氏之説，不足取也。

紀昀評《蘇文忠公詩集》卷四七：存此一段道理則可，詩則未佳。

送別

鴨頭春水濃如染，水面桃花弄春臉。衰翁送客水邊行，沙襯馬蹄烏帽點。昂頭問客幾時歸，客道秋風黄葉飛。繫馬緑楊開口笑，傍山依約見斜暉。

紀昀評《蘇文忠公詩集》卷四七：前四句是詩餘。

寄周安孺茶

大哉天宇内，植物知幾族。靈品獨標奇，迥超凡草木。名從姬旦始，漸播《桐君録》。賦詠誰最先，厥傳惟杜育。唐人未知好，論著始於陸。常李亦清流，當年慕高躅。遂使天下士，嗜此偶于俗。豈但中土珍，兼之異邦鬻。鹿門有佳士，博覽無不矚。邂逅天隨翁，篇章互賡續。開園頤山下，屏跡松江曲。有興即揮毫，粲然存簡牘。伊予素寡愛，嗜好本不篤。粤自少年時，低佪客京轂。雖非曳裾者，庇蔭或華屋。頗見紈綺中，齒牙厭粱肉。小龍得屢試，糞土視珠玉。團鳳與葵花，碔砆雜魚目。貴人自矜惜，捧玩且緘櫝。未數日注卑，定知雙井辱。于兹事研討，至味識五六。自爾入江湖，尋僧訪幽獨。高人固多暇，探究亦頗熟。聞道早春時，攜籯赴初旭。驚雷未破蕾，采采不盈掬。旋洗玉泉蒸，芳馨豈停宿。須臾布輕縷，火候謹盈縮。不憚頃間勞，經時廢藏蓄。髹洞凈無染，箬籠匀且複。苦畏梅潤侵，暖須人氣奧。有如剛耿性，不受纖芥觸。又若廉夫心，難將微穢瀆。晴天敞虛府，石碾破輕綠。永日遇閒賓，乳泉發新馥。香濃奪蘭露，色嫩欺秋菊。閩俗競傳誇，豐腴面如粥。自云葉家白，頗勝中山醁。好是一杯深，午窗春睡足。清風擊兩腋，去欲凌鴻鵠。嗟我樂何深，《水經》亦屢讀。子咤中冷泉，次乃康王谷。蟆培頃曾嘗，絣罌走僮僕。如今老且嬾，細事百不欲。美惡兩俱忘，誰能強追逐。薑鹽拌白土，稍稍從吾蜀。尚欲外形骸，安能徇口腹。由來薄滋味，日飯止脫粟。外慕既已矣，胡為此羈束。昨日散幽步，偶上天峰麓。山圃正春風，蒙茸萬旗簇。呼兒為招客，采製聊亦復。地僻誰我從，包藏置廚簏。何嘗較優劣，但喜破睡速。況此夏日長，人間正炎毒。幽人無一事，午飯飽蔬菽。困卧北窗風，風微動窗竹。乳甌十分滿，人世眞局促。意爽飄欲仙，頭輕快如沐。昔人固多癖，我癖良可贖。為問劉伯倫，胡然枕糟麴。

查愼行《初白庵詩評》卷中：（「色嫩期秋菊」）「期」當作「欺」。

紀昀評《蘇文忠公詩集》卷四七：此東坡第一長篇，雖非佳作，然一氣滔滔，不冗不雜，自是難事。

顔闔

顔闔古有道，躬耕自衣食。區區魯小邦，不足隱明德。軺車來我門，聘幣繼金璧。出門應使者，耕稼不謀國。但疑誤將命，非敢憚行役。使者反錫命，戶庭空履迹。薄俗徇世榮，截趾履之適。所重易所輕，隋珠彈飛翼。伊人畏照影，獨往就陰息。鼎俎薦忠賢，誰能死燔炙。念彼藏皮冠，安知獲堯客。

紀昀評《蘇文忠公詩集》卷四七：語意凡近。（「安知獲堯客」）「堯」當作「逃」。

夢雪

殘杯失春溫，破被生夜悄。開門萬山白，俯仰同一照。雖時出圭角，固自絕瑕纇。兒童勿驚怪，調汝得一笑。

戲贈田辨之琴姬

流水隨絃滑，清風入指寒。坐中有狂客，莫近繡簾彈。

書黄筌畫翎毛花蝶圖二首

短翎長喙喜喧卑，曳練雙翔亦自奇。賴有黄鸝鬬嬛好，獨依蘚石立多時。

綠陰青子已愁人，忍見中庭燕麥新。怊悵劉郎今白首，時來看卷覓餘春。

紀昀評《蘇文忠公詩集》卷四七：此首特有情致。

趙克宜《角山樓蘇詩評注彙鈔》卷二〇：情思惘然。前一首切題寫，故此首不妨渾說。

寒食夜

漏聲透入碧窗紗，人靜鞦韆影半斜。沈麝不燒金鴨冷，淡雲籠月照梨花。

查慎行《初白庵詩評》卷中：似唐人宮詞。

紀昀評《蘇文忠公詩集》卷四七：此不似東坡筆墨，有甜熟之氣故也。

和寄天選長官

寓形宇宙間，佚我方以老。流光安足恃，百歲同過鳥。頃予縶網羅，文采緣自表。自古山林人，何曾識機巧。但記寒巖翁，論心秋月皎。黄香十年舊，禪學參衆妙。虚懷養天和，肯徇奔走鬧。官居職事理，晨起何用早。桐陰滿西齋，叱吏供灑掃。眷予東南來，野飯煮芹蓼。葆光既清尙，令尹亦高蹈。相將古寺行，軟語頹晚照。公家有畸人（自注：公有族人隱嵩山），虚緣能自保。卜築嵩山陽，何當從結好。中山饒勝景，一覽未易了。何時命巾車，共陟雲外嶠。翻思筋力疲，不復追踴跳。公詩擬南山，雄拔千丈峭。形容逼天眞，邂逅識其要。藩籬吾未窺，敢議窮閫奥。

查慎行《初白庵詩評》卷中：（「眷子東南來」）「子」當作「予」。

紀昀評《蘇文忠公詩集》卷四七：語雖平漫，然確是東坡風格。（「肯徇奔走鬧」）「肯徇」句俚。（「軟語頹晚照」）「頹晚照」謂至晚耳，然語不明了。（「不復追踊跳」）「踊跳」俗。（「藩籬吾未窺」二句）結得草草，收不住通篇。

張道《蘇亭詩話》卷五《補注類》：《和寄天選長官》詩（「山中饒勝景」），山中，即指嵩山也。今刻本僞作中山，則是定武矣。

次韻張甥棠美晝眠

炎歊六月北窗涼，更覺甘如飯稻粱。宰我糞牆譏敢避，孝先經笥謔兼忘。憂虞心謝知時雁，安穩身同持角羊。要識熙熙不爭競，華胥别是一仙鄉。

紀昀評《蘇文忠公詩集》卷四七：前四句凡鄙之至。

張道《蘇亭詩話》卷四《編排類》：考王注本有《張甥棠美述志》詩，又有《張甥棠美晝眠》詩，疑東坡有女兄弟嫁張氏者。查初白云：「此一首見晁無咎《雞肋集》。」則張爲補之之甥，詩亦補之之作，王注誤編入集也。

陸蓮菴

何妨紅粉唱迎仙，來伴山僧到處禪。陸地生花安足怪，而今更有火中蓮。

書寄韻

已將鏡鑷投諸地，喜見蒼顔白髮新。歷數三朝軒冕客，色聲誰是獨完人。

謁敦詩先生因留一絶

凜凜人言君似雪，我言凜凜雪如君。時人盡怪蘇司業，不解將錢與廣文。

絶句二首

峨峨叠石立何孤，賴有蕭蕭翠竹俱。日暮無人鷗鳥散，空留野水伴寒蘆。

漠漠秋高露氣清，新蒲倚石近溪生。夜來雨後西風急，静向窗前似有聲。

查慎行《初白庵蘇詩補注》卷四七：以上二首，當是題畫詩。

紀昀評《蘇文忠公詩集》卷四七：二首可觀，然不必定是東坡筆。

春夜

春宵一刻值千金，花有清香月有陰。歌管樓臺聲細細，鞦韆院落夜沈沈。

楊萬里《誠齋詩話》：（前引此詩）介甫云：「金爐香燼漏聲殘，剪剪輕風陣陣寒。春色惱人眠不得，月移花景上欄干。」二詩流麗相似，然亦有甲乙。

吳喬《圍爐詩話》卷五：詩須矜貴，「春宵一刻值千金」，豈可哉！

趙克宜《角山樓蘇詩評注彙鈔》附錄卷下：下二句都爲起句作註腳，初無轉折，語亦淺甚。

醉睡者

有道難行不如醉，有口難言不如睡。先生醉卧此石間，萬古無人知此意。

紀昀評《蘇文忠公詩集》卷四七：俚句。

數日前夢人示余一卷文字大略若諭馬者用吃蹶兩字夢中甚賞之覺而忘其餘戲作數語足之

天驥雖老，舉鞭脫逸。交馳蟻封，步中衡石。旁睨駑駘，豐肉滅節。徐行方軌，動輒吃蹶。天資相絕，未易致詰。

袁宏道評閱譚元春選《東坡詩選》卷一二譚元春評：古甚，感甚，自負甚，可敵朱穆《絕交》四言詩。

村醪二尊獻張平陽

紀昀評《蘇文忠公詩集》卷四七：眞迹未必不偶存，而僞迹正復不少。賈人射利，百巧競出，未可遽信爲逸作。況集中既已不載，又安知非芟棄之餘乎？一概收之以炫博，未可謂之眞識也。

萬戶春濃酒似油，想須百甕到牀頭。主人日飲三千客，應笑窮官送督郵。

詩裏將軍已築壇，後來裨將欲登難。已驚老健蘇梅在，更作風流王謝看。口出定知書滿腹，瘦生應爲語雕肝。口口灑落江山外，留與人間激懦官。

紀昀評《蘇文忠公詩集》卷四七：（「詩裏將軍已筑壇」二句）俚甚。

張公高躅不可到，我欲挽肩纔覺難。事業已歸前輩錄，典型留與後人看。詩如啄雪清牙頰，身覲飛龍吐膽肝。少負清名晚方用，白頭翁竟作何官。

卞永譽《書畫匯考》卷一「蘇軾」條《村醪二尊獻張平陽》黃溍跋：右東坡先生詩凡六首，集中皆闕不載。他日好事者，或爲之補遺，尚有取也。至順元年九月二十日，後學東陽黃溍書。

查愼行《初白庵蘇詩補注》卷四七：右絕句一首，律詩二首，載朱存理《鐵網珊瑚集》。元黃文獻公跋云：「右東坡先生詩，凡六首，集中皆闕不載。他日好事者或爲之補遺，尚有取也。至順元年九月二十日，後學東陽黃溍題。」卞氏《式古堂書畫彙考》云：「公手書眞蹟舊藏光福徐良夫教授家，後歸徐耕學。成化戊戌，吳匏庵爲題此卷，則已亡其半，止存三首矣。又三年，匏庵再觀於葑門錢氏，凡兩跋尾。又按《外紀》所載序錄云：「東坡詞翰流落人間，不載本集者甚多。余從都玄敬出示墨蹟，題云《村醪二首獻張平陽》。其一曰「張公高躅不可到」云云，其二曰「詩如啄雪清牙頰」云云，則又以律詩一首分爲二絕句矣，恐爲可據也。

紀昀評《蘇文忠公詩集》卷四七：淺拙乃爾，何以嫁名于東坡？

失題

獨鶴南飛送好音，山中橋梓共成陰。深衣傴僂如初命，巵酒從容向晚斟。城裏誰家開壽域，堂東多士作儒林。清霜未落黃花在，笑折高枝繞鬢簪。

查慎行《初白庵蘇詩補注》卷四七：《失題》（「獨鶴南飛送好音」）元豐五年冬，公在黃州。進士李委聞公生日，作《白鶴南飛》新曲以獻，此詩是謫黃時所作。卞氏《式古堂書畫彙考》載此詩，云是東坡作，今采錄。

紀昀評《蘇文忠公詩集》卷四七：依託之作。

題王維畫

摩詰本詞客，亦自名畫師。平生出入輞川上，鳥飛魚泳嫌人知。山光盎盎著眉睫，水聲活活流肝脾。行吟坐詠皆自見，飄然不作世俗辭。高情不盡落縑素，連山絕澗開重帷。百年流落存一二，錦囊玉軸酬不貲。誰令食肉貴公子，不覺祖父驅熊羆。細氈淨几讀文史，落筆璀璨傳新詩。青山長江豈君事，一揮水墨光淋漓。手中五尺小橫卷，天末萬里分毫釐。謫官南出止均潁，此心通達無不之。歸來纏裹任紈綺，天馬性在終難羈。人言摩詰是初世，欲從顧老癡不癡。桓公崔公不可與，但可與我寬衰遲（自注：桓玄嘗竊長康畫，崔圓嘗使摩詰畫壁）。

查慎行《初白庵蘇詩補注》卷四七：右古詩一首，載谷橋孫紹遠稽古所葺《聲畫集》中，今采錄。

紀昀評《蘇文忠公詩集》卷四七：此亦依託，乍看似是，再玩則非矣。

安平泉

策杖徐徐步此山，撥雲尋徑興飄然。鑿開海眼知何代，種出菱花不計年。烹茗僧誇甌泛雪，煉丹人化骨成仙。當年陸羽空收拾，遺卻安平一片泉。

和張均題峽山

孤舟轉巖曲，古寺出雲坳。岸迫鳥聲合，水平山影交。堂虛泉漱玉，砌靜筍遺苞。我爲圖名利，無因此結茅。

題女唱驛

攬轡金房道，崎嶇難具陳。浮嵐常作雨，冷氣不知春。少見寬平路，多逢臃腫民。欲知何處遠，巫峽是西鄰。

溪堂留題

三徑縈回草樹蒙，忽驚初日上千峰。平湖種稻如西蜀，高閣連雲似渚宮。殘雪照山光耿耿，輕冰籠水暗溶溶。溪邊野鶴衝人起，飛入南山第幾重。

王文誥《蘇文忠公詩編注集成》卷四七：（「殘雪照山光耿耿」二句）此聯寫初日，結構入細。

新葺小園二首

短竹蕭蕭倚北牆，斬茅披棘見幽芳。使君尚許分池綠，鄰舍何妨借樹涼。亦有杏花充窈窕，更煩鶯舌奏鏗鏘。身閒酒美誰來勸，坐看花光照水光。

三年輒去豈無鄉，種樹穿池亦漫忙。暫賞不須心汲汲，再來惟恐鬢蒼蒼。應成庾信吟枯柳，誰記山公醉夕陽。去後莫憂人翦伐，西鄰幸許庇甘棠。

紀昀評《蘇文忠公詩集》卷四七：二首卻甚似。

與李彭年同送崔岐歸二曲馬上口占

霜乾木落愛秦川，興發身輕逐鳥翩。貪看暮山忘遠近，強陪羽客更流連。貂裘犯雪觀形勝，駿馬隨鷹搏野鮮。爲問南溪李夫子，壯心應未逐流年。

紀昀評《蘇文忠公詩集》卷四七：（「興發身輕逐鳥翩」）「翩」字懸脚。

二月十六日與張李二君遊南溪醉後相與解衣濯足因詠韓公山石之篇慨然知其所以樂而忘其在數百年之外也次其韻

終南太白橫翠微，自我不見心南飛。行穿古縣並山麓，野水清滑溪魚肥。須臾渡溪踏亂石，山光漸近行人稀。窮探愈好去愈鋭，意未滿足枵如饑。忽聞奔泉響巨碓，隱隱百步摇窗扉。跳波濺沫不可嚮，散爲白霧紛霏霏。醉中相與棄拘束，顧勸二子解帶圍。褰裳試入插兩足，飛浪激起衝人衣。君看麋鹿隱豐草，豈羨玉勒黄金鞿。人生何以易此樂，天下誰肯從我歸。

查慎行《初白庵蘇詩補注》卷四七：按朱子《韓父考異》於《山石》詩下引此題作注，云「見坡集」，此又一證也。

紀昀評《蘇文忠公詩集》卷四七：老健，非東坡不辦。

王文誥《蘇文忠公詩編注集成》卷四七：起句似李太白。

送虢令趙薦

嗟我去國久，得君如得歸。今君捨我去，從此故人稀。不惜故人稀，但恐晤語非。西方佳人子，佩服貝與璣。宛兮若處女，未始識戶扉。何必識戶扉，潛玉有光輝。

亡伯提刑郎中挽詩二首甲辰十二月八日鳳翔官舍書

才賢世有幾，廊廟忍輕遺。公在不早用，人今方見思。故山松鬱鬱，舊史印纍纍。惟有同鄉老，聞名尙涕洟。

揮手東門別，朱顏鬢未霜。至今如夢寐，未信有存亡。後事書千紙，新墳天一方。誰能悲楚相，抵掌悟君王。

謝張太原送蒲桃

冷官門戶日蕭條，親舊音書半寂寥。惟有太原張縣令，年年專遣送蒲桃。

讀晉史

滄海橫流血作津，干戈角出競稱眞。中原豈是無豪傑，天遣羣雄殺晉人。

紀昀評《蘇文忠公詩集》卷四七：（「中原豈是無豪傑」二句）此眞傳奇中語，何以入之詩集？

讀王衍傳

文非經國武非英，終日虛談取盛名。至竟開門延敵寇，始知淸論誤蒼生。

讀後魏賀狄干傳

外敵爭雄宇內殘，文風猶自到長安。當時枉被詩書誤，惟有鮮卑賀狄干。

入館

黄省文書分道山，静傳鐘鼓建章閒。天邊玉樹西風起，知有新秋到世間。

紀昀評《蘇文忠公詩集》卷四七：末二句自佳。

贈蔡茂先

京城三日雨留人，吳市門前訪子眞。赤脚長鬚俱好事，新詩軟語坐生春。鄴侯久有牙籤富，太史猶探禹穴新。不惜爲君揮尺素，卻憂善守備三鄰。

紀昀評《蘇文忠公詩集》卷四七：似東坡不經意作。

送司勳子才丈赴梓州

別日已苦迫，見日未可期。曷不惜此日，相從把酒巵。人生初甚樂，譬若枰上棋。縱横聽汝手，聚散豈吾知。胡爲復嗟嘆，實恨相識遲。念昔非親舊，聞名自童兒。不見常隱憂，見之百憂披。相從未云幾，別淚遽已垂。有如雲間鶴，影過落寒池。舉頭已千里，可見不可追。我本蜀諸生，能言公少時。初爲成都掾，治獄官苦卑。高才絕倫輩，邦伯忘等夷。是時最少年，白晰未有髭。風流能痛飲，敏捷好論詩。勇於韝上鷹，不啻囊中錐。去蜀曾未久，得縣復來眉。簿書紛滿前，指畫涣無疑。一年吏已服，漸能省鞭笞。二年民盡信，不復煩文移。三年厭閒寂，終日事桐絲。客來投其轄，醉倒不容辭。至今三十年，父老猶嗟咨。東川晚乃至，觀者塞路岐。但見東人喜，不知西人悲。如今又繼往，人事亦何奇。嗟此信偶然，或云數使之。王城多高爵，要路人爭馳。公來席未暖，去不淅晨炊。屢爲蜀人得，毋乃天見私。吾徒本學道，窮達理素推。況爲二千石，所至可樂嬉。細思爲縣日，賓友存者誰。或終卧茅屋，或去懸金龜。或已登鬼籍，墓木如門楣。感時何倏忽，撫舊應涕洟。紫綬著更好，紅顏蔚不衰。權奇玉勒馬，阿那胡琴姬。逢人可與樂，愼勿苦相思。

紀昀評《蘇文忠公詩集》卷四七：純入香山門徑，然細看確是東坡應酬詩。

送宋君用遊輦下

暴雨漲荒溪，尺水生洪流。中有潑潑鯉，汎然方快遊。安知赤日爍，沸浪生浮漚。石密岸狹束，鱗鬣窘若囚。一失在藻樂，遂有轍鮒憂。誓將泛江湖，雪此煦沫羞。江湖與荒溪，巨細雖不侔。此流彼之派，聯接詎阻修。超然奮躍去，勢若鷹離韝。浮沈謝群蛙，窟穴依長洲。洗刷沮洳泥，被服白紋裘。誰知歲月久，湧浪生咽喉。賴爾溪中物，雖困有遠謀。不似沼沚間，四合獄萬鯫。縱知有江湖，綿綿隔山邱。人生豈異此，窮達皆有由。吾鄉廣平君，少與輕薄遊。堆金等屋梁，穲稏百頃秋。朝筵羅紅顔，夜庖炙肥牛。落魄窮書生，多以金帛收。高貲一朝盡，里巷誰靑眸。兒女號饑寒，親友寡餽賙。中夜起長嘆，慷慨商聲謳。我非田農家，安能事鉏耰。又非將帥種，不慣揮戈矛。平生負壯氣，豈可遂爾休。今我中丞公，位隆職兼優。官爵連九族，一門千驊騮。雖云富貴殊，敢以貧賤投。姻戚苦未遠，我困豈我覦。八月秋風高，駕言動輕輈。將行來告別，求贈安敢廋。嗟子窮已甚，倚伏理亦周。溪魚解如此，況子知公侯。馬壯僕正健，去去其無留。

紀昀評《蘇文忠公詩集》卷四七：東坡詩如此汗漫者有之，然無如此細碎作法。

王文誥《蘇海識餘》卷一：殆復作《送宋君用遊輦下》詩，凡三十五韻，其中申縮轉折，極力騰挪，蓋已變老蘇之法矣。今此二詩（另一詩爲《詠怪石》）雖不入編，已錄載卷一案內，學者必先詳玩此二詩，知其詩筆之所自起，而後接讀南行諸作，考其逐首圖變，總欲不凡之意，則詩法入門次第蹤迹皆可尋矣。

詠怪石

家有粗險石，植之疎竹軒。人皆喜尋玩，吾獨思棄捐。以其無所用，曉夕空嶄然。礁礎則甲斮，砥硯乃枯頑。于繳不可碆，以碑不可鐫。凡此六用無一取，令人爭免長物觀。誰知茲石本靈怪，忽從夢中至吾前。初來若奇鬼，肩股何孱顏。漸聞碚礧聲，久乃辨其言。云我石之精，憤子辱我欲一宣。天地之生我，族類廣且蕃。子向所稱用者六，星羅雹布盈溪山。傷殘破碎爲世役，雖有小用烏足賢。如我之徒亦甚寡，往往挂名經史間。居海岱者充禹貢，雅與鉛松相差肩。處魏榆者白晝語，意欲警懼驕君悛。或在驪山拒強秦，萬牛喘汗力莫牽。或從揚州感盧老，代我問答多雄篇。子今我得豈無益，震霆凜霜我不遷。雕不加文磨不瑩，子盍節概如我堅。以是贈子豈不偉，何必責我區區焉。吾聞石言愧且謝，醜狀欻去不可攀。駭然覺坐想其語，勉書此詩席之端。

紀昀評《蘇文忠公詩集》卷四七：（「如我之徒亦甚寡」以下）此眞惡札。此樣湊泊，豈東坡所肯爲？

王文誥《蘇海識餘》卷一：嘉祐四年己亥，公家居作《怪石》詩，凡二十三韻。詩雖五七言相間，全用老蘇家法，正如一林怪石，爲山水崩注，皆歷落滾卸而下，兀突滿前，莫名瓌異，此其詩之最先者也。

題西湖樓

少年過了未衰顏，正在悲歡季孟間。細雨溟濛湖上寺，東風搖蕩酒中山。千金用盡終須老，百計尋思不似閒。醉裏下樓知早晚，喧喧扶路笑歌還。

紀昀評《蘇文忠公詩集》卷四八：第四句好。

題雙竹堂壁

江上檣竿一百尺，山中樓臺十二重。山僧樓上望江上，遙指檣竿笑殺儂。

風水洞聞二禽

林外一聲青竹筍，坐間半醉白頭翁。春山最好不歸去，慙愧春禽解勸儂。

法惠小飲以詩索周開祖所作

立著巫娥多少時，安排雲雨待清詞。酒酣魯叟頻相憶，曲罷周郎尚不知。海鷗無踪飛過速，雲龍有報發來遲。從今莫入尋春會，爲欠梅花一首詩。

次韻陳時發太博雙竹

千年誰復繼夷齊，凜凜霜筠此鬬奇。要識蒼龍聯蜺意，擬容丹鳳宿凰枝。扶持有伴雪應怕，裁剪無人風自吹。莫遣騷人說連理，君看高節孰如雌。

周夫人挽詞

教子通經古所賢，安貧守道節尤堅。當熊遺烈傳家世，投燭諸郎慰眼前。不待金花書誥命，忽驚玉樹掩新阡。凱風吹棘君休詠，我亦孤懷一泫然。

查愼行《初白庵蘇詩補注》卷四七：周夫人，疑是周開祖之母。本卷《次韻答開祖》詩，有「烝豚未害爲純孝，貍首何妨助故人」之句，可作此題注腳。

天聖二僧皆蜀人不見留二絶

家山忘了腳騰騰，試作巴談卻解譍。不爲遊人問鄉里，豈知身是錦城僧。
方丈門開怪不迎，給孤邀供未還城。興來且作尋安道，醉後何須覓老兵。

會飲有美堂答周開祖湖上見寄

杜牧端來覓紫雲，狂言警倒石榴裙。豈知野客青筇杖，獨卧山僧白簟紋。且向東皋伴王績，未邉南越弔終軍。新詩過與佳人唱，從此應難減一分。

和吳少卿絶句

欲伴騷人賦百篇，歸心要及菊花前。明朝知覆誰家瓿，猶有桓譚道必傳。

題沈氏天隱樓

樓上新詩二百篇，三吳處士最應賢。非夷非惠眞天隱，忘世忘身恐地仙。散盡黃金猶好客，歸來碧瓦自生煙。靈犀美璞無人識，蔚蔚空驚草木姸。

和人登海表亭

譙門對聳壓危坡，覽勝無如此得多。盡見西山遮岱嶺，迥分東野隔新羅。花時千圃堆紅錦，雪晝雙城疊白波。回首毬場尤醒眼，一番風送鑑重磨。

會雙竹席上奉答開祖長官

松柏蕭蕭滿故邱，知君懷抱尙悲秋。算來九九無多日，唱著三三憶舊遊。皓月徘徊應許共，清詩妙絕不容酬。梅花社燕難相並，莫爲吳孃暗淚流。

次韻答開祖

淚滴秋風不爲麟，虛名何用實之賓。烝豚未害爲純孝，貍首何妨助故人。好喚游湖緣路便，難邀入社爲詩頻。知君頗有東山興，喝石巖前自過春。

曾季貍《艇齋詩話》：東坡詩云「喝石巖前自過春」，又言「喝石巖前後欲冰」者，俱詆道者嘗呪冰，故有喝石巖。坡詩又云「精誠貫山山爲裂」者，正謂此也。

北山廣智大師回自都下過期而歸時率開祖無悔同訪之因留

淥淨堂竹鶴二絕

淥淨堂前竹，秋期赴白雲。不知緣底事，一日可無君。淥淨堂前鶴，孤棲守竹軒。胸中無限事，恨汝不能言。

欲往湖州見孫莘老別公輔希元彥遠醇之穆仲

秋來欲見紫髯翁，待得梅花細蕚紅。記取上元燈火夜，道人猶在水晶宮。

富陽道中

清晨振衣起，起步方池側。徘徊俯丹楹，倒影見敧仄。不識陶靖節，定非風塵格。遙懷謝靈運，本自林泉客。予生忽世事，不以形爲役。顧彼冕弁人，冕弁非予適。

贈青灘將謝承制

吾皇有意縛單于，槌破銅山鑄虎符。驍將新除三十六，精兵共領五千都。周王常德須攘狄，漢帝雄才亦尙儒。君學本兼文武術，功名不必讀孫吳。

過濰州驛見蔡君謨題詩壁上云綽約新嬌生眼底逡巡舊事上眉尖春來試問愁多少得似春潮夜夜添不知爲誰而作也和一首

長垂玉筯殘粧臉，肯爲金釵露指尖。萬斛閒愁何日盡，一分眞態更難添。

紀昀評蘇文忠公詩集卷四十八

黄州春日雜書四絶

楚鄉春冷早梅天，柳色波光已鬭姸。淮上雁行皆北嚮，可無消息到儂邊。

紀昀評《蘇文忠公詩集》卷四八：在黄州，則「淮上」不應云「北嚮」（「淮上雁行皆北嚮」）。

中州臘盡春猶淺，只有梅花最可憐。坐遣牡丹成俗物，豐肌弱骨不成姸。

紀昀評《蘇文忠公詩集》卷四八：此似東坡口吻，但「中州」二字何著（「中州臘盡春猶淺」）？

清曉披衣尋杖藜，隔牆已見最繁枝。老人無計酬清麗，夜就寒光讀楚辭。

紀昀評《蘇文忠公詩集》卷四八：亦似。

病腹難堪七椀茶，曉窗睡起日西斜。貧無隙地栽桃李，日日門前看賣花。

紀昀評《蘇文忠公詩集》卷四八：此不甚似，然自好。

晚遊城西開善院泛舟暮歸二首

晚照餘喬木，前村起夕煙。棋聲虛閣上，酒味早霜前。遠謫何須恨，來遊不偶然。風光類吾土，乃是蜀江邊。

放船江瀨淺，城郭近連村。水檻松筠靜，市橋燈火繁。誰家挂魚網，小舫繫柴門。卜築計未定，何妨試買園。

和人雪晴書事

消盡瓊瑤雲馭歸，餘寒猶復助風威。垂簾漸學秋霖滴，滿地猶疑夜月輝。凍壤相和開蓽戶，流澌半釋擁苔磯。可憐烏鵲饑無食，日暮空林何所依。

奉酬仲閔食新麪湯餅仍聞糴麥甚盛因以戲之

初見煌煌秀兩岐，俄驚落磑雪霏霏。可煩都尉熱成汗，絕勝臨淄貧易衣。尙有清才對風月，未妨便腹貯書詩。知君貨殖誇長袖，滿糴千箱待一饑。

讀仲閔詩卷因成長句

喜見西風吹麥秋，年年爲逭老農憂。沾塗手足經年種，薦載珠璣一倍收。壯齒君能親稼穡，異時我亦困鉏耰。獨憐紫竹堂前月，清夜娟娟照客愁。

送酒與崔誠老

雪堂居士醉方熟，玉澗山人冷不眠。送與安州潑醅酒，從今三日是三年。

與郭生遊寒溪主簿吳亮置酒郭生喜作挽歌酒酣發聲坐爲凄然郭生言吾恨無佳詞因爲略改樂天寒食詩歌之坐客有泣者其詞曰

烏啼鵲噪昏喬木，清明寒食誰家哭。風吹曠野紙錢飛，古墓壘壘春草綠。棠梨花映白楊路，盡是死生離別處。冥漠重泉哭不聞，蕭蕭暮雨人歸去。

趙克宜《角山樓蘇詩評注彙鈔》附錄卷上：改樂天起句爲興體，亦未見大過原本。白詩好說盡，然氣息究與宋人不同。

戲作切語竹詩

隱約安幽奧，蕭騷雪藪西。交加工結搆，茂密渺冥迷。引葉油雲遠，攢叢聚族齊。奔鞭迸壁背，脱籜吐天梯。煙篠散孫息，高竿拱桷枅。漏闌零露落，庭度獨蜩啼。掃洗修纖筍，窺看詰曲溪。玲瓏綠醽醴，邂逅盍閒攜。

山行見月四言

吟哦傲兀，仰晤罍月。邁巘迎崖，銀刓玉嚙。源魚噞喁，岸雁鵴尷。卧玩我語，鼇牙岌嶪。

憶黃州梅花五絶

邾城山下梅花樹，臘月江風好在無。爭似姑山尋綽約，四時常見雪肌膚。
一枝價重萬瓊琚，直恐姑山雪不如。盡愛丹鉛競時好，不知風雪養天姝。

紀昀評《蘇文忠公詩集》卷四八：（「直恐姑山雪不如」）二句自佳。

雖老於梅心未衰，今朝誰贈楚江枝。旋傾尊酒臨清影，正是吴姬一笑時。
不用相催已白頭，一生判卻見花羞。揚州何遜吟情苦，不枉清香與破愁。
玉琢青枝蘂綴金，仙肌不怕苦寒侵。淮陽城裏娟娟月，樊口江邊耿耿參。

訪散老不遇

君來不遇我，我到不逢君。古殿依修柏，寒花對暮雲。

和王定國

離歌添唧唧，古曲擬行行。不作相隨燕，空吟久住鶯。曹騰君上馬，寂寞我回城。明日東門外，空舟獨自橫。

紀昀評《蘇文忠公詩集》卷四八：不失古格，亦無新趣。（「空吟久住鶯」）用戎昱事。

試院觀伯時畫馬絶句

竹頭搶地風不舉，文書堆案睡自語。看馬欲驪頓風塵，亦思歸家洗袍袴。

查愼行《初白庵蘇詩補注》卷四八：此詩見本集《雜記》中，又見《山谷集》，題云：「題伯時畫頓塵馬。」姑存，俟考。

紀昀評《蘇文忠公詩集》卷四八：（「亦思歸家洗袍袴」）鄙俚至極。

出局偶書

急景歸來早，窮陰晚不開。傾杯不能飲，留待卯君來。】

蘇軾《書出局詩》（《蘇文忠公全集》卷六八）：「急景歸來早（略）」今日局中早出，陰晦欲雪，而子由在戶部晚出，作此數句。忽記十年前在彭城時，王定國來相過，留十餘日，還南都。時子由爲宋幕，定國臨去，求家書，僕醉不能作，獨以一絕與之。云：「王郎西去路漫漫，野店無人霜月寒。淚濕粉牋書不得，憑君送與卯君看。」卯君，子由小名也。今日情味雖差勝彭城，然不若同歸林下，夜雨對牀，乃爲樂耳。元祐三年十月二十三日。

覓俞俊筆

筆工近歲說吳俞，李葛虛名總不如。雖是玉堂揮翰手，自憐白首尚抄書。

鼠鬚筆

太倉失陳紅，狡穴得餘鼠。既興丞相嘆，又發廷尉怒。磔肉飼饑貓，分髯雜霜兔。插架刀槊健，落紙龍蛇鶩。物理未易詰，時來即所遇。穿墉何卑微，托此得佳譽。

紀昀評《蘇文忠公詩集》卷四八：有東坡規格，而邊幅少狹。

琴枕

高情閒處任君彈，幽夢來時與子眠。彭澤漫知琴上趣，邯鄲深得枕中仙。試尋玉軫拋何處，間喚香雲在那邊。平素不須煩按抑，秦蛾自解語如絃。

書李宗晟水簾圖

宗晟一軸水簾圖，寄與南舒李大夫。未向林泉歸得去，炎天酷日且令無。

紀昀評《蘇文忠公詩集》卷四八：拙甚。

書龍馬圖

先皇御馬三千匹，仗下曾騎玉騄驄。金鼎丹成龍亦化，圉人空棧泣西風。

皎然禪師贈吳憑處士詩云世人不知心是道只言道在西方妙還如瞽者望長安長安在東向西笑東坡居士代答云

寒時便具熱時風，饑漢那知食藥功。莫怪禪師向西笑，緣師身在長安東。

燈花一首贈王十六

金粟釵頭次第多，起看缺月帶斜河。懸知瑞草橋邊夜，笑指燈花說老坡。

王晉卿得破墨三昧又嘗聞祖師第一義故畫邢和璞房次律論前生圖以寄其高趣東坡居士既作破琴詩以記異夢矣復說偈云

前夢後夢眞是一，彼幻此幻非有二。正好長松水石間，更憶前生後生事。

紀昀評《蘇文忠公詩集》卷四八：明說是偈，乃收于集中。

和芝上人竹軒

洞外復空中，千千萬萬同。勞師唱竹頌，知是阿誰風。

戲贈秀老

拆卻相公庵，泥卻駙馬竹。天下人總知，流入《傳燈錄》。

紀昀評《蘇文忠公詩集》卷四八：是何言語？

和晁美叔老兄

反觀皆自直，相詆竟誰訣。事過始堪笑，夢中今了無。珍材尚空谷，瘦馬正長途。未識造物意，茫然同一爐。

暮歸

牛羊久已下，寂寞掩柴扉。水鸛鳴城堞，飛螢上戟衣。夜涼江海近，天闊斗牛微。何日招舟子，寒江北渡歸。

趙克宜《角山樓蘇詩評注彙鈔》卷二〇：（「夜涼江海近」二句）寫景闊遠。

待旦

夢破山骨冷，扶桑未放曉。披衣坐虛堂，缺月猶皎皎。揚泉漱寒冽，激齒冰雪繞。百體喜堅壯，萬象覺清悄。簪履事朝謁，神魂飛窅渺。龕燈蚌珠剖，爐穗玉繩裊。浮念怳已消，眞庭諒非杳。須臾霽霞起，赫奕射林表。高樹引涼蟬，深枝啅棲鳥。二蟲彼何爲，逐動自紛擾。悠悠天宇內，豈復論大小。覆盎舞醯雞，濃昏恣飛繞。定知達觀士，方寸常了了。世無陶靖節，此樂知者少。

紀昀評《蘇文忠公詩集》卷四八：題有脫字。此非東坡不能作。

趙克宜《角山樓蘇詩評注彙鈔》卷二〇：觀龕燈、爐穗一聯，當是宿觀宇朝眞之詞，脫去題註耳。

約吳遠游與姜君弼喫蕈饅頭

天下風流筍餅餤，人間濟楚蕈饅頭。事須莫與繆漢喫，送與麻田吳遠遊。

除夜訪子野食燒芋戲作

松風溜溜作春寒，伴我饑腸響夜闌。牛糞火中燒芋子，山人更喫懶殘殘。

北歸度嶺寄子由

青松盈尺間香梅，盡是先生去後栽。應笑來時無一物，手攜拄杖卻空回。

鳴泉思思君子也君子抱道且殆而時弗與民咸思之鳴泉故基堙圮殆盡眉山蘇軾搔首踟躕作鳴泉思以思之

鳴泉鳴泉，經雲而潺湲。拔爲毛骨者修竹，蒸爲雲氣者霏煙。山夔莫能隱其怪，野翟詎敢藏其奸。茅廬肅肅，昔有人焉。其高如山，其淸如泉。其心金與玉，其道砥與絃。執德沒世，落月入地。英名皎然，陽曦麗天。舊隱寂寂，新篁娟娟。思彼君子，我心如懸。谷鳥在上，巖花炫前。

鳴泉鳴泉，使我菀結而華顚。

紀昀評《蘇文忠公詩集》卷四八：頗倣李白，然終是野調。

豐年有高廩詩

頌聲歌盛旦，多黍樂豐年。近見藏高廩，遙知熟大田。在疇紛已穫，如阜隱相連。魯史詳而記，神倉賦且全。春人洪蓄積，祖廟享恭虔。聖后憂農切，宜哉報自天。

紀昀評《蘇文忠公詩集》卷四八：（「魯史詳而記」二句）凡近語。

萬菊軒

一軒高爲黄花設，富擬人間萬石君。佳本盡從方外得，異香多在月中聞。引泉北澗分淸露，開逕南山破白雲。此意欲爲知者道，陶翁猶自未離羣。

查愼行《初白庵蘇詩補注》卷四八：此詩載《咸淳臨安志》、《武林梵志》，皆以爲東坡作，今采錄。

韓幹馬

少陵翰墨無形畫，韓幹丹青不語詩。此畫此詩今已矣，人間駑驥漫爭馳。

趙德麟《侯鯖錄》卷八：余以爲若論詩畫，于此盡矣。每誦數過，殆欲常以爲法也。

蔡正孫《詩林廣記》後集卷三引《王直方詩話》：歐公《盤車圖》詩云：「古畫畫意不畫形，梅詩詠物無隱情。忘形得意知者寡，不若見詩如見畫。」東坡（略）又云：「少陵翰墨無形畫（略）。」余以爲若論詩畫，于此盡矣。每誦數過，殆欲常以爲法也。

紀昀評《蘇文忠公詩集》卷四八：此卻是東坡筆墨。

送煮菜贈包安靜先生

野菜此出珍又珍，送與西鄰病酒人。便須起來和熱喫，不消洗面裹頭巾。

沿流館中得二絶句

胡仔《苕溪漁隱叢話》前集卷三九：東坡云：「紹聖間，人得二詩于沿流館中，不知何人作也。今錄之，以益篋笥之藏（下錄此二詩）。」苕溪漁隱曰：或云此二詩乃東坡竄海外時作，蓋自況也。不知其果然否。

趙克宜《角山樓蘇詩評注彙鈔》卷二〇：此二絶惟係公作，以韓愈、李白自況，故覺其刻露。若陳巖肖《庚溪詩話》謂是江子我作，則泛詠古事，意味便減。

淮西功業冠吾唐，吏部文章日月光。千載斷碑人膾炙，不知世有段文昌。

袁文《甕牖閒評》卷五：蘇東坡奉敕撰《上清儲祥宮記》，後朝廷磨之，別命蔡元度作，故東坡有詩云（下引第一首）。退之《淮西碑》，亦是磨後復使文昌再作，此二事大相類也，東坡遂託為此詩。紹聖間有人于沿流館中得之，蓋亦有少不平故耳。而苕溪漁隱不知有此，乃謂東坡竄海外時作，欲以自況，非也。

陳巖肖《庚溪詩話》卷下：元祐間有旨修上清儲祥宮成，命翰林學士蘇軾作碑記其事。坡叙事有體，且取道家所言與吾儒合者記之，大有補于治道。紹聖、元符間，黨禁興，遂毁其碑，命翰林學士蔡京別爲之。京之文類三舍舉子經義程文耳，正如唐時仆韓退之《平淮西碑》，命段文昌改作。後人有詩曰「淮西功業冠吾唐（略）。」余于《儲祥宫碑》亦云。後見韓無咎元吉，云是江子我詩。

查慎行《初白庵蘇詩補注》卷四八：以上二首見胡仔《苕溪漁隱叢話》云（略）。或云：此詩乃東坡竄海外時作，蓋自况也，不知其果然否。」費衮《梁谿漫志》亦云：「（略）此詩乃東坡自作，蓋寓意儲祥事。特避禍，故託以得之沿流館中。味其句法可知矣。」陳巖肖《庚溪詩話》云：「後見韓無咎云：『是江子我詩』。」今錄存，俟考。

洪亮吉《北江詩話》卷二：蘇端明爲《上清宫碑》改作一事，不敢斥言，作一詩嫁名唐代云（下引此詩）。近時朱檢討因事斥出南書房，亦有二絶云：「海内文章有定評，南來庾信北徐陵。誰知著作修文殿，物論翻歸祖孝徵。」二公意皆有所指，然非二公之才望學殖，亦不敢作此詩也。

王士禛《帶經堂詩話》卷一八《辨析類》：《侯鯖錄》載：「紹聖中貶東坡，毁上清宫碑，令蔡京別撰，有人過臨江驛題二詩，不書姓名，或云江鄰幾，或云張文潛作也。其一云：「晉公功業冠吾唐，吏部文章日月光。千載斷碑人膾炙，不知世有段文昌。」此詩因坡公而發，特以退之淮西事爲譬，非元和間人作也。其言「吾唐」者，是時黨禁方嚴，故託之前代云爾；以爲直言淮西事者誤，婁堅以爲東坡詩尤誤矣。

紀昀評《蘇文忠公詩集》卷四八：確是東坡所作。

李白當年流夜郎，中原無復漢文章。納官贖罪人何在，壯士悲歌淚萬行。

夢中賦裙帶

百疊漪漪風皺，六銖縰縰雲輕。植立含風廣殿，微聞環珮搖聲。

蘇軾《夢中作靴銘》（《東坡志林》卷一）：軾倅武林日，夢神宗召入禁中，宮女圍侍，一紅衣女童捧紅靴一雙，命軾銘之。覺而記其一聯云：「寒女之絲，銖積寸累；天步所臨，雲蒸雷起。」既畢進御，上極嘆其敏，使宮女遞出。睇視裙帶間有六言詩一首，云：「百疊漪漪風皺（略）。」

趙令畤《侯鯖錄》卷四：東坡少時，夢召入禁中，一宮人引行，見風吹裙帶在笏上，有詩云：「百疊漪漪水皺（略）。」既至小殿，裕陵坐其上，脫絲鞋令坡銘之，坡即書云：「寒女之絲，銖積寸累，步武所臨，雲生雷起。」裕陵稱賞。

查慎行《初白庵蘇詩補注》卷四八：右六言一首，見胡仔《苕溪漁隱叢話》：「東坡云：『軾倅武林日，夢上召入禁中，宮女圍詩。一紅衣女童捧紅靴一雙，命軾銘之。（略）』又云：『軾自蜀應舉京師，道過華清宮，夢明皇命賦太眞裙帶詩。（略）」本集又云：「予在黃州時，夢神考召入小殿，賜坐，令作宮女裙銘」云云。——三說不同，因詩並錄以備考。（同上）

王定國自彭城往南都時子由在宋幕求家書僕醉不能作獨以一絕句與之

王郎西去路漫漫，野店無人霜月寒。淚盡粉箋書不得，憑君送與卯君看。

司命宮楊道士息軒

無事此靜坐，一日似兩日。若活七十年，便是百四十。黃金幾時成，白髮日夜出。開眼三千秋，速如駒過隙。是故東坡老，貴汝一念息。時來登此軒，目送過海席。家山歸未能，題詩寄屋壁。

釋惠洪《冷齋夜話》卷一：東坡在儋耳，題司命宮道士息軒，其超放如此。

胡仔《苕溪漁隱叢話》後集卷二七：東坡云：「無事靜坐，便覺一日似兩日。若能處置此生，常似今日，得年至七十，便是百四十歲。人世間何藥能有此效，既無反惡，又省藥錢，此方人人收得，但苦無好湯，使多嚥不下。」坡《題息軒》詩云：「無事此靜坐（略）。」正此意也。

羅大經《鶴林玉露》丙編卷四：唐子西詩云：「山靜似太古，日長如小年。」（略）可謂妙絕。然此句妙矣，識其妙者蓋少。彼牽黄臂蒼，馳獵于聲利之場者，但見衮衮馬頭塵，匆匆駒隙影耳，烏知此句之妙哉。人能眞知此妙，則東坡所謂「無事此靜坐，一日似兩日。若活七十年，便是百四十」，所得不已多乎。

都穆《南濠詩話》：「無事此靜坐，一日如兩日。若活七十年，便是百四十。」唐子西詩云：「山靜似太古，日長如小年。」坡以一日當兩日，子西直以日當年。又不若謝康樂云「以晤言消之，一日當千載」耳。

汪師韓《詩學纂聞》：（「無事此靜坐」四句）眞率。

紀昀評《蘇文忠公詩集》卷四八：詩雖不佳，然非僞託。（「若活七十年」二句）淺率。

趙克宜《角山樓蘇詩評注彙鈔》附錄卷下：次聯語近科諢。

贈黄州官妓

東坡五載黄州住，何事無言及李宜。卻似西川杜工部，海棠雖好不吟詩。

《石渠寶笈》卷三一《黃庭堅書蘇軾海棠詩一卷》：素牋本草書，款識云：子瞻在黃州作海棠詩，殆古今絶唱也。晦叔乞書，故爲落筆。魯直。

陳巖肖《庚溪詩話》卷下：東坡謫居齊安時，以文筆游戲三昧。齊安樂籍中李宜者，色藝不下他妓。他妓因燕席中，有得詩曲者，宜以語訥，不能有所請，人皆咎之。坡將移臨汝，於飲餞處，宜哀鳴力請，坡半酣，笑謂之曰：「東坡居士文名久，何事無言及李宜。恰似西川杜工部，海棠雖好不吟詩。」

何薳《春渚紀聞》：先生在黃日，每有燕集，醉墨淋漓，不惜與人。至于營妓供侍，扇書帶畫，亦時有之。有李琪者，小慧而頗知書札，坡亦每顧之喜，終未嘗獲公之賜。至公移汝郡，將祖行，酒酣，奉觴再拜，取領巾乞書。公顧視久之，令琪磨墨，墨濃，取筆大書云：「東坡七歲黃州住，何事無言及李琪。」即擲筆袖手，與客笑談。客相謂：「語似凡易，又不終篇，何也？」至將徹席，琪復拜請。坡大笑曰：「幾忘出場。」繼書云：「恰似西川杜工部，海棠雖好不留詩。」一座擊節，盡醉而散。

安磐《頤山詩話》：東坡謫居齊安，妓有李宜，常侍宴集。他妓俱得坡詩，惟宜以語訥不得。坡去齊安，宜哀請甚力。坡有詩曰：「東坡居士文名久，何事無言及李宜（略）。坡老于是失言矣。子美無海棠詩者，以母諱海棠耳，安可引用以與一妓哉！。

王世貞《跋坡公行草定惠院海棠詩刻》（《弇州續稿》卷一六七）公又嘗有贈妓李宜絶句云：

「東坡居士黃州久（略）。」其托物寓意或怨或適，不可指數也。

查愼行《初白庵詩評》卷中：此詩極爲俗口所賞，然非先生老境。

查愼行《初白庵蘇詩補注》卷四八：陳巖肖《庚溪詩話》云：「東坡謫齊安時，樂籍中有李宜者，色藝不下他妓。坡將移臨汝，於飲餞處力請詩句。坡半酣，笑贈云云。又按周昭禮《清波雜志》亦載此段，李宜作李琪，未詳孰是。

六言樂語

桃園未必無杏，銀礦終須有鉛。荇帶豈能攔浪，藕花卻解留蓮。

《春渚紀聞》卷六《樂語畫隸三絕》：薳于揚州得先生手畫一樂工，復作樂語云：「桃園未必無杏（略）。」其後又作漢隸，書「子瞻、禹功同觀」。眞三絕也。

題領巾絕句

臨池妙墨出元常，弄玉嬌姿笑柳孃。吟雪要看驚太傅，斷絃何必試中郎。

《春渚紀聞》卷六《題領巾裙帶二絕》：嘉興李巨山，錢安道尙書甥也。先生嘗過安道小酌，其女數歲，以領巾乞詩。公即書絕句云：「臨池妙墨出元常（略）。」每句皆用一事，尤可珍寶也。

紀昀評《蘇文忠公詩集》卷四八：（「斷絃何必試中郎」）乃試文姬，非試中郎。

書裙帶絕句

任從酒滿翻香縷，不願書來繫綵牋。半接西湖橫綠草，雙垂南浦拂紅蓮。

《春渚紀聞》卷六《題領巾裙帶二絕》：又于陶安世家，見爲劉唐年君佐小女裙帶上作散隸，書絕句云：「任從酒滿翻香縷，不願書來繫彩箋。半接西湖橫綠草，雙垂南浦拂紅蓮。」每句皆用一事，尤可珍寶也。

虎跑泉

金沙泉湧雪濤香，灑作醍醐大地涼。解妒九天河影白，遙通百谷海聲長。僧來汲月歸靈石，人到尋源宿上方。更續茶經校奇品，山瓢留待羽仙嘗。

查愼行《初白庵蘇詩補注》卷四八：右一首見曹學佺《名勝志》。先生倅杭時，有《病中遊祖塔院》七律詩，子由和詩凡二章，先生原唱亦應有二。諸刻本止存一首。《名勝志》載此篇，在「鳳翔大像寺」條下，因其地亦有虎跑泉也。今采錄。

端硯詩

披雲離北巖，度嶺入中夏。重藉剪楚茅，方函斲英檟。騷壇意莫逆，匠石語口奓。匪堊勞運斤，如帶防毀銙。礪口口口口，觀隅整同廈。津津剖馬肝，索索模羊鮭。氣逼松滋豪，姻聯雪濤姹。登堂卻蹣跚，飲水何甜閜。守墨面宜黔，含貞口終啞。靜惟有壽焉，玷尚可磨也。魯史記獲麟，晉帖題裹鮓。供給到唐文，護持等商斝。眉形空愛纖，風字仍嫌哆。載觀七八評，咸本六一寫。退然敢摩肩，信矣俱出跨。始知尹公他，不媚王孫賈。銘詩與器傳，篆刻當碑打。嚴韻拾孑遺，微才任聊且。

查愼行《初白庵蘇詩補注》卷四八：右一首載卞氏《式古堂書畫彙考》第十卷，云：「此詩，東坡作行草書，宋楮本小橫卷。」按後注云云（詩後作者自注云：「端硯聯句既成，暮歸，復拾餘韻，別賦一首，附錄卷後。」），則先生當別有《端硯聯句》。今刻本俱無。此首之眞贗，未可知也。姑存，備考。

紀昀評《蘇文忠公詩集》卷四八：酷摹昌黎，絕無佳處，而正得其不佳者。所謂「形骸之外」，去之愈遠。

張無盡過黃州徐君猷爲守有四侍人姓爲孫姜閻齊適張夫人攜其一往婿家既暮復還乃閻姬也最爲徐所寵因書絕句云

玉筍纖纖揭繡簾，一心偷看綠蘿尖。使君三尺毬頭帽，須信從來只有簷。

《春渚紀聞》卷六《賦詩聯詠四姬》：徐黃州之子叔廣十四秀才，先生與其舅張仲謨書所謂「十三十四皆有俊性者」是也。嘗出先生醉墨一軸，字畫欹傾，龍蛇飛動，乃是張無盡過黃州，而黃州有四侍人，適張夫人攜其一往婿家，爲浴兒之會。無盡因戲語云：「厥有美妾，良由令妻。」公即續之小賦云：「道得徵章鄭趙，姓稱孫姜閻齊。浴兒于玉潤之家，一夔足矣；侍坐于冰清之仄，三英粲兮。」既暮，而張夫人復還，其一還，乃閻姬也，最爲徐所寵。公復書絕句云：「玉笋纖纖揭繡簾（略）。」

紀昀評《蘇文忠公詩集》卷四八：此眞張打油矣。

銅陵縣陳公園雙池二首

南北山光照綠蘿，濯纓洗耳不須多。天空月滿宜登眺，看取青銅兩處磨。

落帆重到古銅官，長是江風阻往還。要使謫仙迴舞袖，千年醉拂五松山。

查慎行《初白庵蘇詩補注》卷四八：右二首見《池陽後集》，諸刻本不載，今采錄。

詠檳榔

異味誰栽向海濱，亭亭直幹亂枝分。開花樹杪翻青籜，結子苞中皺錦紋。可療饑懷香自吐，能消瘴癘暖如熏。堆盤何物堪爲偶，蔞葉淸新卷翠雲。

查慎行《東坡先生編年詩補註》卷四八：此詩語太淺直，似非先生作。

正月八日招王子高飲

屋雪號風苦戰貧，紙窗迎日稍知春。正如薝蔔林中坐，更對芙蓉城裏人。昨想玉堂空冷徹，誰分銀榼送清醇。海山知有東南角，正看歸鴻作小顰。

查慎行《初白庵蘇詩補注》卷四八：右一首諸刻不載，見於蒲積中《歲時雜詠》「今集」中，今採錄。

醉中題鮫綃詩

天地雖虛廓，惟海爲最大。聖王皆祀事，位尊河伯拜。祝融爲異號，恍惚聚百怪。二氣變流光，萬里風雲快。靈旗搖紅纛，赤虯噴滂湃。家近玉皇樓，彤光照世界。若得明月珠，可償逐客債。

蘇軾《仇池筆記》卷下《廣利王召》：余一日醉卧，有魚頭鬼身者自海中來，云：「廣利王請端明。」予被褐履草黄冠而去，亦不知身步入水中，但聞風雷聲。有頃，豁然明白，眞所謂水晶宮殿也。其下驪目、夜光、文犀、尺璧、南金、火齊，不可仰視。珊瑚、琥珀，不知幾多也。廣利佩劍冠服而出，從二青衣。余曰：「海上逐客，重煩邀命。」有頃，東華眞人、南溟夫人造焉，出鮫綃丈餘，命余題詩。余賦曰（下引此詩）。寫竟，進廣利，諸仙迎，咸稱妙。獨廣利旁一冠簪者，謂之鱉相公，進言：「蘇軾不避忌諱，祝融字犯王諱。」王大怒。余退而嘆曰：「到處被相公廝壞。」

胡仔《苕溪漁隱叢話》前集卷三九：（前引《仇池筆記》）此事恍惚怪誕，殆類傳奇異聞所載。又其詩亦淺近，不似東坡平日語，疑好事者爲之，以附託其名耳。

查愼行《初白庵蘇詩補注》卷四八：胡仔《苕溪漁隱叢話》引《仇池筆記》云（略）。又按《仇池筆記》相傳東坡自撰。此一則當在海外所紀。時有董必者，承奸相意，遣人至儋耳，逐出官舍。所云「鼈相公」者，蓋指董必也。此詩聊以寓意，亦非果有其事。胡仔疑爲好事者所託，蓋不謂然。

無　題

簾卷窗穿戶不扃，隙塵風葉任縱横。幽人睡足誰呼覺，欹枕牀前有月明。

查慎行《初白庵蘇詩補注》卷四八：（「簾卷窗穿戶不扃」）右一首見本集《與黃師是尺牘》（略）云云，據此當是度嶺以後，未到常州以前所作。

葛延之贈龜冠

南海神龜三千歲，兆協朋從生慶喜。智能周物不周身，未免人鑽七十二。誰能用爾作小冠，岣嶁耳孫創其製。君今此去寧復來，欲慰相思時整視。

葛立方《韻語陽秋》卷三：東坡在儋耳時，余三從兄諱延之，自江陰擔簦萬里，絕海往見，留一月。坡嘗誨以作文之法曰：「儋州雖數百家之聚，州人之所須，取之市而足，然不可徒得也，必有一物以攝之，然後爲己用。所謂一物者，錢是也。作文亦然，天下之事，散在經子史中，不可徒使，必得一物以攝之，然後爲己用。所謂一物者，意是也。不得錢不可以取物，不得意不可以明事，此作文之要也。」吾兄拜其言而書諸紳。嘗以親製龜冠爲獻，坡受之，而贈以詩云：「南海神龜三千歲（略）。」今集中無此詩，余嘗見其親筆。

別海南黎民表

我本海南民，寄生西蜀州。忽然跨海去，譬如事遠遊。平生生死夢，三者無劣優。知君不再見，欲去且少留。

張邦基《墨莊漫錄》卷四：東坡《自儋耳北歸臨行以詩留別黎子雲秀才》云：「我本儋州民（略）。」後批云：「新釀佳甚，求一具理，臨行寫此以折菜錢。」宣和中予在京師相藍，見南州一士人攜此帖來，粗厚楮紙，行書，涂抹一二字，類顏魯公《祭侄文》，甚奇偉也。具理，南荒人瓶罌名也。

紀昀評《蘇文忠公詩集》卷四八：雖淺率，而確是東坡語。

雅安人日次舊韻二首

人日滯留江上村，定知芳草怨王孫。題詩寄遠方揮翰，扶杖登高獨出門。柳色忍看成感嘆，花前歸思自飛翻。浮陽披凍雖才弄，已覺春工漏一元。

似聞高隱在前村，坐膝扶牀戲子孫。自賞春光擕桂酒，喜逢晴色款柴門。屛間帶日金人活，頭上迎風綵勝翻。蓬鬢扶疎吾老矣，豈能舊貌改新元。

查愼行《初白庵蘇詩補注》卷四八：右二首諸刻不載，見宋蒲積中所撰《歲時雜詠》「今集」中。此詩編次庚辰《人日》二章之後。《年譜》：「庚辰人日，先生在儋耳，作七律二首。五月聞赦，六月渡海北歸。明年辛巳度嶺。正月五日過南安軍。」則次韻人日詩當作於此時。但雅安地名無可考，恐是南安之訛。

和代器之

雨過郊原一番新，尋芳車馬踏無塵。普天冷食聞前古，蕭寺清游屬兩人。不作佺期問新曆，頗同之問感餘春。明年歸藉梨花上，應會羣賢及四鄰。

查愼行《初白庵蘇詩補注》卷四八：右一首見《歲時雜詠》「今集」。按先生北歸時，有《寒食與器之遊南塔寺寂照堂》七律一首，此詩即次前韻。豈器之不能詩，而先生代爲和章耶？

自題金山畫像

心似已灰之木，身如不繫之舟。問汝平生功業，黄州惠州儋州。

查慎行《初白庵蘇詩補注》卷四八：按《金山志》：「李龍眠畫子瞻照，留金山寺，後東坡過金山，自題云云」。周必大《乾道庚寅奏事錄》亦載此詩。

紀昀評《蘇文忠公詩集》卷四八：此是像贊，不宜入之詩集。

歸來引送王子立歸筠州

歸去來兮，世不汝求胡不歸。泂北望之横流兮，渺西顧之塵霏。紛野馬之決驟兮，幸余首之未鞿。出彭城而南騖兮，眷邱隴而增欷。亂清淮而俯鑒兮，驚昔容之是非。念東坡之遺老兮，輕千里而款余扉。共雪堂之清夜兮，攬明月之餘輝。曾雞黍之未熟兮，嘆空室之伊威。我挽袖而莫留兮，僕夫在門歌《式微》。歸去來兮，路渺渺其何極。將稅駕於何許兮，北江之南，南江之北。於此有人兮，儼峨峨其豐碩。孰居約而爾肥兮，非糠覈其何食。久抱一而不試兮，愈溫溫而自克。

吾居世之荒浪兮，覘昏昏而聽默默。非之子莫振吾過兮，久不見恐自賊。吾欲往而道無由兮，子何畏而不即。將以彼爲玉人兮，以子爲之璞也。

黃泥坂詞

出臨皋而東騖兮，並叢詞而北轉。走雪堂之坡陀兮，歷黃泥之長坂。大江洶以左繚兮，渺雲濤之舒卷。草木層累而右附兮，蔚柯邱之葱蒨。余旦往而夕還兮，步徙倚而盤桓。雖信美而不可居兮，苟娛余於一盼。余幼好此奇服兮，襲前人之詭幻。老更變而自哂兮，悟驚俗之來患。釋寶璐而被繒絮兮，雜市人而無辨。路悠悠其莫往來兮，守一席而窮年。時遊步而遠覽兮，路窮盡而旋反。朝嬉黃泥之白雲兮，暮宿雪堂之青煙。喜魚鳥之莫余驚兮，幸樵蘇之我嫚。初被酒以行歌兮，忽放杖而醉偃。草爲茵而塊爲枕兮，穆華堂之清宴。紛墜露之濕衣兮，升素月之團團。感父老之呼覺兮，恐牛羊之予踐。於是蹶然而起，起而歌曰：月明兮星稀，迎余往兮餞余歸。歲既宴兮草木腓，歸來歸來兮，黃泥不可以久嬉。

蘇軾《書黃泥坂詞後》（《蘇文忠公全集》卷六八）：余在黃州，大醉中作此詞，小兒輩藏去稿，醒後不復見也。前夜與黃魯直、張文潛、晁無咎夜坐，三客翻倒几案，搜索篋笥，偶得之，字半不可讀，以意尋究，乃得其全。文潛喜甚，手錄一本遺余，持元本去。明日得王晉卿書，云：「吾日夕購子書不厭，近又以三縑博兩紙。子有近書，當稍以遺我，毋多費我絹也。」乃用澄心堂紙、李承晏墨書此遺之。元祐元年十一月二十一日。

清溪詞

大江南兮九華西，泛秋浦兮亂清溪。水渺渺兮山無蹊，路重複兮居者迷。爛青紅兮粲高低，松十里兮稻千畦。山無人兮雲朝躋，靄濛濛兮滄凄凄。嘯林谷兮號水泥，走鼯鼪兮下鳧鷖。忽孤壘兮隱重堤，杳冥茫兮聞犬鷄。鬱萬瓦兮鳥翼齊，浮軒楹兮飛栱枅。雁南歸兮寒蜩嘶，弄秋水兮挹玻瓈。朝市合兮雜髦倪，挾簞瓢兮佩鋤犁。鳥獸散兮相扶攜，隱驚雷兮鶩長霓。望翠微兮古招提，挂木杪兮翔雲梯。若有人兮悵幽棲，石爲門兮雲爲閨。塊虛堂兮法喜妻，呼猿狙兮子鹿麑。我欲往兮奉杖藜，獨長嘯兮謝阮嵇。

上清詞

南山之幽，雲冥冥兮。孰居此者，帝側之神君。君胡爲乎山之幽，顧宮殿兮久淹留。又曷爲一朝去此而不顧兮，悲此空山之人也。來不可得而知兮，去固不可得而訊也。君之來兮天門空，從千騎兮駕飛龍。隸辰星兮役太歲，儼晝降兮雷隆隆。朝發軫兮帝庭，夕弭節兮山宮。懭有妖兮虐下土，精爲星兮氣爲虹。愛流血之滂沛兮，又嗜瘧癘與螟蟲。嘯盲風而涕淫雨兮，時又吐旱火之爞融。銜帝命以下討兮，建千仞之修鋒。乘飛霆而追逸景兮，歘砉掃滅而無蹤。忽崩播其來會兮，走海岳之神公。龍車獸鬼不知其數兮，旗纛腌靄而冥蒙。漸俯傴以旅進兮，鏘劍佩之相礱。司殺生之必信兮，知上帝之不汝容。既約束以反職兮，退戰慄而愈恭。澤充塞於四海兮，獨澹然其無功。君之去兮天門開，款閶闔兮朝玉臺。羣仙迎兮塞雲漢，儼前導兮紛後陪。歷玉階兮帝迎勞，君良苦兮馬虺穨。閔人世兮迫隘，陳下士兮帝所哀。返瓊宮之嵯峨兮，役萬靈之喧豗。默清凈以無爲兮，時節狩於斗魁。詣通明而獻黜陟兮，軼蕩蕩其無回。忽表裏之煥霍兮，光下燭於九垓。時游目以下覽兮，五岳爲豆，四溟爲杯。俯故宮之千柱兮，若毫端之集埃。來非以爲樂兮，去非以爲悲。謂神君之既返兮，曾顏咫尺之不違。升祕殿以內悸兮，魂凜凜而上馳。忽寤寐以有得兮，敢沐浴而獻辭。是耶非耶，臣不可得而知也。

山坡陀行

山坡陀兮下屬江，勢厓絕兮游波所蕩如頹牆。松茀律兮百尺傍，拔此驚葛藟之上。（何焯評：

疑有脫文）不見日兮下可依，吾曳杖兮吾僮亦吾之書隨。藐余望兮水中沚，頎然而長者，黃冠而羽衣。澣頤坦腹，盤石箕坐兮，山亦有趾安不危，四無人兮可忘飢。仙人偓佺自言其居瑤之圃。一日一夜，飛相往來不可數。使其開口言兮，豈惟河漢無極驚余心。默不言兮蹇昭氏之不鼓琴。儋將山河與日月長在，若有人兮，夢中仇池我歸路。此非小有兮，噫乎，何以樂此而不去。昔余遊於葛天兮，身非陶氏猶與偕。乘渺茫良未果兮，僕夫悲余馬懷。聊逍遙兮容與，晞余髮兮蘭之渚。余論世兮千載一人猶並時，余行詰曲兮欲知余者稀。峨峨洋洋，余方樂兮，譬余繫舟於水，魚潛鳥舉亦不知。何必每念輒得，應余若響，坐有如此兮人子期。

醉翁操

琅邪幽谷，山水奇麗。泉鳴空澗，若中音會。醉翁喜之，把酒臨聽，輒欣然忘歸。既去十餘年，而好奇之士沈遵聞之，往游焉，以琴寫其聲，曰《醉翁操》，節奏疎宕，而音指華暢，知琴者以爲絕倫。然有其聲而無其辭，翁雖爲作歌，而與琴聲不合。又依《楚辭》作《醉翁引》，好事者亦倚其辭以製曲，雖粗合均度，而琴聲爲辭所繩約，非天成也。後三十餘年翁既捐館舍，而遵亦歿久矣。有廬山玉澗道人崔閑，特妙于琴，恨此曲之無詞，乃譜其聲，而請於東坡居士以補之云。

琅然，清圜，誰彈，響空山，無言。惟翁醉中和其天，月明風露娟娟，人未眠，荷蕢過山前，日有心也哉此賢。醉翁嘯詠，聲和流泉。醉翁去後，空有朝吟夜怨。山有時而童顛，水有時而回川。思翁無歲年，翁今爲飛仙，此意在人間，試聽徽外三兩絃。

黄庭堅《跋子瞻醉翁操》（《山谷全書·正集》卷二五）：人謂東坡作此文，因難以見巧，故極工。余則以爲不然，彼其老於文章，故落筆皆超軼絶塵耳。

紀昀評《蘇文忠公詩集》卷四八：此首前人收入詞譜，「醉翁」以下是後半闋，乃雙調也。入之詩集，非是，不得以昌黎《琴操》爲例。（「琅然」十一字）此十一字依調譜點句，又一譜以圜字、響字、言字點三句，萬紅友已駁之。

翁方綱《石洲詩話》卷三：文公《琴操》，前人以入七言古，蓋《琴操》，琴聲也。至蘇文忠《醉翁操》，則非特琴聲，乃入水聲，故不近詩而近詞。

張道《蘇亭詩話》卷五《補注類》：《醉翁操》題注及引注，馮氏已略引《澠水燕談錄》矣。今考尚有宜補注者，如引中「醉翁操」，《澠水燕談》作「醉翁吟」。又云：「蓋宫聲三疊後，會公河朔，遵援琴作之，公歌以遺遵。」又其詞中如「清圜」作「清圓」，「響」作「嚮」，「惟翁醉中和其天」作「惟有醉翁知其天」，「此賢」作「此弦」，「回川」作「回淵」，「三兩」作「兩三」。惟「童巔」作「同巔」，乃燕談僞本也。末又云：「二水同器，有不相入，二琴同手，有不相應，沈君信手彈琴而與泉合，居士縱筆作詞而與琴會，此必有眞同者矣。」

次韻借觀睢陽五老圖

國老安榮心自閒，紫袍金帶舊簪冠。星騎箕箙揚糠粃，斗掌權衡表漢桓。冬有愆陽嫌薄熱，夏多沴氣畏輕寒。賴得五賢清雅出，俾人敬慕肅容看。

查愼行《初白庵蘇詩補注》卷四八：右七言律詩一首，見《鐵網珊瑚》。格律句法，全不類坡公作。姑據此採錄。

紀昀評《蘇文忠公詩集》卷四八：此僞託之最可笑者。

題金山寺回文體

潮隨暗浪雪山傾，遠浦漁舟釣月明。橋對寺門松逕小，檻當泉眼石波清。迢迢綠樹江天曉，靄靄紅霞晚日晴。遙望四邊雲接水，碧峰千點數鷗輕。

周亮工《書影》卷一〇：迴文詩古今作者甚多，往往牽強，惟蘇東坡《題金山寺》云：「潮隨暗浪雪山傾（略）。」漸近自然也。

查愼行《初白庵蘇詩補注》卷四八：右七言律詩一首，諸刻不載，今從魏慶之《詩人玉屑》第二卷采錄。

贈姜唐佐

生長茅間有異芳，風流稷下古諸姜。適從瓊管魚龍窟，秀出羊城翰墨場。滄海何曾斷地脈，白袍端合破天荒。錦衣他日千人看，始信東坡眼力長。

張邦基《墨莊漫錄》卷一：東坡在海外，瓊州士人姜公弼來從學。坡題其扇云：「滄海何曾斷地脈，白袍端合破天荒。」公弼求足之，坡云：「候汝登科，當爲汝足。」後入廣，被貢至京師，時坡已薨，乃謁黃門于許下，子由乃爲足之云：「生長茅間已異芳（略）。」

朱彧《萍洲可談》卷三：瓊管四郡在海島上，士人未嘗有登第者。東坡責儋耳，與瓊人姜唐佐游，喜其好學，與一聯詩云：「滄海何嘗斷地脈，白袍端合破天荒。」東坡語姜云：「俟他日有驗，續成篇。」崇寧興學，丕冒海隅，四郡士人亦向進，雖墾辟已久，恐鹵瘠終無嘉谷爾。

水月寺

千尺長松挂薜蘿，梯雲嶺上一聲歌。湖山深秀有何處，水月池中桂影多。

查愼行《初白庵蘇詩補注》卷四八：右一首，諸刻不載，今從《武林梵志》采錄。

半月泉蘇軾曹輔劉季孫鮑朝懋鄭嘉會蘇固同遊元祐六年三月十一日

請得一日假，來遊半月泉。何人施大手，擘破水中天。

查愼行《初白庵蘇詩補注》卷四八：右一首諸刻不載，見談鑰《吳興志》：「先生遊德清縣，題半月泉作也。石刻眞蹟在慈相寺中，余家有榻本。」按先生自杭守召還，在元祐辛未。集中有《三月六日別南北山諸道人》詩，與半月泉題名相距才五日。當是還朝時便道來遊，歲月鑿鑿可據，而此詩本集失載。詩與題名字體大小不同，迥出兩手，疑後人因題名而贋作此詩。蓋先生時方還朝，何云「請假」（「請得一日假，來遊半月泉。」）？以此辨之，其爲假託，未可知也。存疑，俟考。

游何山

今古何山是勝遊，亂峰縈轉繞滄洲。雲含老樹明還滅，石礙飛泉咽復流。徧嶺煙霞迷俗客，一溪風雨送歸舟。自嗟塵土先衰老，底事孤僧亦白頭。

查慎行《初白庵蘇詩補注》卷四八：右七言律詩一首，諸刻不載，見徐獻忠《吳興掌故集》第十卷。

紀昀評《蘇文忠公詩集》卷四八：亦全不似。

自題臨文與可畫竹

石室先生清興動，落筆縱橫飛小鳳。借君妙意寫篔簹，留與詩人發吟諷。

寶墨亭

山陰不見換鵝經，京口空傳《瘞鶴銘》。瀟灑謫仙來作郡，風流太守爲開亭。兩篇玉蘂塵初滌，四體銀鉤迹尚青。我久臨池無所得，願觀遺法快沈冥。

查慎行《初白庵蘇詩補注》卷四八：右一首見《京口三山志》中。劉昌《縣笥瑣探》云：「寶墨亭，宋初建，以覆《瘞鶴銘》者。今廢。」又蘇子美《滄浪集》亦載此，疑因姓傳訛也。

趙克宜《角山樓蘇詩評注彙鈔》附錄卷上：純乎宋格，其爲子美與子瞻作，俱未可定。

雙井白龍

巖泉未入井，蒙然冒沙石。泉嫩石爲厭，石老生罅隙。異哉寸波中，露此横海脊。先生酌泉笑，泉秀神龍蟄。舉手玉筋插，忽去銀釘擲。大身何時布，大翮翔霹靂。誰言鵬背大，更覺宇宙窄。

查愼行《初白庵蘇詩補注》卷四八：《泠齋夜話》云：「南海城中有兩井，相近咫尺而異味，號『雙井』。井源出巖石罅中。東直酌水，異之曰：『吾尋白龍不見，今知家此水中乎？』（略）余至二井，太守張子修爲造庵井上，號『思遠』，亭名『洞酌』。崖有怪樹，樹枝之脇有詩：『巖泉未入井』云云。字畫如顏書，無名銜、年月。」此詩風格似東坡，而言「泉嫩」、「石老」（「泉嫩石爲厭，石老生罅隙。」），疑學者爲之也。

紀昀評《蘇文忠公詩集》卷四八：鄙野之詞。

瑞金東明觀

浮金最好溪南景，古木樓臺畫不成。天籟遠兼流水韻，雲璈常聽步虛聲。青鸞白鶴蟠空下，翠草元芝匝地生。咫尺仙都隔塵世，門前車馬任縱橫。

查愼行《初白庵蘇詩補注》卷四八：右一首見《贛州舊志》。

紀昀評《蘇文忠公詩集》卷四八：亦是僞託。

題清淮樓

觀魚惠子臺蕪沒，夢蝶莊生冢木秋。惟有清淮供四望，年年依舊背城流。

查愼行《初白庵蘇詩補注》卷四八：右一首諸刻不載，見《錦繡萬花谷》濠州絶句中。

西湖絶句

畢竟西湖六月中，風光不與四時同。接天蓮葉無窮碧，映日荷花別樣紅。

恆仁《月山詩話》：「畢竟西湖六月中（略）。」此楊誠齋《晚出淨慈送林子方》詩，亦猶東坡《贈劉景文》「一年好景君須記，正是橙黃橘綠時」之意。坊刻《千家詩》誤以爲東坡作。《二如亭群芳譜》亦沿其謬，《廣群芳譜》亦未改正。又按《月令輯要》亦載此首，題曰蘇軾《湖上》詩。

查愼行《初白庵蘇詩補注》卷四八：右一首諸刻不載，見《錦繡萬花谷》。

趙克宜《角山樓蘇詩評注彙鈔》附錄卷下：語太淺。

戲答佛印

遠公沽酒飲陶潛，佛印燒豬待子瞻。采得百花成蜜後，不知辛苦爲誰甜。

《竹坡詩話》卷二：東坡喜食燒肉，佛印住金山時，每燒豬以待其來。一日爲人竊食，東坡戲作小詩云：「遠公沽酒飲陶潛（略）。」

趙克宜《角山樓蘇詩評注彙鈔》附錄卷下：羅隱本詩意深而語淺，公足二語爲戲，編集者遂收入之，其實不足云詩也。

失題三首

木落沙明秋浦，雲卧煙淡瀟湘。未曾學扁舟范蠡，五湖深處鳴榔。

望斷水雲千里，横空一抹晴嵐。不見邯鄲歸路，夢中略到江南。

公子只應見畫，此中我獨知津。寫到水窮天杪，定非塵土間人。

查慎行《初白庵蘇詩補注》卷四八：以上六言絕句三首，諸刻不載，今從《晚香堂蘇帖》采錄。

紀昀評《蘇文忠公詩集》卷四八：三首眞僞不可知，然詩自佳。

來鶴亭

鴻漸偏宜丹鳳南，冠霞帔月影毿毿。酒酣亭上來看舞，有客新名喚作耽。

查慎行《初白庵蘇詩補注》卷四八：袁褧《楓窗小牘》云：「王大父時，有埜鶴來樓，馴狎不去。蘇子瞻有詩」云云。褧之祖名彥方。

紀昀評蘇文忠公詩集卷四十九

老翁井

井中老翁誤年華，白沙翠石翁之家。公來無踪去無跡，井面團團水生花。翁今與世兩何與，無事紛紛驚牧豎。改顏易服與世同，毋使世人知有翁。

送蜀僧去塵

十年讀易費膏火，盡日吟詩愁肺肝。不解丹青追世好，欲將芹芷薦君盤。誰爲善相寧嫌瘦，後有知音可廢彈。拄杖挂經須倍道，故鄉春蕨已闌干。

葉夢得《石林詩話》卷下：（「誰爲善相寧嫌瘦」二句）婉而不迫，哀而不傷。（按：葉夢得以此詩爲蘇洵作。）

紀昀評《蘇文忠公詩集》卷四九：（「誰爲善相寧嫌瘦」二句）五六是到骨宋格，然用意甚深。

和人回文五首

紅窗小泣低聲怨，永夕春寒斗帳空。中酒落花飛絮亂，曉鶯啼破夢悤悤。

同誰更倚閒窗繡，落日紅扉小院深。東復西流分水嶺，恨兼愁續斷絃琴。

寒信風飄霜葉黄，冷燈殘月照空牀。看君寄憶傳文錦，字字縈愁寫斷腸。

前堂畫燭夜凝淚，半夜清香荔惹衾。煙鎖竹枝寒宿鳥，水沈天色霽横參。

蛾翠斂時聞燕語，淚珠彈處見鴻歸。多情妾似風花亂，薄倖郎如露草晞。

送淡公二首

燕本冰雪骨，越淡蓮花風。五言雙寶刀，聯響高飛鴻。翰苑錢舍人，詩韻鏗雷公。識本不識淡，仰詠嗟無窮。清韻生物表，朗玉傾壺中。常于冷竹坐，相語道意沖。嵩洛興不薄，稽江事難同。明日若不來，我作黄石翁。何以兀其心，爲君學虚空。

袁宏道評閱譚元春選《東坡詩選》卷一〇譚元春評：此東野集中所載十首之一，何以入公集中？此詩甚妙，然是東野作。

查慎行《初白庵詩評》卷中：此孟東野詩。

紀昀評《蘇文忠公詩集》卷四九：東坡詩之極不佳者。

坐重青草公，意合滄海濱。渺渺獨見水，悠悠不聞人。鏡浪洗手淥，剡花入心春。雖然防外觸，眼前邊衣新。行當譯文字，慰此吟殷勤。

黄州

南山一尺雪，雪盡山蒼然。澗谷深自暖，梅花應已繁。使君厭騎從，車馬留山前。行歌招野叟，共步青林間。長松得高蔭，盤石堪醉眠。祇樂聽山鳥，攜琴寫幽泉。愛之欲忘反，但苦世俗牽。歸來始覺遠，明月高峰顛。

袁宏道評閱譚元春選《東坡詩選》卷一〇譚元春評：漁郎舍船尋桃源，使君舍車馬游南山，有此高趣，方許問幽泉，妙，妙。

查慎行《初白庵詩評》卷中：通首似韋左司。

趙克宜《角山樓蘇詩評注彙鈔》附錄卷上：一起疏樸有致。

古風

精神洞元化，白日昇高旻。俯仰凌倒景，龍行逸如神。半道過紫府，弭節聊逡巡。金牀設寶几，璀璨明月珍。仙者二三子，眷然骨肉親。飲我霞石盃，放盃恍如春。遂朝玉虛上，冠劍班列眞。無端拜失儀，放棄令自新。雲霄難遽反，下土多埃塵。淮南守天庖，嗟我復何人。

袁宏道評閱譚元春選《東坡詩選》卷一〇譚元春評：絶似韓昌黎，即太白猶不善作此中語也。

無　題

引手攀紅櫻，紅纓落似霰。仰首看紅日，紅日走如箭。年光與時景，頃刻互衰變。况是血肉身。安得常强健。人心若執迷，慕貴憂貧賤。憂色常在眉，歡容不上面。吾今頭半白，把鏡非不見。何必花下盃，更待他人勸。

袁宏道評閱譚元春選《東坡詩選》卷一二譚元春評：起二語搖人，故選之，非謂役敬作達生語也。

古　意

兒童鞭笞學官府，翁憐兒癡旁笑侮。翁出坐曹鞭復呵，賢于羣兒能幾何。兒曹鞭人以為戲，公怒鞭人血流地。等為戲劇誰復先，我笑謂翁兒更賢。

雷州八首

查慎行《初白庵蘇詩補注》卷四一：按王宗稷《年譜》：「丁丑三月，先生責瓊州別駕，五月至雷，有《雷州詩》八首。」傅藻《紀年錄》亦云：「丁丑五月，與子由同行至雷，作《雷州詩》。」以愚考之，《譜》、《錄》皆非也。《雷州八首》本秦少游作。「粵俗風俗殊」、「舊時日南郡」二首，今載《淮海集》中，乃《雷陽書事》五首之二。「白發坐鈎黨」等六首，《淮海集》中《海康書事》十首之六，不知何以竄入公集，因仍踵訛，久而不察，所當亟為刪去者也。或詰余曰：「八章彼此互載，安知非蘇詩訛編秦集乎？」應之曰：「某所據者，史傳及詩序，非臆說也。按《宋史、秦觀傳》：紹聖初，坐黨籍，再貶彬州，徙雷州。徽宗立，始放還，至藤而卒。此少游居雷之歲月也。先生詩題云：「與子由五月十一日相遇於藤，同行至雷。六月十一日，相別渡海。」此先生過雷之月日也。今觀詩中，多僑居此土，因時紀事之語，故斷爲秦作，無可疑者。若東坡則遠謫海外，何云「南遷瀕海州」？計其住海康，不過旬月，何云「灌園以餬口」？六月渡海，七月初也至儋州，何當有「籬落秋暑中，黃甘遽如許」、「海康臘已酉，東風已如雲」等句？再考《宋文鑑》第二十卷詩類中所選《海康書事》五首，皆係秦作，不云東坡作，則又余說之確證也。

查慎行《初白庵詩評》卷中：八首皆秦少遊作。按秦本傳：「紹聖初，觀坐黨籍，貶監處州酒稅，旋削秩，徙郴州，又徙雷州。」今觀詩中語，皆謫居處州，自夏歷秋冬所作。子瞻謫儋耳時，與子由同至雷，留月餘而去。在五六月間，與詩中語多不合。斷其爲秦作無疑，削之。按《淮海集》《雷陽書事》三首，「粵嶺風俗殊」，「舊時日南郡」乃其二也；《海康書事》十首，「白髮」「荔子」「下居」「培塿」「粵女」「海康」，乃其六也。此外尚有四首。

紀昀評《蘇文忠公詩集》卷四九：前四首佳。

白髮坐鉤黨，南遷瀕海州。灌園以餬口，身自雜蒼頭。籬落秋暑中，碧花蔓牽牛。誰知把鋤人，舊日東陵侯。

荔子無幾何，黃甘遽如許。遷臣不惜日，恣意移寒暑。層巢俯雲木，信美非吾土。草芳自有時，鴂鶗何關汝。

紀昀評《蘇文忠公詩集》卷四九：怨而不怒。

趙克宜《角山樓蘇詩評注彙鈔》附録卷上：三四沉痛。

下居近流水，小巢依嶔岑。終日數椽間，但聞鳥遺音。爐香入幽夢，海月明孤斟。鷦鷯一枝足，所恨非故林。

培塿無松柏，駕言此焉遊。讀書與意會，卻掃可忘憂。尺蠖以時屈，其伸亦非求。得歸良不惡，未歸且淹留。

趙克宜《角山樓蘇詩評注彙鈔》附録卷上：（「尺蠖以時屈」四句）任運之言，便有陶意。

粵嶺風俗殊，有疾時勿藥。束帶趨房祀，用史巫紛若。絃歌薦繭栗，奴至洽觴酌。呻吟殊未已，更把雞骨灼。

粵女市無常，所至輒成區。一日三四遷，處處售蝦魚。青裙腳不襪，臭味猿與狙。孰云風土惡，白洲生綠珠。海康臘己酉，不論冬孟仲。殺牛撾鼓祭，城郭爲傾動。雖非堯頒曆，自我先人用。苦笑荆楚人，嘉平臘雲夢。舊時日南郡，野女出成群。此去尙應遠，東風已如雲。蚩氓託絲布，相逢通殷勤。可憐秋胡子，不遇卓文君。

申王畫馬圖

天寶諸王愛名馬，千金爭致華軒下。當時不獨玉花驄，飛電流雲絕瀟灑。兩坊岐薛寧與申，憑陵內廏多淸新。肉騣汗血盡龍種，紫袍玉帶眞天人。驪山射獵包原隰，御前急詔穿圍入。揚鞭一蹙破霜蹄，萬騎如風不能及。雁飛兎走驚弦開，翠華按轡從天回。五家錦繡變山谷，百里舄珥遺纖埃。靑騾蜀棧西超忽，高準濃娥散荆棘。苜蓿連天鳥自飛，五陵佳氣春蕭瑟。

紀昀評《蘇文忠公詩集》卷四九：眞有東坡之意。

方東樹《昭昧詹言》卷一二：起言外無此二子奇肆之意，只勉強了題而已，此所以爲凡近。荆公只如此境界。胡仔《苕溪漁隱叢話》云：「此詩蔡天啓作。」按以《南山之下》一首持較此詩，有龍象蹩踏，非驢所堪之嘆。

趙克宜《角山樓蘇詩評注彙鈔》附錄卷上：「雁飛兔走」與「驚弦開」相呼應，自屬實賦，何與馬事？舊註（略）非是。感慨作結，語極遒鍊，仍有餘味。

老人行

有一老翁老無齒，處處無人問年紀。白髮如絲向下垂，一雙眸子碧如水。不裹頭，又無履，相識雖多少知己。問翁畢竟何所止，笑言只在紅塵裏。秋風獵獵行雲飛，老人此意無人會，目注雲歸心自知。黃口小兒莫相笑，老人舊日曾年少。浪迹常如不繫舟，地角天涯知自跳。亦曾樂半夜，傳籌醉朱閣。美人如花弄絃索，只恨尊前明月落。亦曾憂羈旅，他鄉迫莫秋。故國日邊無信息，斷鴻空逐水長流。或安貧，或安富，或爵通侯封萬戶。一任秋霜換鬢毛，本來面目長如故。水有蘋兮山有芝，人意雖存事已非。有時卻憶經游處，都似茫茫春夢歸。爾來尤解安貧賤，不爲公卿強陪面。皎如明月在秋潭，動著依前還不見。還不見，可奈何，空使遠人增眷戀。但祇從他隨物轉，青樓黃閣長相見。若相見，莫殷勤，卻是翁家舊主人。

王闢之《澠水燕談錄》卷七《歌詠》：張芸叟奉使大遼，宿幽州館中，有題子瞻《老人行》于壁者。聞范陽書肆亦刻子瞻詩數十篇，謂《大蘇小集》。子瞻才名重當代，外至夷虜，亦愛服如此。芸叟題其後曰：「誰題佳句到幽都，逢著胡兒問大蘇。」

紀昀評《蘇文忠公詩集》卷四九：此眞惡札。

又贈老謙

瀉湯舊得茶三昧，覓句近窺詩一斑。清夜漫漫困披覽，齋腸那得許慳頑。

送公爲游淮南

負米萬里緣其親，運甓無度憂其身。讀書莫學流麥士，挾策莫比亡羊人。乃翁辛苦到白首，汝今勉強當青春。昔時管鮑以君霸，此兩士贾寧非貧。

查愼行《初白庵詩評》卷中：此晁無咎詩。

池上二首

小池新鑿會天雨，一部鼓吹從何來。有蟾正碧亂草色，時泅出沒東南隈。井幹跳梁亦足樂，洞庭魚龍何有哉。能歌德聲莫入月，淸池與爾俱忘回。

不作太白夢日邊，還同樂天賦池上。池上新年有荷葉，細雨魚兒噞輕浪。男兒學易不應舉，幽人一友吾得尙。此池便可當長江，欲榜茅齋來蕩漾。

贈仲素寺丞致仕歸隱潛山

潛山隱君七十四，紺瞳綠髮方謝事。腹中靈液變丹砂，江上幽居連福地。彭城爲我住三日，明月滿舟同一醉。丹書細字口傳訣，顧我沈迷眞棄耳。年來四十髮蒼蒼，始欲求方救憔悴。他年若訪潛山居，愼勿逃人改名字。

査愼行《初白庵詩評》卷中：此欒城詩。

揚州以土物寄少游

鮮鯽經年祕醽醁，團臍紫蟹脂填腹。後春蓴茁滑于酥，先社薑芽肥勝肉。鳥子纍纍何足道，飣盤飧亦時欲。淮南風俗事瓶罌，方法相傳竟旨蓄。且同千里寄鵝毛，何用孜孜飲麋鹿。

查愼行《初白庵詩評》卷中：少游詩。

再過泗上二首

眼明初見淮南樹，十客相逢九吳語。旅程已付夜帆風，客睡不妨背船雨。黃甘紫蟹見江海，紅稻白魚飽兒女。殷勤買酒謝船師，千里勞君勤轉櫓。

查愼行《初白庵詩評》卷中：（「黃柑紫蟹見江梅）「梅」當作「海」。

（日本）賴山陽《東坡詩鈔》卷二：此詩與上詩並皆見其風韻，押韻之切如此者，皆見其詩之妙。（「眼明初見淮南樹」）「淮南樹」，「再」所見，「眼明」字甚切。（「十客相逢九吳語」）此非舟中之人，即言所逢之舟或堤上行人也，言至淮南漸近也。（「千里勞君勤轉櫓」）「櫓」字成結，乃古體然耳。

趙克宜《角山樓蘇詩評注彙鈔》附錄卷上：（「眼明初見淮南樹」四句）快語入情。

繫舟淮北雨折軸，繫舟淮南風斷橋。客行有期日月疾，歲事欲晚霜雪驕。山根浪頭作雷吼，縮手敢試舟師篙。不用然犀照幽怪，要須拔劍斬長蛟。

趙克宜《角山樓蘇詩評注彙鈔》附錄卷上：次聯有雄直之氣。

驪山

君門如天深九重，君王如帝坐法宮。人生難處是安穩，何爲來此驪山中。複道連雲接金闕，樓觀隱煙橫翠空。林深谷暗迷八駿，朝東暮西勞六龍。六龍西幸峨眉棧，悲風便入華清院。霓裳蕭散羽衣空，麋鹿來遊猿鶴怨。我上朝元春半老，滿地落花無人掃。羯鼓樓高挂夕陽，長生殿古生青草。可憐吳楚兩醯雞，築臺未就已堪悲。長楊五柞漢幸免，江都樓成隋自迷。由來留連多喪國，宴安酖毒因奢惑。三風十愆古所戒，不必驪山可亡國。

紀昀評《蘇文忠公詩集》卷四九：（起處）哀歌宛轉，亦殊可誦。（「三風十愆古所戒」二句）此是宋人結法。

方東樹《昭昧詹言》卷一二：《宋文鑑》以爲李廌作。此詩用意似近沉着，而氣實輕，不足錄也。收四句如此淺近，豈成坡語？

次韻謝子高讀淵明傳

枯木嵌空微黯淡，古器雖在無古絃。袖中正有南風手，誰能聽之誰爲彈。風流豈落正始後，甲子不數義熙前。一軒黃菊平生事，無酒令人意缺然。

王觀國《習襲》：梁昭明太子作《淵明傳》曰：「潛自以曾祖晉世宰相，耻復屈身後代，自武帝王業漸隆重，不復肯仕，所著文章，皆題其年月，義熙以前，明書晉氏年號，自永初以來，惟云甲子。」觀國按：宋受晉禪，歲在庚申，淵明以宋元嘉四年卒，歲在丁卯。考淵明著作，自《庚子從都還》，至《丙辰歲下田舍穫稻》，其詩乃晉時所撰，亦止用甲子，未嘗須用年號也。蓋蕭統一時契勘之誤，後人遂以爲誠然。蘇子瞻《次韻謝子高讀淵明傳》詩曰：「甲子不數義熙前」。秦觀作《王倹論》，亦用此事。

查愼行《初白庵詩評》卷中：山谷詩。

紀昀評《蘇文忠公詩集》卷四九：（「枯禾嵌空微暗淡」）「微」當作「徽」。

方東樹《昭昧詹言》卷一二：此詩以爲山谷作者，得之。

趙克宜《角山樓蘇詩評注彙鈔》附錄卷上：（「袖中正有南風手」二句）與「縱有此聲無此耳」同意，而語較奥。

滄洲亭懷古

湘水悠悠天際來，夾江古木抱山回。城中人物若可數，日晏市散多蒼苔。九疑巉天古雲埋，遙想帝子龍車迴。心衰目極何可望，九歌寂寂令人哀。

戲詠子舟畫兩竹兩鸜鵒

風晴日暖搖雙竹，竹間對語雙鸜鵒。鸜鵒之肉不可食，人生不才果爲福。子舟之筆利如錐，千變萬化皆天機。未知筆下鸜鵒語，何似夢中蝴蝶飛。

查慎行《初白庵詩評》卷中：山谷亦有此詩。

贈山谷子

黄童三尺世無雙，筆頭衮衮懸秋江。不憂老子難爲父，平生崛強今心降。我來喜共阿戎語，應敵縱横如急雨。生子還如孫仲謀，豚犬漫多何足數。黄家小兒名小德，眉如長松眼如漆。只今數歲已動人，老人留眼看他日。笑君老蚌生明珠，自笑此物吾家無。君當置酒我當賀，有兒傳業更何須。

查慎行《初白庵詩評》卷中：此詩亦見《後山集》，題云《贈黄氏子小德》。

趙克宜《角山樓蘇詩評注彙鈔》附錄卷上：頗爲老健。

昭陵六馬唐文皇戰馬也琢石象之立昭陵前客有持此石本示予爲賦之

天將剗隋亂，帝遣六龍來。森然風雲姿，颯爽毛骨開。飆馳不及視，山川儼莫回。長鳴視八表，擾擾萬駑駘。秦王龍鳳姿，魯鳥不足摧。腰間大白羽，中物如風雷。區區數豎子，搏取若提孩。手持掃天帚，六合如塵埃。艱難濟大業，一一非常才。維時六驥足，績與英衛陪。功成鏘八鸞，玉輅行天街。荒涼昭陵闕，古石埋蒼苔。

題盧鴻一學士堂圖

昔爲太室游，盧巖在東麓。直上登封壇，一夜繭生足。徑歸不復往，巒壑空在目。安知有十志，舒卷不盈幅。一處一盧生，裘褐蔭喬木。方爲世外人，行止何煩錄。百年入篋笥，犬馬同一束。嗟余縛世累，歸來有茆屋。江干百畝田，清泉映修竹。尙欲逃世名，豈須上圖軸。

查愼行《初白庵詩評》卷中：子由詩。見《聲畫集》。

李白謫仙詩

我居青空裏，君隱黃埃中。聲形不相弔，心事難形容。欲乘明月光，訪君開素懷。天盃飲清露，展翼登蓬萊。佳人持玉尺，度君多少才。玉尺不可盡，君才無時休。對面一笑語，共躡金鼇頭。絳宮樓闕百千仞，霞衣誰與雲煙浮。

飲酒四首

查愼行《初白庵詩評》卷中：亦見《淮海集》。

我觀人間世，無如醉中眞。虛空爲銷殞，況乃百憂身。惜哉知此晚，坐令華髮新。聖人驟難得，日且致賢人。

左手持蟹螯，舉觴矚雲漢。天生此神物，爲我洗憂患。山川同恍惚，魚鳥共蕭散。客至壺自傾，欲去不得間。

紀昀評《蘇文忠公詩集》卷四九：此首有致。

有客遠方來，酌我一盃茗。我醉方不啜，強啜忽復醒。既鑿渾沌氏，遂遠華胥境。操戈逐儒生，舉觴還酩酊。

紀昀評《蘇文忠公詩集》卷四九：此首粗野。

雷觴淡於水，經年不濡脣。爰有擾龍裔，爲造英靈春。英靈韻甚高，蒲萄難與鄰。他年血食汝，當配杜康神。

紀昀評《蘇文忠公詩集》卷四九：此首淺拙。

游山呈通判承議寫寄參寥師

煌煌世胄餘，夫子非碌碌。由來有詩書，所以能絕俗。得官本河朔，瓜期未易促。扁舟下南來，逸駕追鳴鵠。遇勝即徜徉，風餐兼露宿。嗟余偶傾蓋，一笑外羈束。杖策每過從，相攜訪山谷。東風披鮮雲，繡錯出林麓。松門有時盡，幽景無斷續。崖轉聞鐘聲，林疎見華屋。銜山餘落景，歸跡猶躑躅。誰云鄴下歡，往事不可復。吾曹二三子，取樂亦云足。願公寄新詩，一一能見錄。船頭行北歸，囊橐有美玉。塵埃京洛人，亦與洗心目。

查慎行《初白庵詩評》卷中：此詩亦見《參寥集》。

轆轤歌

新繫青絲百尺繩，心在君家轆轤上。我心皎潔君不知，轆轤一轉一惆悵。何處春風吹曉幕，江南綠水通珠閣。美人二八顏如花，泣向花前畏花落。臨春風，聽春鳥，別時多，見時少。愁人一夜不得眠，瑤井玉繩相對曉。

查慎行《初白庵詩評》卷中：此集顧況詩。

紀昀評《蘇文忠公詩集》卷四九：（起處）卻聯綴得好。韋穀《才調集》作「悲歌」六首。「新繫」四句是第五首。「何處」四句是第六首，「春風」六句是第一首。

趙克宜《角山樓蘇詩評注彙鈔》附錄卷上：六首刪取三首，又聯合爲一首，自是別具鑪錘，然畢竟無公一字。

白鶴吟留鍾山覺海

白鶴聲可憐，紅鶴聲可惡。白鶴招不來，紅鶴揮不去。長松受穢死，乃以紅鶴故。北山道人曰，美者自美，吾何爲而喜；惡者自惡，吾何爲而怒。去自去耳，吾何闕而追；來自來耳，吾何妨而拒。吾豈厭喧而求靜，吾豈好丹而非素。汝謂松死吾無依耶，吾方捨陰而坐露。

查慎行《初白庵詩評》卷中：王荆公詩。

紀昀評《蘇文忠公詩集》卷四九：此首野調。

次韻張甥棠美述志

仲子甘心織屨避萬鍾，淵明不肯折腰爲五斗。一年鴻雁識來往，終日沐猴誰去取。知甥詩意慕兩君，讀書要在存心久。平生所談性命奧，長棄不憂金石朽。我今已習鶩子定，猶復晨朝怖頭走。刳心先擬射聲名，不作羊鄒悲峴首。雲梯雨矢集無方，我已中灰同墨守。恐甥自是禹門鱗，未可潛逃入吾藪。琢磨晚覺孟光賢，畏我放言時被肘。甥能鉏我青門瓜，正午時來休老手。

查慎行《初白庵詩評》卷中：（「刳心先擬射穀名」）「射穀」當作「射聲」。

紀昀評蘇文忠公詩集卷五十

觀開西湖次吳左丞韻

偉人謀議不求多，事定紛紛自唯阿。盡放龜魚還綠浦，肯容蕭葦障前坡。一朝美事誰能紀，百尺蒼崖尚可磨。天上列星當亦喜，月明時下浴晴波。

袁宏道評閱譚元春選《東坡詩選》卷一一譚元春評：亦只是「可與樂成，難與慮始」意，說得高尚如此。

查慎行《初白庵詩評》卷中：此詩亦見《參寥集》。

張道《蘇亭詩話》卷四《編排類》：續補遺詩，（略）有誤收他人詩者，如《觀開西湖次韻吳左丞》一首。按此爲釋道潛詩，題云《次韻吳承老推官觀開西湖》。今《西湖志》所引此詩次句「事定紛紛自唯阿」，彼作「事定紛紜絕唯阿」，義較勝。又「明波」，彼別作「清波」。

戲題巫山縣用杜子美韻

巴俗深留客，吳儂但憶歸。直知難共語，不是故相違。東縣聞銅臭，江陵換袂衣。丁寧巫峽雨，愼莫暗朝暉。

查愼行《初白庵詩評》卷中：山谷詩。

答晁以道索書

閱世眞難記，如公自不忘。其於書太簡，正以懶相妨。

查愼行《初白庵詩評》卷中：另本尙有後四句。全首見《後山集》中。

陳伯比和回字復次韻

田里馮生寧屑去，湖海陳侯猶肯來。詩書好在家四壁，蒲柳蓊然城一隈。騎上下山亦疎矣，翛從容出何爲哉。市橋十步即塵土，晚雨瀟瀟殊未回。

查慎行《初白庵詩評》卷中：晁補之詩。

紀昀評《蘇文忠公詩集》卷五〇：（「詩書好在家四壁」二句）三四江西派之工者，（「騎上下山亦疏矣」二句）五六江西派之野者。

與道源游西莊遇齊道人同往草堂爲齊書此

桑麻已零落，藻荇復消沈。園宅在人境，歲時傷我心。強穿南埭路，遙望北山岑。欲與道人語，跨鞍聊一尋。

答子勉三首

君不登郎省，還應上諫坡。才高殊未識，歲晚喜無他。櫪馬羸難出，鄰雞凍不歌。寒爐餘幾火，灰裏撥陰何。

驚人得佳句，或以傲王公。處士還淸節，滑稽安足雄。深沈似康樂，簡遠到安豐。一點無俗氣，相期林下風。

歐倩腰支柳一渦，小梅催拍大梅歌。舞餘片片梨花落，奈此當塗風月何。

查慎行《初白庵詩評》卷中：山谷詩。

和子由次王鞏韻如囊之句可爲一噱

平生未省爲人忙，貧賤安閒氣味長。粗免趨時頭似葆，稍能忍事腹如囊。簡書見迫身今老，尊酒聞呼首一昂。欲挹天河聊自洗，塵埃滿面鬢眉黃。

元祐癸酉八月二十七日於建隆章淨館書贈王覿

海上東風犯雪來，臘前先折鏡湖梅。遙思禁苑青春夜，坐待宮人畫詔回。

東　園

岑寂東園可散愁，膠膠擾擾夢神州。萬竿苦竹旌旗卷，一部鳴蛙鼓吹收。雨後月前天欲冷，身閒心遠地偏幽。杜門謝客恐生謗，且作人間鵬鷃游。

藏春塢

朱閣前頭露井多，碧桃花下美人過。寒泉未必能勝此，奈有銀鉼素綆何。

查慎行《初白庵詩評》卷中：亦見《淮海集》。

趙克宜《角山樓蘇詩評注彙鈔》附錄卷上：信是唐調，惟題「野井」，詩意乃顯。

次韻參寥寄少游

巖棲木石已皤然，交舊何人慰眼前。素與晝公心印合，每思秦子意珠圓。當年步月來幽谷，拄杖穿雲冒夕煙。臺閣山林本無異，故應文字不離禪。

查慎行《初白庵詩評》卷中：按此詩乃辨才所作。

張道《蘇亭詩話》卷四《編排類》：續補遺詩，（略）有誤收他人詩者。（略）《次韻參寥寄少游》，按此爲釋元淨作，題云《四照閣夜坐懷少游學士》，參寥、少游俱有和詩，詩中「幽谷」，彼作「幽閣」。

贈仲勉子文

雨昏南浦曾相對，雪滿荆州喜再逢。有子才如不羈馬，知君心似後凋松。閒看書冊應多味，老傍人門想更慵。何日晴軒觀筆硯，一杯相屬更從容。

查愼行《初白庵詩評》卷中：亦見《山谷集》。

趙克宜《角山樓蘇詩評注彙鈔》卷二〇：次聯擺脱不羈。

講武臺南有感

月明猶在搭衣竿，曉踏臺南路屈盤。騧子雨中乘馬去，村童煙外倚牆看。鴉啼宰木秋風急，鷺立漁船野水乾。花似去年堪折贈，插花人去淚闌干。

趙克宜《角山樓蘇詩評注彙鈔》卷二〇：（「鴉啼宰木秋風急」二句）寫景是唐人句法。

移合浦郭功甫見寄

君恩浩蕩似陽春，合浦何如在海濱。莫趁明珠弄明月，夜深無數採珠人。

查慎行《初白庵詩評》卷中：唐詩誤入。

題懷素草帖

人人送酒不曾沽，終日松間挂一壺。草聖欲成狂便發，眞堪畫作醉僧圖。

查慎行《初白庵詩評》卷中：此即郭功甫所作。

僕年三十九在潤州道上過除夜作此詩又二十年在惠州追錄之以付過二首

寺官官小未朝參，紅日半窗春睡酣。爲報鄰鷄莫驚覺，更容殘夢到江南。

紀昀評《蘇文忠公詩集》卷五〇：此首有餘致。

釣艇歸時菖葉雨，繰車鳴處楝花風。長江昔日經遊地，盡在如今夢寐中。

紀昀評《蘇文忠公詩集》卷五〇：此首蛇足。

萬州太守高公宿約游岑公洞而夜雨連明戲贈二小詩

肩輿欲到岑公洞，正怯衝泥傍險行。定是岑公悶清境，春江一夜雨連明。

蓬窗高枕雨如繩，恰似糟牀壓酒聲。今日岑公不能飲，吾儕猶健可頻傾。

查慎行《初白庵詩評》卷中：山谷詩。

送柳宜歸

折脚鐺中煨淡粥，曲腰桑下飲離杯。書生不是南遷客，魑魅無情須早回。

查慎行《初白庵詩評》卷中：亦見《後山集》。

謝都事惠米

平生忍慾今忍貧，閉口逢人不少陳。俸薄身清趙都事，也能作意向詩人。

絶句三首

紀昀評《蘇文忠公詩集》卷五〇：三首氣韻俱佳。

松柏蕭森溪水南，道人只作兩團菴。市區收罷豚魚稅，來與彌陀共一龕。

葉大慶《考古質疑》卷五：大慶因而觀坡詩，錯誤尤多，前輩嘗論之矣，今總序于此。（略）又云：「市區收罷魚豚稅，來與彌陀共一龕。」按褚遂良云：「一食清齋，彌勒同龕。」非彌陀也。

此身分付一蒲團，靜對蕭蕭竹數竿。偶爲老僧煎茗粥，自攜修綆汲清泉。

天風吹月入欄干，烏鵲無聲夜向闌。織女明星來枕上，乃知身不在人間。

查慎行《初白庵詩評》卷中：前一首亦不似先生作。豈爲子由而作，或係至筠之作歟？其三，此首係少游作。

睡　起

柿葉鋪庭紅顆秋，薰爐沈水度衣篝。松風夢與故人遇，同駕飛鴻跨九州。

秋思寄子由

黃落山川知晚秋，小蟲催女獻功裘。老松閱世卧雲壑，挽著滄江無萬牛。

安磐《頤山詩話》：蘇集云：「黃落山川知晚秋（略）。」《詩林》以爲山谷之詩。然山谷又有和少游詩，第二句與此全同。玩其辭氣，當爲山谷之詩，而誤入蘇集也。

查慎行《初白庵詩評》卷中：亦見《山谷集》。

侯灘

江流激激過侯灘，更上山腰看打盤。百歲老人親擊鼓，城中憂樂不相干。

火星巖

火星巖下石崚嶒，殿閣相望止一僧。莫問人間興廢事，門前流水几前燈。

謝惠貓兒頭笋

長沙一日煨鞭笋，鸚鵡洲前人未知。走送煩公助湯餅，貓頭突兀想穿籬。

題淨因壁

暝倚蒲團挂鉢囊，半窗疎箔度微涼。蕉心不展待時雨，葵葉爲誰傾夕陽。

查愼行《初白庵詩評》卷中：山谷詩。

題淨因院

門外黃塵不見山，此中草木亦常閒。履聲如渡薄冰過，催粥華鯨吼夜闌。

查愼行《初白庵詩評》卷中：山谷詩。

同景文詠蓮塘

塘上鈎簾對晚香，不知斜日已侵牀。江妃自惜凌波襪，長在高荷扇影涼。

紀昀評《蘇文忠公詩集》卷五〇：小巧而不入俗。

竹枝詞

自過鬼門關外天，命同人鮓甕頭船。北人墮淚南人笑，青嶂無梯聞杜鵑。

寄歐叔弼

昔葬衣冠今在否，近來消息不須疑。曾聞圯上逢黃石，久矣留侯不見欺。

和黃龍清老三首

萬山不隔中秋月，一雁能傳寄遠書。深密伽陀枯戰筆，眞誠相見問何如。

風前橄欖星宿落，月下桄榔羽扇開。靜默堂中有相憶，清秋或遣化人來。

騎驢覓驢眞可笑，以馬喻馬亦成癡。一天月色爲誰好，二老風流各自知。

查愼行《初白庵詩評》卷中：山谷詩。

過土山寨

南風日日縱篙撑，時喜北風將我行。湯餅一杯銀線亂，蔞蒿數筋玉簪横。

跋姜君弼課册

雲興天際，欻若車蓋。凝矑未瞬，瀰漫霮䨴。驚雷出火，喬木虀碎。殷地爇空，萬夫皆廢。雷綆四墜，日中見昧。移晷而收，野無完塊。

惠崇蘆雁

惠崇煙雨蘆雁，坐我瀟湘洞庭。欲喚扁舟歸去，故人云是丹青。

紀昀評《蘇文忠公詩集》卷五〇：意本王季友詩，而韻高語簡，青出于藍。

附錄一　蘇詩總評

孫覺《客有傳朝議欲以子瞻使高麗大臣有惜其去者白罷之作詩以紀其事》：文章異域有知音，鴨綠差池一醉吟。穎士聲名動倭國，樂天辭筆過鷄林。節髦零落氈呑雪，辯舌縱横印佩金。奉使風流家世事，幾隨浪泊海東岑。

蘇轍《子瞻和陶淵明詩集引》：東坡先生謫居儋耳，置家羅浮之下，獨與幼子過負擔渡海，葺茅竹而居之。日啗荼芋，而華屋玉食之念不存於胸中。平生無所嗜好，以圖史爲園囿，文章爲鼓吹。至此亦皆罷去。獨喜爲詩，精深華妙，不見老人衰憊之氣。是時轍亦遷海康，書來告曰：「古之詩人有擬古之作矣，未有追和古人者也。追和古人則始於東坡。吾於詩人無所甚好，獨好淵明之詩。淵明作詩不多，然其詩質而實綺，癯而實腴，自曹、劉、鮑、謝、李、杜諸人，皆莫及也。吾前後和其詩凡百數十篇，至其得意，自謂不甚愧淵明。今將集而並錄之，以遺後之君子，子爲我志之。然吾於淵明，豈獨好其詩也哉？如其爲人，實有感焉。淵明臨終疏告儼等：『吾少而窮苦，每以家弊東西遊走，性剛才拙，與物多忤，自量爲已，必貽俗患，黽勉辭世，使汝等幼而飢寒。』淵明此語蓋實錄也。吾今眞有此病，而不早自知。半生出仕，以犯世患，此所以深服淵明，欲以晚節師範其萬一也。」嗟夫！淵明不肯爲五斗米一束帶見鄉里小人，而子瞻出仕三十餘年，爲獄吏所折困，終不能悛，以陷於大難，乃欲以桑榆之末景，自託於淵明，其誰肯信之？雖然，子瞻之仕，其出入進退猶可考也。後之君子其必有以處之矣。孔子曰：「述而不作，信而好古，竊比於我老彭。」孟子曰：「曾子、子思同道。」區區之迹，蓋未足以論士也。轍少而無師，子瞻既冠而學成，先君命轍師焉。子瞻常稱轍詩有古人之風，自以爲不若也。然自其斥居東坡，其學日進，沛然如川之方至，其詩比杜子美、李太白爲有餘，遂與淵明比。轍雖馳驟從之，常出其後。其和淵明，轍繼之者亦一二焉。紹聖四年十二月十九日，海康城南東齋引。

又《亡兄子瞻端明墓誌銘》：（軾）嘗謂轍曰：「吾視今世學者，獨子可與我上下耳。」既而謫居於黃，杜門深居，馳騁翰墨，其文一變，如川之方至，而轍瞠然不能及矣。公詩本似李、杜，晚喜陶淵明，追和之者幾遍，凡四卷。

《烏臺詩案・監察御史裏行舒亶劄子》：太子中允、集賢殿校理、權監察御史裏行舒亶劄子：「臣伏見知湖州蘇軾近謝上表，有譏切時事之言，流俗翕然，爭相傳誦，忠義之士，無不憤惋。且陛下自新美法度以來，異論之入，固爲不少，然其大不過文亂事實，造作讒說，以爲搖奪沮壞之計；其次又不過腹非背毀，行察坐伺，以幸天下之無成功而已。至於包藏禍心，怨望其上，訕讟慢罵，而無復人臣之節者，未有如軾也。蓋陛下發錢以本業貧民，則曰：『贏得兒童語音好，一年強半在城中。』陛下明法以課試群吏，則曰：『讀書萬卷不讀律，致君堯舜知無術。』陛下興水利，則曰：『東海若知明主意，應教斥鹵變桑田。』陛下謹鹽禁，則曰：『豈是聞韶解忘味，邇來三月食無鹽。』其他觸物即事，應口所言，無一不以譏謗爲主，小則鏤板，大則刻石，傳播中外，自以爲能。其尤甚者，至遠引衰漢梁、竇專朝之士，雜取小說燕蝠爭晨昏之語，旁屬大臣，而緣以指斥乘輿，蓋可謂大不恭矣！然臣竊考歷古以來，書傳所載，其間擾攘之世，上之人雖有失德之行，違道之政，而逆節不軌之臣，苟能正其短以動搖人心，亦必回容顧避，自託於忠順之名而後敢出此。恭維陛下躬履道德，立政造士，以垂天下後世，可謂堯舜之用心矣。軾在此時，以苟得之虛名，無用之曲學，官爲省郎，職在文館，典領寄任，又皆古所謂二千石。臣獨不知陛下何負於天下與軾輩，而軾敢爲悖慢，無所畏忌，以至如是。且人道之所自立者以有義，而無逃於天地之間者，義莫如君臣，軾之所爲，忍出於此，其能知有君臣之義乎？夫爲人臣者苟能充無義之心，往以爲利，則其惡無所不至矣。然則陛下其能保軾之不爲此乎？昔者治古之隆，責私議之殊說，命之曰『不收之民』。狃於奸宄，敗常亂俗，雖細不宥。按軾懷怨天之心，造訕上之語，情理深害，事至暴白。雖萬死不足以謝聖時，豈特在不收不宥而已！伏望陛下體先王之義，用治世之重典，付軾有司，論如大不恭，以戒天下之爲人臣子者。不勝忠憤懇切之至！印行四冊，謹具進呈。取進止。」元豐二年七月二日，崇政殿進呈。奉聖旨：「送中書」。

陳師道《後山詩話》：詩欲其好，則不能好矣。王介甫以工，蘇子瞻以新，黃魯直以奇。而子美之詩，奇常、工易、新陳，莫不好也。

又：蘇詩始學劉禹錫，故多怨刺，學不可不愼也。晚學太白，至其得意，則似之。然失于粗，以其得之易也。

又：往時青幕之子婦，妓也，善爲詩詞。同府以詞挑之，妓答曰：「清詞麗句，永叔、子瞻曾獨步，似恁文章，寫得出來當甚強。」

又：退之以文爲詩，子瞻以詩爲詞，如教坊雷大使之舞，雖極天下之工，要非本色。今代詞手，惟秦七、黃九爾，唐諸人不迨也。

晁說之《和陶引辨》：東坡先生和陶詩，「不見老人疲憊之氣」，如何？曰：孰敢以血氣之盛衰論盛德之士耶！又「有擬古之作，而未有追和古人者」，如何？曰：亦所未喻也。梁吳均和梁鴻在會稽贈友人，高伯達和郭林宗贈徐子孺，和揚雄乞酒不得，作詩嘲之，唐李賀追和何謝銅雀妓，追和柳惲汀洲白蘋章，蓋亦多矣。雖然，和不次韻，奈何？曰：時也，方觀鳥迹時，可責以鐘、張之法度乎？又問：「曹、劉、鮑、謝、李、杜諸詩人皆莫及陶淵明」，如何？曰：未之前聞也。若其所聞者，梁鍾嶸作《詩品》，其「中品陶彭澤，出於應璩、左思，文體省靜，辭興婉愜，每觀其文，想其人德，世嘆其直，如『歡言醉春酒』，『日暮天無雲』，風華清靡，豈直爲田舍語耶？古今隱逸詩人之宗也。」如嶸之論，則彭澤爲隱逸詩人之宗，而曹、劉、鮑、謝、李、杜者，巖廊詩人之宗也。竊嘗譬之，曹、劉、鮑、謝、李、杜之詩，五經也，天下之大中正也。彭澤之詩，老氏也，雖可以抗五經，而未免爲一家之言也。嗟夫，應璩之激，左思之放，本出於劉而祖於曹，未易容後來者勝之也，又安得而措一言於李、杜間耶！或以東坡之詩勝李、杜而比陶淵明者，其言大可懼哉！如以謂篤愛陶詩而服勤焉，唯見於東坡，則江淹之所擬，今泛濫入於陶之集中，未有辨之者。韋蘇州、白樂天之所效者，皆極閑遠之所致，亦皆優於曹、劉、鮑、謝、李、杜耶？又問：「區區之迹，未足以論士」，如何？曰：是心與迹判之論也，吾溫公斥之矣，蓋論士者必以區區之迹。吾友有喜和陶詩者，因爲辨之云爾。

又《題東坡詩》：柳子厚詩與陶淵明同流，前乎東坡，未有發之者。《檀弓》則又東坡窺之，以學爲文章者。靖康丙午仲冬二十二日，箕山晁說之題。

又：思無邪齋松聲如波濤，明燈靜几，必作數字，知公樂哉。何所憂，賴公力。予之斯言，責韓公而怨蘇公也。靖康元年仲冬二十三日，箕山晁說之題。

又：褒博奮塵，御風冷然，蓋所謂不夷不惠，而處乎木鷹之間。

又《題魯直嘗新柑貼》：元祐末，有蘇、黃之稱。漸不平之，或曰蘇公自有芍藥之評，恐未必然也。

《苕溪漁隱叢話後集》卷三三引張舜民語：蘇東坡之詩，如武庫初開，矛戟森然，不覺令人神慄，仔細檢點，不無利鈍。

又引《復齋漫錄》：余謂芸叟之論公否，未敢必然。觀東坡所記芸叟西征途中詩，止云「張舜民通練西事，稍能詩」而已，則東坡蓋不以善詩待芸叟邪。

《隱居通議》卷六《李杜蘇黃》：芸叟與東坡同時仕宦，然不聞盛名，亦不見有何偉作。今閱此評，似非碌碌者也。

《捫蝨新話》上集卷六：東坡亦嘗和陶詩百餘篇，自謂不甚愧淵明。然坡詩語亦微傷巧，不若陶詩體合自然也。要知陶淵明詩，須觀江文通雜體詩中擬淵明者，方是逼眞。

陳秀明《東坡文談錄》：子由云：「東坡謫居儋耳，獨善爲詩，精深華妙，不見老人衰憊之氣。」魯直亦云：「東坡嶺外文字，讀之使人耳目聰明，如清風自外來也。」

《龜山語錄》：爲文要有溫柔敦厚之氣。對人主語言及章疏文字，溫柔敦厚尤不可無。如子瞻詩多於譏玩，殊無惻怛愛君之意。

又：作詩不知風雅之意，不可以作。詩尙譎諫，唯言之者無罪，聞之者足以戒，乃爲有補。若諫而涉於毀謗，聞者怒之，何補之有？觀蘇東坡詩，只是譏誚朝廷，殊無溫柔敦厚之氣，以此人故得而罪之。

《陵陽先生室中語》：詩道無有窮盡，如少陵出峽，子瞻過海後詩愈工。若使二公出峽過海後未死，作之不已，則尙有妙處，又不止于是也。

《冷齋夜話》卷一：東坡在惠州，盡和淵明詩。時魯直在黔南，聞之，作偈曰：「子瞻謫海南，時宰欲殺之。飽喫惠州飯，細和淵明詩，淵明千載人，子瞻百世士。出處固不同，風味亦相似。」

《五總志》：（黃庭堅）始受知於東坡先生，而名達夷夏，遂有蘇，黃之稱。坡雖喜出我門下，然胸中似不能平也。故後之學者因生分別，師坡者萃于浙右，師谷者萃于江右。以余觀之，大是雲門盛於吳，臨濟盛於楚。雲門老婆心切，接人易與，人人自得，以爲得法，而於衆中求腳根點地者，百無二三焉；臨濟棒喝分明，勘辯極峻，雖得法者少，往往嶄然見頭角，如徐師川、余荀龍、洪玉父昆弟、歐陽元老，皆黄門登堂入室者，實自足以名家。噫！坡、谷之道一也，特立法與嗣法者不同耳。彼吳人指楚人爲江西之流，大非公論。

《唐子西文錄》：詩在與人商論，深求其疵而去之，等閒一字放過則不可，殆近法家，難以言恕矣，故謂之詩律。東坡云：「敢將詩律鬭深嚴。」余亦云：律傷嚴，近寡恩。大凡立意之初，必有難易二塗，學者不能強所劣，往往捨難而趨易，文章罕工，每坐此也。作詩自有穩當字，第思之未到耳。

又：東坡隔句對：「著意尋彌明，長頸高結喉；無心逐定遠，燕頷飛虎頭。」或云：結，古「髻」字也。

《藏海詩話》：學詩當以杜爲體，以蘇、黄爲用，拂拭之則自然波峻，讀之鏗鏘。蓋杜之妙處藏於內，蘇、黄之妙發於外。

又：東坡詩不無精粗，當汰之。葉集之云：「不可。於其不齊不整中時見妙處爲佳。」

又：東坡豪，山谷奇，二者有餘，而於淵明則爲不足，所以皆慕之。

周紫芝《見王提刑書》：東坡之疾快，似太白之豪放，要之才侔氣類相同一來處，故易到耳。

《竹坡詩話》卷二：余讀東坡《和梵天僧守詮》小詩，所謂「但聞煙外鐘，不見煙中寺。幽人行未已，草露濕芒屨。唯應山頭月，夜夜照來去。」未嘗不喜其清絕過人遠甚。晚遊錢塘，始得詮詩云：「落日寒蟬鳴，獨歸林下寺。松扉竟未掩，片月隨行屨。時聞犬吠聲，更入青蘿去。」乃知其幽深清遠，自有林下一種風流。東坡老人雖欲回三峽倒流之瀾，與溪壑爭流，終不近也。

蔡絛《詩評》：東坡詩天才宏放，宜與日月爭光。凡古人所不到處，發明殆盡，萬斛泉源，未爲過也。然頗恨方朔極諫，時雜以滑稽，故罕逢醞藉。

李之儀《與孫肖之書》：前蒙示及讀淵明詩有味，乃是才業稍進爾，兼長者正宜讀陶詩也。此境界難入，如東坡篤好之，然所和只是其詩加閑放爾，了無一點氣格。

呂本中《與曾吉甫論詩第一帖》：東坡、太白詩，雖規摹廣大，學者難依，然讀之使人敢道，澡雪滯思，無窮苦艱難之狀，亦一助也。要之，此事須令有所悟入，則自然超越諸子。悟入之理，正在工夫勤惰間耳。（略）近世次韻之妙，無出蘇、黄，雖失古人唱酬之本意，然用韻之工，使事之精，有不可及者。

又《與曾吉甫論詩第二帖》：規摹既大，波瀾自闊，少加治擇，功已倍於古矣。試取東坡黄州以後詩如《種松》、《醫眼》之類，及杜子美歌行及長韻近體詩看，便可知。（略）近世江西之學者，雖左規右矩，不遺餘力，而往往不知出此，故百尺竿頭，不能更進一步，亦失山谷之旨也。

阮閲《詩話總龜》後集卷三一：老杜歌行與長韻律詩，後人莫及；而蘇、黄用韻、下字、用故事處，亦古所未到。

陳鵠《耆舊續聞》卷二：學文須熟看韓、柳、歐、蘇，先見文字體式，然後更考古人用意下句處。學詩須熟看老杜、蘇、黄，亦先見體式，然後遍考他詩，自然工夫度越過人。

又：自古以來，語文章之妙，廣備衆體，出奇無窮者，唯東坡一人。極風雅之變，盡比興之體，包括衆作，本以新意者，唯豫章一人。此二者當永以爲法。

《墨莊漫錄》卷五：世謂子瞻詩多用小說中事，而介甫詩則無有也。予謂介甫詩亦爲用之，比子瞻差少耳。

《許彦周詩話》：東坡海南詩、荆公鍾山詩，超然邁倫，能追逐李杜陶謝。

又：東坡詩，不可指摘輕議，詞源如長河大江，飄沙卷沫，枯槎束薪，蘭舟繡鷁，皆隨流矣。珍泉幽澗，澄澤靈沼，可愛可喜，無一點塵滓，只是體不似江湖。讀者幸以此意求之。

《邵氏聞見後錄》卷一四：東坡早得詩法于《莊子》，故于詩文多用其語。

又卷一六：有童子問予東坡《梅花》詩：「玉奴終不負東昏。」按《南史》，齊東昏侯妃潘玉兒，有國色。牛僧孺《周秦行記》：「薄太后曰：牛秀才遠來，誰爲伴？潘妃辭曰：東昏侯以玉兒身亡國除，不擬負他。」注云：「玉兒，妃小字。」東坡正用此事，以「玉兒」爲「玉奴」，誤也。又《過岐亭陳季常》詩：「不見盧懷愼，烝壺似烝鴨。」按《盧氏雜記》，鄭餘慶約客食，戒中廚爛烝去毛，勿拗項折。客謂烝鵝鴨。既就食，各置烝壺蘆一枚于前。則烝壺似烝鴨者鄭餘慶，非盧懷愼，亦誤也。又《送子由出疆》詩：「憶昔庚寅降屈原，旋看蠟鳳戲僧虔。」按《南史》，王曇首內集，聽子孫爲戲，僧達跳地作虎子。僧虔累十二博棋，不墜落。僧綽采蠟燭作鳳皇。則以蠟鳳戲者僧綽，非僧虔，亦誤也。又《和徐積》詩：「殺鷄未肯邀季路，裹飯應須問子來。」按《莊子》，子輿與子桑友，而霖雨十日，子輿曰：「子桑殆疾矣！」裹飯往食之。則裹飯者子輿，非子來，亦誤也。又《謝黃師是送酒》詩：「偶逢元放覓拄杖，不覺麴生來坐隅。」檢《左慈元放傳》，無拄杖酒事。按抱樸子《列仙傳》，孔元方每飲酒，以拄杖卓地倚之，倒其身，頭在下，足在上。則拄杖酒事乃孔元方，非左元放，亦誤也。又《和李邦直》詩：「恨無揚子一區宅，懶卧元龍百尺樓。」按陳登字元龍，許汜與劉備在劉表坐，表與備共論天下。汜曰：「陳元龍湖海之士，豪氣不除。」備問汜寧有事邪？汜曰：「昔過下邳見元龍，元龍無客主之意，久不相與語，自上大牀卧，使客卧下牀。」備曰：「君有國士之名，今天下大亂，無救世之意，而求田問舍，言無可采，是元龍所諱也，何當與君語？如小人欲卧百尺樓上，卧君于地，何止上下牀之間邪？」表大笑。則百尺樓者劉備，非元龍，亦誤也。又《豆粥》詩：「濕薪破竈自燎衣，饑寒頓解劉文叔。」按漢史，王郎起，光武自薊東南馳，至南宮縣，遇大風雨，引車入道旁空舍，馮異抱薪，鄧禹爇火，光武對竈燎衣。馮異進麥飯，非豆粥，若蕪蔞亭豆粥，則無濕薪破竈燎衣等事，亦誤也。又《和劉景文聽琵琶》詩：「猶勝江左狂靈運，共鬬東昏百草鬚。」按唐劉夢得《嘉話》，晉謝靈運美鬚，臨刑施爲南海祇洹寺維摩塑像鬚。寺之人寶惜，初無虧損。至中宗朝，安樂公主五日鬬百草，欲廣物色，令馳驛取之，又恐爲他所得，盡棄其餘。則以靈運鬚鬬百草者，唐安樂公主，非齊東昏侯，亦誤也。又《會獵》詩：「不向如皋閑射雉，歸來何以得卿卿。」按《左傳》昭公二十八年，賈大夫娶妻美，御以如皋，射雉，獲之。杜氏注：「爲妻御之皋澤。」則如當訓之，非地名，亦誤也。又《海市》詩：「潮陽太守南遷歸，喜見石廩堆祝融」，按韓退之《謁衡岳》詩「紫蓋連延接天柱，石廩騰擲堆祝融」。又云「竄逐蠻夷幸不死」，故以爲退之潮陽歸日作。是未詳退之先謫陽山令，徙掾江陵日，委舟湘流，往觀衡岳之語。乃云「潮陽太守南遷歸」，亦誤也。周《詩》「大姒嗣徽音」者，大姒嗣大任耳。大任于大姒，君姑也，有嗣之義。《司馬文正行狀》「二聖嗣位」。哲宗于神廟爲子，曰「嗣位」則可，宣仁后于神廟爲母，曰「嗣位」則不可。亦誤也。又《二疏贊》：「孝宣中興，以法馭人。殺蓋、韓、楊，蓋三良臣。先生憐之，振袂脱屣。使知區區，不足驕士。」三良臣，謂蓋寬饒、韓延壽、楊惲也。意以孝宣殺此三人，故二疏去之耳。按漢史，孝宣地節三年，疏廣爲皇太子太傅，兄子受爲少傅。至元康四年，俱謝病去。後二年，當神爵二年九月，司隸校尉蓋寬饒下有司，自殺。又三年，當五鳳元年十二月，左馮翊韓延壽棄市。又一年，當五鳳二年十二月，平通侯楊惲要斬，皆在二疏去之後。以二疏因殺三人而去者，亦誤也。佛書「日月高懸，盲者不見。」《日喻》「眇者不識日」，眇能視，非盲也，豈不識日？亦誤也。又序「謝自然欲過海求師，或謂蓬萊隔弱水三萬里，不可到。天台有司馬子徽，身居赤城，名在絳闕，可往從之。自然可，還授道于子微，白日仙去。」按子微以開元十五年死于王屋山，自然生于大歷五年，至貞元十年仙去，是子微死四十三年自然始生。乃云「自然授道于子徽」，亦誤也。東坡信天下後世者，寧有誤邪？予應之曰：「東坡累誤千百，尙信天下後世也。」童子更曰：「有是言，凡學者之誤亦許矣。」予曰：「爾非東坡，奈何？」

阮閱《詩話總龜》前集卷八引《詩史》：東坡嘗與人書，言：「味王摩詰之詩，詩中有畫；觀摩詰之畫，畫中有詩。」云：「藍田白石出，玉關紅葉稀。山路元無雨，空翠濕人衣。」此東坡詩，非摩詰也。

張戒《歲寒堂詩話》卷上：黃魯直自言學杜子美，子瞻自言學陶淵明，二人好惡，已自不同。魯直學子美，但得其格律耳；子瞻則又專稱淵明，且曰「曹、劉、鮑、謝、李、杜諸子皆不及也」。夫鮑、謝不及則有之，若子建、李、杜之詩，亦何愧于淵明？即淵明之詩，妙在有味耳，而子建詩，微婉之情，灑落之韻，抑揚頓挫之氣，固不可以優劣論也。蘇子瞻學劉夢得，學白樂天、太白，晚而學淵明，（略）其始也學之，其終也豈能過之？

又：蘇子瞻學劉夢得，學白樂天、太白，晚而學淵明。

又：詩以用事爲博，始于顏光祿而極于杜子美。以押韻爲工，始于韓退之而極于蘇、黃。然詩者，志之所之也。情動于中而形于言，豈專意于詠物哉？子建「明月照高樓，流光正徘徊」，本以言婦人清夜獨居愁思之切，非以詠月也，而後人詠月之句，雖極其工巧，終莫能及。淵明「狗吠深巷中，鷄鳴桑樹顚」，本以言郊居閒適之趣，非以詠田園，而後人詠田園之句，雖極其工巧，終莫能及。故曰「言之不足，故長言之。長言之不足，故詠歎之。詠歎之不足，故不知手之舞之，足之蹈之」。後人所謂含不盡之意者此也，用事押韻，何足道哉！蘇、黄用事押韻之工，至矣盡矣，然究其實，乃詩中之一害。使後生只知用事押韻之爲詩，而不知詠物之爲工，言志之爲本也，風雅自此掃地矣。

又：《國風》、《離騷》固不論，自漢、魏以來，詩妙于子建，成于李、杜，而壞于蘇、黄。余之此論，固未易爲俗人言也。子瞻以議論作詩，魯直又專以補綴奇字，學者未得其所長，而先得其所短，詩人之意掃地矣。段師教康崑崙琵琶，且遣不近樂器十餘年，忘其故態。學詩亦然，蘇、黄習氣凈盡，始可以論唐人詩。唐人聲律習氣凈盡，始可以論六朝詩。鐫刻之習氣凈盡，始可以論曹、劉、李、杜詩。《詩序》云：「情動于中而形于言，言之不足，故嗟歎之」。子建、李、杜皆情意有餘，洶湧而後發者也。劉勰云：「因情造文，不爲文造情。」若他人之詩，皆爲文造情耳。沈約云：「相如工爲形似之言，二班長于情理之説。」劉勰云：「情在詞外曰隱，狀溢目前曰秀。」梅聖俞云：「含不盡之意，見于言外，狀難寫之景，如在目前。」三人之論，其實一也。

又：元微之《戲贈韓舍人》云：「玉磬聲聲徹，金鈴箇箇圓。高疏明月下，細膩早春前。」此律詩法也。五言律詩，若無甚難者，然國朝以來，惟東坡最工，山谷晚年乃工。

又：陶淵明、柳子厚之詩，得東坡然後發明。

又：如介甫、東坡皆一代宗匠，然其詞氣，視太白一何遠也！

《風月堂詩話》卷上：東坡文章，至黄州以後，人莫能及，唯黄魯直詩時可以抗衡。晚年過海，則雖魯直亦瞠若乎其後矣。或謂東坡過海雖爲不幸，乃魯直之大不幸也。

又：參寥在詩僧中獨無蔬筍氣，又善議論。嘗與客評詩，客曰：「世間故實小說，有可以入詩者，有不可以入詩者。惟東坡全不揀擇，入手便用。如街談巷說、鄙俚之言，一經坡手，似神仙點瓦礫爲黃金，自有妙處。」參寥曰：「老坡牙頰間別有一副爐鞴，他人豈可學耶？」座客無不以爲然。

又卷下：東坡最得此三昧。其和人詩用韻妥帖圓成，無一字不平穩。蓋天才能驅駕，如孫、吳用兵，雖市井烏合，亦皆爲我臂指，左右前卻，在我顧盼間，莫不聽順也。前後集似此類者甚多，往往有唱首不能逮者。

又《曲洧舊聞》卷九：或曰：東坡詩始學劉夢得，不識此論誠然乎哉？予應之曰：予建中靖國間在參寥座，見宗子士暕以此問參寥，參寥曰：「此陳無己之論也。東坡天才，無施不可，以少也實嗜夢得詩，故造詞遣言，峻峙淵深，時有夢得波峭。然無己此論，施於黃州以前可也。坡自元豐末還朝後，出入李、杜，則夢得已有奔逸絕塵之歎矣。無己近來得渡嶺越海篇章，行吟坐詠，不絕舌吻。常云：『此老深入少陵堂奧，他人何可及！』其心悅誠服如此，則豈復守昔日之論乎？」予聞參寥此說三十餘年矣，不因吾子，無由發也。

《南窗紀談》：歐陽文忠公雖作一二十字小柬，亦必屬稿，其不輕易如此。今集中所見，乃明白平易，若未嘗經意者，而自然爾雅，非常人所及。東坡大抵相類，初不過爲文采爾。至黃魯直，始專集取古人才語以叙事，雖造次間必期於工，遂以名家，士大夫翕然傚之。

鄧肅《詩評》：或人問詩於鄧子，鄧子曰：詩有四忌，學白居易者忌平易，學李長吉者忌奇僻，學李太白者忌怪誕，若學作舉子詩者，尤忌說功名。平易之過，如鈔錄賬目，了無精采。奇僻之過，如作隱語，專以罔人。怪誕之過，有類乞丐道人，作飛僊無根語。論功名之過，如諂諛卦影，詩不說青則必論旌麾，此尤可羞也。若能不作此數格，然後可以論詩。東坡曰：「要知西掖承平事，記取劉郎種竹初。」此雖平易，自有精采。又曰：「陽蟲隕羿喪厥喙，羽淵之化帝祝尾。」此雖奇僻，自非隱語。又曰：「歲寒水冷天地閉，爲我起鞭蟄魚龍。」此雖怪誕，要非乞丐道人所能近似也。至論功名，則曰：「正與群帝驂龍翔，獨留杞梓扶明堂。」是豈復有卦影氣味乎？此四者，不可筆墨求之，要運於筆墨之外者，自有所謂浩然之氣，充塞乎天地之間。學者不可不知也。

《韻語陽秋》卷二：魯直謂東坡作詩，未知句法。

《步里客談》卷下：自古稱齊名甚多，其實未必然。如（略）歐梅、蘇黃，而子瞻文章去黃遠甚，黃之詩律，蘇亦不逮也。

趙夔《類注東坡先生詩序》：東坡先生讀書數千萬卷，學術文章之妙，若太山北斗，百世尊仰，未易可窺測藩籬，況堂奧乎！然僕自幼歲誦其詩文，手不暫釋，其初如涉大海，浩無津涯，孰辨淄澠涇渭，而魚龍異狀，莫識其名，既窮山海變怪，然後了然無有疑者。崇寧年間，僕年志于學，逮今三十年，一句一字，推究來歷，必欲見其用事之處。經史子傳，僻書小說，圖經碑刻，古今詩集，本朝故事，無所不覽。又于道釋二藏經文，亦常遍觀抄節。及尋訪耆舊老成間，其一時見聞之事，有得既已多矣。頃者，赴調京師，繼復守官，累與小坡叔黨遊從至熟，叩其所未知者，叔黨亦能爲僕言之。僕既慕先生甚切，精誠感通，一日夢先生野服乘驢，若世之所畫李太白者，惠然見訪。僕方口一室中，書史環列，起而迎見。先生顧僕喜曰：「天下之樂，莫大于此。」了無它語。又一日，夢與先生對談，因問水仙王事，即答以茫昧之語，殊不可曉，不知何意也。僕于此詩分五十門，總括殆盡。凡偶用古人兩句，用古人一句，用古人六字、五字、四字、三字、二字，用古人上下句中各四字、三字、一字；相對只用古人意，不用字；所用古人字，不用古人意，能造古人意，能造古人不到妙處；引一時事，一句中用兩故事；疑不用事而實用事，疑是用事而不用事，使道經僻事、釋經僻事、小說僻事、碑刻中事、州縣圖經事；錯使故事；使古人作用字成一家句法；全類古人詩句；用事有所不盡；引用一時小話，不用故事，而句法高勝；句法明白而用意深遠，用字或有未穩，無一字無來歷，點化古詩拙言；間用本朝名人詩句；用古人詞中佳句；改古人句中借用故事，有偏受之故事，有參差之語言，詩中自有奇對，自撰古人名字；用古謠言、用經史註中隱事，間俗語俚諺。詩意物理，此其大略也。三十年中，殫精竭慮，僕之心力，盡于此書。今乃編寫刊行，願與學者共之。若乃事有遺誤，當竢博雅君子補而鐫之，庶俾先生之詩文與《左傳》、《漢書》、《文選》並傳無窮。而僕于杜預、顏籀、李善三子，亦庶幾焉。雖然，尚有可以言者：先生之用事，不可謂無心，先生之用古人詩句，未必皆有意耳。蓋胸中之書，汪洋浩博，下筆之際，不知爲我語耶、他人之語也，觀者以意達之可也。西蜀趙夔堯卿撰。

王十朋《讀東坡詩》：學江西詩者，謂蘇不如黃；又言韓、歐二公詩，乃押韻文耳。予雖不曉詩，不敢以其説爲然。因讀坡詩，感而有作：東坡文章冠天下，日月爭光薄《風》《雅》。誰分宗派故謗傷，蚍蜉撼樹不自量。堂堂天人歐陽子，引鞭遜避門下士。天昌斯文大才出，先生弟子俱第一。天人詩如李謫仙，此論最公誰不然？詞無艱深非淺近，章成韻盡意不盡。味長何止飛鳥驚，臆説紛紛幾元稹。渾然天成無斧鑿，二百年來無此作。誰與爭先惟大蘇，謫仙退之非過呼。胸中萬卷古今有，筆下一點塵埃無。武庫森然富摛掞，利鈍一從人點檢。暮年海上詩更高，和陶之詩又過陶。地闢天開含萬彙，少陵相逢亦應避。北斗以南能幾人，大江之西有異議。日光玉潔一退之，亦言能文不能詩。碑淮頌聖十琴操，《生民》《清廟》《離騷》詞。春容大篇騁豪怪，韻到窘束尤瑰奇。韓子於詩蓋餘事，詩至韓子將何譏？文章定價如金玉，口爲輕重專門學。向來學者尊西崑，詩無老杜文無韓。凈掃書齋拂塵几，瓣香敬爲三夫子。

又《游東坡十一絕》（選二）：出處平生慕樂天，東坡名自樂天傳。文章均得江山助，但覺前賢畏後賢。　再閏黃州正坐詩，詩因遷謫更瑰奇。讀公《赤壁》詞並賦，如見周郎破賊時。

題王十朋《集百家注分類東坡先生詩序》：昔秦延君注《堯典》二字，至十餘萬言，而君子譏其繁；丁子襄注《周易》一書，才二三萬言，而君子恨其略。訓注之學，古今所難，自非集衆人之長，殆未易得其全體。況東坡先生之英才絶識，卓冠一世，平生斟酌經傳，貫穿子史，下至小說、雜記、佛經、道書、古詩、方言，莫不畢究，故雖天地之造化，古今之興替，風俗之消長，與夫山川、草木、禽獸、鱗介、昆蟲之屬，亦皆洞其機而貫其妙，積而爲胸中之文，不啻如長江大河，汪洋閎肆，變化萬狀，則凡波瀾於一吟一詠之間者，詎可以一二人之學而窺其涯涘哉！

周紫芝《見王提刑》：晚得姑溪李先生，先生內相蘇公客也。嘗逡巡避席而請，願受一言之教。姑溪笑謂僕：「嘗聞蘇先生之言矣。先生有謂吾詩學李太白。」某應之曰：「以今日觀之，自是兩家。」姑溪曰：「此謂善學古人者。蓋東坡之疾快，似太白之豪放。要之才侔氣類，同一來處，故易到耳。」

曾季貍《艇齋詩話》：東坡之文妙天下，然皆非本色，與其它文人之文、詩人之詩不同。文非歐、曾之文，詩非山谷之詩，四六非荆公之四六，然皆自極其妙。

又：前人論詩，初不知有韋蘇州、柳子厚，論字亦不知有楊凝式。二者至東坡而後發此秘。遂以韋、柳配淵明，凝式配顏魯公。東坡眞有德於三子也。

黃徹《䂬溪詩話》卷四：坡有「試問高吟三十首，何如低唱兩三杯」，又「譬如長鬣人，不以長爲苦。歸來被上下，一夜著無處」。《大覺眞讚》云：「書生大抵多窮相，金眼除非是党公。」皆笑林語也。

又：用自己詩爲故事，須作詩多者乃有之。（略）坡赴黃州過春風嶺有兩絕句，後詩云：「去年今日關山路，細雨梅花正斷魂。」至海外又云：「春風嶺下淮南村，昔年梅花曾斷魂。」又云：「柯邱海棠吾有詩，獨笑深林誰敢侮。」又《畫竹》云：「吾詩固云爾，可使食無肉。」

又卷六：坡《次韻樂著作》云：「楚雨遂昏雲夢澤，吳潮不到武昌宮。」又《武昌西山》云：「同遊困卧九曲嶺，褰衣獨到吳王臺。」失於一時筆快，遂以王宮目之。繼有李成伯題云：「嗟嗟漢鼎久傾東，肉食曾無智與忠。孟德挾君交號令，本初竊地搶姦雄。武侯偶失三分策，孫氏俄成一戰功。寂寞西山舊巢穴，庸兒猶道帝王宮。」語幾乎罵矣。但渠偶不記其家太白曾作《武昌韓宰去思頌》云：「黃金之車，大吳天子。武昌鼎據，實爲帝里。」其罪更大也。

又卷八：東坡《遊金山》詩云：「江山如此不歸山，江神見怪驚我頑。我謝江神豈得已，有田不歸如江水。」蓋與江神指水爲盟耳。句中不言盟誓者，乃用子犯事，指水則誓在其中，不必詛神血口，然後謂之盟也。《送程六表弟》云：「浮江泝蜀有成言，江水在此吾不食。」〔江水在此吾不食言，光武語也，坡去一「言」字，殆歇後也〇案上有「成言」字，此安得爲歇後？注疑非本文。〕亦此意也。

又：樂天《九日思杭州》云：「笙歌委曲聲延耳，金翠動搖光照身。」子瞻有《懷錢塘》云：「剩看新番眉倒暈，未應泣別臉銷紅。」黎元耆舊，何遽忘之耶？徐考其集，白《送姚杭州赴任因思舊遊》云：「閭里固宜勤撫恤，樓臺亦要數躋攀。」蘇亦云：「細雨晴時一百六，畫船鼉鼓莫違民。」是未嘗無意于民庶也。然白又有「故妓數人憑問訊，新詩兩首倩留傳」，坡又有「休驚歲歲年年貌，且對朝朝莫莫人」，大抵淫樂之語，多于撫養之語耳。夫子稱未見好德如好色，而傷之曰「已矣乎」。二公未能免俗，餘人不必言。

又卷一〇：坡集有全篇用事者，如《賀人生子》，自「鬱葱佳氣夜充閭，喜見徐卿第二雛」至「我亦從來識英物，試教啼看定何如」，《戲張子野買妾》，自「錦里先生自笑狂，身長九尺鬢眉蒼」至「平生謬作安昌客，略遣彭宣到後堂」，句句用事，曷嘗不流便哉？

陳造《題韻類坡詩》：東坡仙伯之文，韓、歐伯仲。其於詩，邁往勁直之氣，溢于言外。而其嚴密腴麗，清而不浮，工而不露，學者與子美表裏可也。

《賓退錄》卷一〇：（前引《環溪詩話》卷上：（張）右丞云：「曾知杜詩妙處否？」環溪云一段）此論尤異。以此論詩，淺矣！杜子美之所以高于衆作者，豈謂是哉？若以句中事物之多爲工，則必皆如陳無己「桂椒楠櫨楓柞樟」之句，而後可以獨步，雖杜子美亦不容專美。若以「乾坤日夜浮」爲滿天下句，則凡句中言「天地」、「華夷」、「宇宙」、「四海」者，皆足以當之矣，何謂無也。

施宿《注東坡先生詩序》：（略）蓋熙寧變法之初，當國者勢傾天下，一時在廷，雖耆老大臣、累朝之舊有不能與之力爭。獨先生立朝之日未久，數上書言其不便，幾感悟主意，而小人嫉之，擯使居外。至其忠誠憤鬱不得發，始託于詩以規諷，大抵斥新法之不爲民便，而小人之罔上者，蓋凜凜也。旣謫黄岡，躬耕東坡之下，若將終焉。遇其興逸，絕江吊古，狎于魚龍風濤之怪，放浪無涯涘，蓋莫得以窺其際。元祐來歸，挾益大議論，終不爲苟同。宣仁聖后察見神宗皇帝末年之意，親加擢用，然周旋禁近，不過四年，迄以不容而去。迨紹述事起，嶺海萬里，瀕于九死，而皓首煙瘴，巋然獨存。爲時口人和陶之作，出騷人雅，深涉道德性命之境，落筆脫手，人爭傳誦，愈不可禁。蓋先生之出處進退，天也。神宗皇帝知之而不及用，宣仁聖后用之而不能盡，與夫一時用事者能擠之死地而不能使之必死，能奪其官爵、困戹僇辱其身，而不能使其言語文字不傳于世，豈非天哉？（略）嘉定三年中秋日，吳興施宿書。

陸游《施司諫注東坡先生詩序》：近世有蜀人任淵，嘗注宋子京、黃魯直、陳無己三家詩，頗稱詳贍。若東坡先生之詩，則援據閎博，指趣深遠，淵獨不敢爲之說。某頃與范公至能會於蜀，因相與論東坡詩，慨然謂予：「足下當作一書，發明東坡之意，以遺學者。」某謝不能。他日，又言之。因擧二三事以質之曰：「『五畝漸成終老計，九重新掃舊巢痕。』『遙知叔孫子，已致魯諸生。』當若爲解？」至能曰：「東坡竄黃州，自度不復收用。故曰『新掃舊巢痕』；建中初，復召元祐諸人，故曰『已致魯諸生』，恐不過如此。」某曰：「此某之所以不敢承命也。昔祖宗以三館養士，儲將相材，及官制行，罷三館。而東坡蓋嘗直史館，然自謫爲散官，削去史館之職久矣，至是史館亦廢，故云『新掃舊巢痕』。其用事之嚴如此。而『鳳巢西隔九重門』，則又李義山詩也。建中初，韓、曾二相得政，盡收用元祐人，其不召者亦補大藩。惟東坡兄弟猶領宮祠。此句蓋寓所謂不能致者二人，意深語緩，尤未易窺測。至如『車中有布乎』，指當時用事者，則猶近而易見。『白首沈下吏，綠衣有公言』，乃以侍妾朝雲嘗嘆黃師是仕不進，故此句之意，戲言其上僭。則非得於故老，殆不可知。必皆能如此，然後無憾。」至能亦太息曰：「如此，誠難矣！」後二十五六年，某告老居山陰澤中，吳興施宿武子出其先人司諫公所注數十大編，屬某作序。司諫公以絕識博學名天下，且用功深，歷歲久，又助以顧君景蕃之該洽，則於東坡之意，亦幾可以無憾矣。（略）嘉泰二年正月五日，山陰老民陸游序。

又《跋東坡詩草》：東坡此詩云：「清吟雜夢寐，得句旋已忘。」固已奇矣。晚謫惠州，復出一聯云：「春江有佳句，我醉墮渺莽。」則又加于少作一等。近世詩人，老而益嚴，蓋未有如東坡者也。學者或以易心讀之，何哉！

洪邁《楚東酬倡序》：次韻作詩，於古無有。春秋時，列國以百數，聘問相銜於道，拜賜告成，責言蔵事，周旋交際，蓋未嘗不賦詩，然所取正在三百篇中，初非抒意作也。蘇、李河梁之別，建安之七子，潘、陸、顏、何、陶、沈、二謝，洞庭瀟湘之闋，池草澄江之句，曲水斜川之集，聯翩迭出，重酬累贈，雙聲疊韻，浮音切響，法度森嚴，圓轉流麗，獨未聞以韻爲工者。高蜀州、嚴鄭公、韋（迢）、郭（受），來往杜少陵間，有唱必報，率不過和意而已。韓詩三百七十一，唯《陸渾山火》一篇曰次韻，而與孟東野變化上下者乃四之；十聯句中使其以工韻爲勝，吾知其神施鬼設，百出而不窮，磊隗春容，靡紫青而撽膠葛也。自夢得、樂天，微之諸人，茲體稍出。極於東坡、山谷，以一吟一詠，轉相簡答，未嘗不次韻。姸詞祕思，因險見奇，搜羅捷出，爭先得之爲快。潏潏乎舟一葉而杭灩澦也，岌岌乎其索驪龍之睡也，盎盎乎朝華之舞春，琅琅乎朱弦之三歎也，翼乎鵰鶚之戛秋空也，淵乎其色傾國也。詩至是極矣。

《容齋三筆》卷三：《陶淵明集·歸田園居》六詩，其末「種苗在東皋」一篇，乃江文通雜體三十篇之一，明言效陶徵君《田居》，蓋陶之三章云：「種豆南山下，草盛豆苗稀。晨興理荒穢，帶月荷鋤歸。」故文通云：「雖有荷鋤倦，濁酒聊自適。」正擬其意也。今陶集誤編入，東坡據而和之。又「東方有一士」詩十六句，復重載於《擬古》九篇中，坡公遂亦兩和之，皆隨意即成，不復細考耳。陶之首章云：「榮榮窗下蘭，密密堂前柳。初與君別時，不謂行當久。出門萬里客，中道逢嘉友。未言心先醉，不在接杯酒。蘭枯柳亦衰，遂令此言負。」坡和云：「有客扣我門，繫馬庭前柳。庭空鳥雀噪，門閉客立久。主人枕書卧，夢我平生友。忽聞剝啄聲，驚散一杯酒。倒裳起謝客，夢覺兩愧負。」二者金石合奏，如出一手，何止子由所謂遂與比轍者哉！

又卷六：韓、蘇兩公爲文章，用譬喻處，重複聯貫，至有七八轉者。韓公《送石洪序》云：「論人高下，事後當成敗，若河決下流東注，若駟馬駕輕車就熟路，而王良、造父爲之先後也，若燭照數計而龜卜也。」《盛山詩序》云：「儒者之於患難，其拒而不受於懷也，若築河堤以障屋霤；其容而消之也，若水之於海，冰之於夏日，其玩而忘之以文辭也，若奏金石以破蟋蟀之鳴、蟲飛之聲。」蘇公《百步洪》詩云「長洪斗落生跳波，輕舟南下如投梭。水師絕叫鳧雁起，亂石一綫爭磋磨。有如兔走鷹隼落，駿馬下注千丈坡。斷弦離柱箭脫手，飛電過隙珠翻荷」之類是也。

又：東坡賦詩，用人姓名，多以老字足成句。如《壽州龍潭》云：「觀魚並記老莊周」，《病不赴會》云：「空對親春老孟光」，《看潮》云：「猶似浮江老阿童」，《贈黃山人》云：「說禪長笑老浮屠」，《元長老衲裙》云：「乞與佯狂老萬回」，《侍立邇英》云：「定似香山老居士」，《贈李道士》云：「知是香山老居士」，《蒜山亭》云：「奇逸多聞老敬通」，《汶公東堂》云：「一帖空存老遂良」，《次韻留守》云：「華髮蕭蕭老遂良」，《游羅浮》云：「還須略報老同叔」，《贈辨才》云：「中有老法師」，《寄子由》云「青山老從事」，《贈眼醫》云：「忘言老尊宿」，「妙高臺中老比丘」，《謝惠酒》云：「青州老從事」，《謝餉魚》云：「誰似老方朔」，《贈吳子野扇》云：「得之老月師」，《次韻李端叔》云：「此是老牛戩」。是皆以爲助語，非眞謂其老也。大抵七言則于第五字用之，五言則于第三字用之。若其他錯出，如「再說走老瞞」，「故人餘老龐」，「老鼻宮粧傳父祖」，「便腹從人笑老韶」「老可能爲竹寫眞」，「不知老裴幾時歸」之類，皆隨語勢而然。白樂天云「每被老元偸格律」，蓋亦有自來矣。

又卷一一：東坡初赴惠州，過峽山寺，不値主人，故其詩云：「山僧本幽獨，乞食況未還。雲碓水自舂，松門風爲關。石泉解娛客，琴筑鳴空山。」既至惠州，殘臘獨出，至棲禪寺，亦不逢一僧，故其詩云：「江邊有微行，詰曲背城市。平湖春草合，步到棲禪寺。堂空不見人，老稚掩關睡。所營在一食，食已寧復事。客行豈無得？施子淨掃地。風松獨不靜，送我作鼓吹。」後在儋耳作《觀棋》詩，記遊廬山白鶴觀，觀中人皆闔戶晝寢，獨聞棋聲，云：「五老峰前，白鶴遺址。長松蔭庭，風日清美。我時獨遊，不逢一士。誰歟棋者？戶外屨二。不聞人聲，時聞落子。」其寂寞冷落之味，可以想見，句語之妙，一至於此。

《容齋四筆》卷一六：嚴有翼所著《藝苑雌黃》，該洽有識，蓋近世博雅之士也。然其立說頗務譏詆東坡公，予嘗因論玉川子《月蝕》詩，誚其輕發矣。又有八端，皆近於蚍蜉撼大木，招後人攻擊。如《正誤篇》中，摭其用五十本葱爲「种薤五十本」，發丘中郎將爲「校尉解摸金」，扁鵲見長桑君，使飲上池之水，爲「倉公飲上池」，鄭餘慶烝胡蘆爲盧懷愼云，如此甚多。坡詩所謂抉雲漢，分天章，萬斛泉源不擇地而出。若用葱爲薤，用校尉爲中郎，用扁鵲爲倉公，用餘慶爲懷愼，不失爲名語，於事何害？公豈一一如學究書生，案圖索駿，規行矩步者哉。《四凶篇》中，謂坡稱太史公多見先秦古書，四族之誅，皆非殊死，爲無所考據。《盧橘篇》中，謂坡詠枇杷云「盧橘是鄉人」，爲何所據而言。《昌陽篇》中《昌蒲贊》，以爲信陶隱居之言，以爲昌陽，不曾詳讀《本草》，妄爲此說。《苦荼篇》中，謂「《周詩》記苦荼」爲誤用《爾雅》。《如皋篇》中，謂「不向如皋閒射雉」與《左傳》杜注不合，其誤與江總「暫往如皋路」之句同。《荔枝篇》中，謂四月食荔枝詩，愛其體物之工，而坡未嘗到閩中，不識眞荔枝，是特火山耳。此數者或是或非，固未爲深失，然皆不必爾也。最後一篇遂名曰《辨坡》，謂雪詩云「飛花又舞謫仙檐」，李太白本言送酒，即無雪事。「水底笙歌蛙兩部」，無笙歌字。殊不知坡藉花詠雪，以鼓吹爲笙歌，正是妙處。「坐看青丘呑澤芥」，「青丘已呑雲夢芥」，用芥字和韻，及以澤芥對溪嶺，可謂工新。乃以爲出處曾不蔕芥，非草芥之芥。「知白守黑名曰谷」正是老子所言，又以爲老子只云爲天下谷，非名曰谷也。如此論文章，其意見亦淺矣。

《容齋五筆》卷八：白樂天爲人誠實洞達，故作詩述懷，好紀年歲。（略）蘇公素重樂天，故間亦效之，如「龍鍾三十九，勞生已強半。歲莫日斜時，還爲昔人嘆」，正引用其語。又「四十豈不知頭顱，畏人不出何其愚」，「我今四十二，衰髮不滿梳」，「憶在錢塘正如此，回頭四十二年非」，「行年四十九，還此北窗宿」，「吾年四十九，賴此一笑喜」，「嗟我與君皆丙子，四十九年窮不死」，「五十之年初過二，衰顏記我今如此」，「白髮蒼顏五十三，家人強遣試春衫」，「先生年來六十化，道眼已入不二門」，「紛紛華髮不足道，當返六十過去魂」，「我年六十一，頹景薄西山」，「結髮事文史，俯仰六十逾」，「與君皆丙子，各已三萬日」。玩味莊誦，便如閱年譜也。

又卷九：東坡猶以爲柳枝不忍去，因劉夢得「春盡絮飛」之句方知之。於是美朝雲之獨留，爲之作詩，有「不似楊枝別樂天，恰如通德伴伶玄」之語。然不及三年而病亡，爲可嘆也。

《苕溪漁隱叢話》前集卷三八引《漫叟詩話》：東坡最善用事，既顯而易讀，又切當。若《招持服人游湖不赴》云：「卻憶呼盧袁彥道，難邀罵坐灌將軍。」《柳氏求字答》云：「君家自有元和腳，莫厭家鷄更問人。」天然奇作。

又卷四二引《童蒙詩訓》：老杜歌行，最見次第出入本末。東坡長句波瀾浩大，變化不測，如作雜劇打猛諢入，卻打猛諢出也。

又卷四八引《童蒙詩訓》：學古人文字須得其短處。（略）東坡詩有汗漫處，魯直詩有太尖新、太巧處，皆不可不知。東坡詩如「成都畫手開十眉」、「楚山固多猿，青者黠而壽」，皆窮極思致，出新意于法度，表前賢所未到。然學者專力于此，則亦失古人作詩之意。

又《漁隱詩評叢話後集序》：余嘗謂開元之李、杜，元祐之蘇、黃，皆集詩之大成者，故羣賢於此四公，尤多品藻。蓋欲發揚其旨趣，俾後來觀詩者，雖未染指，固已能知其味之美矣。

又後集卷二：古今詩人，以詩名世者，或只一句，或只一聯，或只一篇，（略）若唐之李、杜、韓、柳，本朝之歐、王、蘇、黃，清辭麗句，不可悉數，名與日月爭光，不待摘句言之也。

又後集卷三〇《東坡五》：呂丞相《跋杜子美年譜》云：「考其筆力，少而銳，壯而肆，老而嚴，非妙於文章，不足以至此。」苕溪漁隱曰：余觀東坡自南遷以後詩，全類子美夔州以後詩，正所謂老而嚴者也。子由云：「東坡謫居儋耳，獨喜爲詩，精鍊華妙，不見老人衰憊之氣。」魯直亦云：「東坡嶺外文字，讀之使人耳目聰明，如清風自外來也。」觀二公之言如此，則余非過論矣。

王偁《東都事略》卷一一六《文藝傳·黃庭堅傳》：始庭堅與秦觀、張耒、晁補之皆游蘇軾之門，號四學士，而庭堅於文章特長於詩，獨江西君子以庭堅配蘇軾，謂之蘇、黃云。

姜特立《看詩卷》：蘇黃自是今時友，李杜還爲異代豪。八十衰翁無老伴，唯渠終日話風騷。

楊萬里《正月十二日游東坡白鶴故居其北思無邪齋眞迹猶存》（《誠齋集》卷一八）：詩人自古例遷謫，蘇李夜郎並惠州。人言造物困嘲弄，故遣各捉一處囚。不知天公愛佳句，曲與詩人爲地頭。詩人眼底高四海，萬象不足供詩愁。帝將湖海賜湯沐，堇堇可以當冥搜。卻令玉堂揮翰手，爲提椽筆判羅浮。羅浮山色濃潑黛，豐湖水光先得秋。東坡日與群仙游，朝發崑崙夕不周。雲冠霞佩照宇宙，金章玉句鳴天球。但發詩壇將騷雅，底用蟻穴封王侯。元符諸賢下石者，只與千載掩鼻羞。我來剝啄王粲宅，鶴峰無恙江空流。安知先生百歲後，不來弄月白蘋洲？無人挽住乞一句，猶道雪乳冰湍不？當年醉裏題壁處，六丁已遣雷電收。獨遺無邪四個字，鸞飄鳳泊蟠銀鈎。如今亦無合江樓，嘉祐破寺風颼颼。

又《洮湖和梅詩序》：唐之李、杜，本朝之蘇、黃，崛起千載之下，而藺藉千載之上，遂主風月花草之夏盟，而梅於其間，首出桃李蘭蕙而居客之右。蓋梅之有遭，未有盛於時者也。

又《江西宗派詩序》：昔者詩人之詩，其來遙遙也。然唐云李、杜，宋言蘇、黃，將四家之外，舉無其人乎？門固有伐，業固有承也。雖然，四家者流，一其形，二其味；二其味，一其法者也。蓋嘗觀夫列禦寇、楚靈均之所以行天下者乎？行地以輿，行波以舟，古也。而子列子獨御風而行，十有五日而後反，彼其於舟車烏乎待哉！然則舟車可廢乎？靈均則不然，飲蘭之露，餐菊之英，去食乎哉！芙蓉其裳，寶璐其佩，去飾乎哉！乘吾桂舟，駕吾玉車，去器乎哉！然朝閬風，夕不周，出入乎宇宙之間忽然耳。蓋有待乎舟車，而未始有待乎舟車者也。今夫四家者流，蘇似李，黃似杜。蘇、李之詩，子列子之御風也；杜、黃之詩，靈均之乘桂舟、駕玉車也。無待者神於詩者歟？有待而未嘗有待者，聖於詩者歟？嗟乎！離神與聖，蘇、李，蘇、李乎爾！杜、黃，杜、黃乎爾！合神與聖，蘇、李不杜、黃，杜、黃不蘇、李乎？然則詩可以易而言之哉？

《誠齋詩話》：七言長韻古詩，如杜少陵《丹青引》、《曹將軍畫馬》、《奉先縣劉少府山水障歌》等篇，皆雄偉宏放，不可捕捉。學詩者於李、杜、蘇、黃詩中，求此等類，誦讀沈酣，深得其意味，則落筆自絕矣。

朱熹《答廖子晦》：坡公海外意况深可歎息。近見其晚年所作小詞，有「新恩雖可冀，舊學終難改」之句，每諷詠之，亦足令人慨然也。

《朱子語類》卷一三九：問：「東坡與韓公如何？」曰：「平正不及韓公。東坡說得高妙處，只是說佛，其他處又皆粗。」

又卷一四〇：古詩須看西晉以前，如樂府諸作皆佳。杜甫夔州以前詩佳，夔州以後自出規模，不可學。蘇、黃只是今人詩。蘇才豪，然一滾說盡，無餘意；黃費安排。

又：人多說杜子美夔州詩好，此不可曉。夔州詩卻說得鄭重煩絮，不如他中前有一節詩好。魯直一時固自有所見，今人只見魯直說了，便卻說好，如矮人看戲耳。問：「韓退之潮州詩、東坡海外詩如何？」曰：「卻好。東坡晚年詩固好。只文字也多是信筆胡說，全不看道理。」

又：作詩先用看李、杜，如士人治本經。本既立，次第方可看蘇、黃，以次諸家詩。

又：東坡作詩譏一昏闇之人，有句云：「煙雨塞九竅！」

陶澍《靖節先生集集注》諸本評陶彙集引朱熹語：淵明詩所以爲高，正在不待安排，胸中自然流出。東坡乃篇篇句句依韻而和之，雖其高才，似不費力，然已失其自然之趣矣。

《環溪詩話》卷上：（張）右丞云：「曾知杜詩妙處否？」環溪云：「杜詩千有四百餘篇，某極力精選，得五百有十八首，是杜詩妙處。」右丞云：「不是如此，杜詩妙處，人罕能知。凡人作詩，一句只說得一件物事，多說得兩件。杜詩一句能說得三件、四件、五件物事。常人作詩，但說得眼前，遠不過數十里內。杜詩一句能說數百里，能說兩州軍，能說半天下，能說滿天下，此其所以爲妙。」（略）環溪因取前輩之詩，參而考之，謂東坡惟《有美堂》一篇最工，然「天處黑風吹海立，浙東飛雨過江來」，正是一句能言三件事。如「令嚴鐘鼓三更月，野宿貔貅萬竈煙」，是一句能言四件事。如「通印子魚猶帶骨，披綿黃雀漫多脂」，「鶴閑雲作氅，駝臥草埋峰」，每句亦不過三物。如「酒醒風動竹，夢斷月窺簾」，「深谷留風終夜響，亂山銜月半牀明」，「風花誤入長春苑，雲月長臨不夜城」，「雲煙湖寺家家境，燈火沙河夜夜春」，則似三物而不足。一句要言三五事，言兩州軍，滿天下，疊句至如「峰多巧障日，江遠欲浮天」，「翠浪舞翻紅䆉稏，白雲穿破碧玲瓏」，「葉厚有棱犀甲健，花深少態鶴頭丹」等語，句雖佳，而每句不過用二物而已。（略）然竟無一句能用五物者。至半天下、滿天下之說求之，尤未見其有也。然後知詩道之難如此，而古今之美，備在杜詩，無復疑矣。

又卷下：且如作詩，不可一字有來歷，不可一字無來歷，要不爲事所使，要文從字順，各當其職，而事意流行於裁句法中，方可以言也。且如今人言作詩，必以且作省詩爲好，殊不知省詩爲最難好，而且除昔日程文應舉之外，全不可應酬也。或謂胸中無料不可作詩，殊不知李賀七歲作《高軒過》，不知所用何事。如唐詩《三妙集》、《衆妙集》，多不知所用何事而作。大家數如李、杜、歐、蘇、陳、黃、簡齋、放翁、誠齋，卻是用事也如空說，非初學所敢仰望。

樓鑰《跋舊答李希岳啓》：少嘗問從兄編修景山：「老杜、韓、柳洎本朝歐、蘇、半山、山谷諸公，晚而詩文益高，何耶？」兄曰：「文章，精神之發也。學問既充，精神有養，故老而日進。」余嘗佩服斯言。

袁燮《題宋教授詩冊後》：余觀工于詩者，代不乏人，而能世其家者幾希。（略）東坡之後過，頗有佳語，而去乃翁遠甚，不足以相繼。

《習學記言》卷四七：《文選》集詩，通爲一家；陶潛、杜甫、李白、韋應物、韓愈、歐陽修、王安石、蘇軾各自爲家；唐詩通爲一家，黃庭堅及江西詩通爲一家。

又卷四九：本朝初年，律詩大壞，王安石、黃庭堅欲兼用二體（按：指五言、七言律詩），擅其所長，然終不能庶幾唐人。蘇氏但謂七言之偉麗者，則失之尤甚。蓋不考源流所自來，姑因其已成者貌似求之耳。

《野客叢書》卷七：漁隱云：「元祐文章，世稱蘇、黃，然二公爭名，互相譏誚。東坡謂『魯直詩文如蝤蛑、江瑤柱，格韻高絕，盤餐盡廢，然不可多食，多食則發風動氣。』山谷亦曰『蓋有文章妙一世，而詩句不逮古人者』，此指東坡而言也。」殊不知蘇、黃二公同時，實相引重，黃推蘇尤謹，而蘇亦獎成之甚力。黃云：「東坡文章妙一世，乃謂效庭堅體，正如退之效孟郊、盧仝詩。」蘇云：「讀魯直詩如見魯仲連、李太白，不敢復論鄙事。」其互相推許如此，豈爭名者哉！詩文比之「蝤蛑江瑤柱」，豈不謂佳？至言「發風動氣，不可多食」者，謂其言有味，或不免譏評時病，使人動不平之氣。乃所以深美之，非譏之也。「文章妙一世，而詩句不逮古人」，此語蓋指曾子固，亦當時公論如此，豈坡公邪？以坡公詩句不逮古人，則是陳壽謂孔明兵謀將略非其所長者也。此郭次象云。

又卷一九：《王直方詩話》舉東坡、少游、後山數詩，以爲詩讖。漁隱以爲不然，謂「人之得失生喪，自有定數，烏有所謂詩讖云者。其不達理如此。」僕謂此說亦失之偏，詩讖之說，不可謂無之，但不可謂詩詩皆有讖也。其應也往往出于一時之作，事之與言，適然相會，豈可以爲常哉？漁隱舉東坡詩之不應者爲證，可笑其愚。大抵吉凶禍福之來，必有先兆，固有托于夢寐影響之間。而詩者，吾之心聲也，事物變態，皆能寫就，而况昧昧休咎之徵，安知其不形見于此哉？但泥于詩讖則不可。

敖陶孫《詩評》：因暇日與弟姪輩評古今諸名人詩：（略）本朝蘇東坡如屈注天潢，倒連滄海，變眩百怪，終歸雄渾。

錢文子《山谷外集詩注序》：書存於世，惟六經、諸子及遷、固之史有注其下方者，以其古今之變，詁訓之不相通也。而今人之文，今人乃隨而注之，則自蘇、黄之詩始也。詩動乎情，發乎言，而成乎音，人爲之，人誦之，宜無難知也。而蘇、黄二公，乃以今人博古之書，譬楚大夫而居於齊，應對唯諾，無非齊言，則楚人莫喻也。如將以齊言而喻楚人，非其素嘗往來莊嶽之間，其孰能之？山谷之詩與蘇同律，而語尤雅健，所援引者乃多於蘇。

《滄浪詩話·詩辯》：夫詩有別材，非關書也；詩有別趣，非關理也。然非多讀書，多窮理，則不能極其至，所謂不涉理路，不落言筌者上也。詩者，吟詠情性也。盛唐諸人，惟在興趣，羚羊挂角，無迹可求。故其妙處，透徹玲瓏，不可湊泊。如空中之音，相中之色，水中之月，鏡中之象，言有盡而意無窮。近代諸公乃作奇特解會，遂以文字爲詩，以才學爲詩，以議論爲詩。夫豈不工，終非古人之詩也，蓋於一唱三歎之音，有所歉焉。且其作多務使事，不問興致，用字必有來歷，押韻必有出處，讀之反覆終編，不知着到何處。其末流甚者，叫噪怒張，殊乖忠厚之風，殆以駡詈爲詩。詩而至此，可謂一厄也。然則近代之詩無取乎？曰有之，我取其合於古人者而已。國初之詩，尚沿襲唐人，王黄州學白樂天，楊文公、劉中山學李商隱，盛文肅學韋蘇州，歐陽公學韓退之古詩，梅聖俞學唐人平淡處。至東坡、山谷始自出己意以爲詩，唐人之風變矣。

嚴羽《答吳景仙書》：（吳景仙）又謂盛唐之詩「雄深雅健」，僕謂此四字但可評文，於詩則用「健」字不得，不若《詩辯》「雄渾悲壯」之語爲得詩之體也。毫釐之差，不可不辨。坡、谷諸公之詩，如米元章之字，雖筆力勁健，終有子路未事夫子時氣象。盛唐諸公之詩，如顔魯公書，既筆力雄壯，又氣象渾厚，其不同如此。只此一字，便見我叔腳根未點地處也。

魏了翁《程氏東坡詩譜序》（鶴山先生大全文集卷五一）：文忠蘇公之詩，其世雖近而易考，其詩則博而難究。公之里人程子益以謙既爲之譜，又舉其一時之唱和與公之追和前人，後人之追和於公者，皆參列而互陳。之譜之作，不知視二家爲何如。然以數百年之酬唱會萃成編，亦譜少陵者所未及也。（略）文忠公之詩亦不徒作，莫非感於興衰治亂之變，非若唐人家花車斜之詩，競爲庾辭險韻以相勝爲工也。永歌嘆美之詞閎挺而不浮，隱諷譎諫之詞詭實而不懟，而又所與交者皆一代之聞人，千載而下誦其詩者，不必身履熙、豐、祐、聖之變，而識世道之升降，不待周旋於熙豐祐聖諸公而得人品之邪正，玆又有出於譜之外者。余固因子益之譜而重有感也。子益之祖常爲柱下史，勸講金華，益又公之外家，其學遠有端緒云。

呂午《淸隱丙稿序》：東坡先生居海外，尤喜爲詩，精深華妙，略無老人疲憊之氣。蓋筆力不爲窮通老少而變，故愈出愈奇。

劉辰翁《簡齋詩集序》：詩至晚唐已厭，至近年江湖又厭，謂其和易如流，殆于不可莊語，而學問爲無用也。蘇公妥帖排奡，時出經史，然格體如一。（略）或問宋詩，簡齋至矣，畢竟比坡公何如？曰：詩道如花，論高品則色不如香，論逼眞則香不如色。

晦齋《簡齋詩集引》：詩至老杜極矣。東坡蘇公、山谷黃公奮乎數世之下，復出力振之，而詩之正統不墜。然東坡賦才也大，故解縱繩墨之外，而用之不窮；山谷措意也深，故游泳玩味之餘，而索之益遠。大抵同出老杜，而自成一家，如李廣、程不識之治軍，龍伯高、杜季良之行己，不可一概詰也。近世詩家知尊杜矣，至學蘇者，乃指黃爲強，而附黃者亦謂蘇爲肆。要必識蘇、黃之所不爲，然後可以涉老杜之涯涘。此簡齋陳公之說云耳。

《潁川語小》卷下：用事之誤，雖杜少陵不能免，而蘇文忠公頗多，前輩評之詳矣。止是不切之詩文，亦何所害，若告君之辭，豈容不謹。

《荆溪林下偶談》卷二：自古文字，如韓、歐、蘇猶間有無益之言，如說酒、說婦人，或諧謔之類。

劉克莊《詩境集序》：本朝評坡文者衆矣，往往稱其天才超軼、筆力浩大而已。至我阜陵獨曰：「氣高天下，乃克爲之。」嗚呼！阜陵之言，可謂盡坡公之平生矣。

又《趙寺丞和陶詩序》：自有詩人以來，惟阮嗣宗，陶淵明自是一家。（略）本朝名公者，或追和其作，極不過一二篇。坡公以蓋代之材，乃徧用其韻。今松軒趙侯，復盡和焉。出牧吾州，袖以教余。退而讀之，見其揫斂之中有開拓，簡淡之内出奇偉，藏大功於樸，寄大辯於訥；容止音節，不辨其孰爲優孟，孰爲孫叔也。可謂善學淵明者矣。客難余曰：「昔坡公和篇初出，潁濱獨云：『淵明不肯束帶見督郵，子瞻既辱於世，欲以晚節自擬淵明，誰其信之？』今吾子推趙配陶，將毋與潁濱異耶？」余曰：「坡公和陶於老大坎壈之餘，趙侯和陶於盛壯顯融之日，夫如是，則知貴其身而求乎内矣。貴其身者，必重名節；求乎内者，必輕外物。其去淵明何遠之有！潁濱復出，不易吾言矣。」

又《江西詩派小序·黃山谷》：國初詩人，如潘閬、魏野，規規晚唐格調，寸步不敢走作。楊、劉則又專爲崑體，故優人有撏扯義山之誚。蘇、梅二子，稍變以平淡豪俊，而和之者尚寡。至六

一、坡公，巍然爲大家數，學者宗焉。然二公亦各極其天才筆力之所至而已，非必鍛練勤苦而成也。

又《跋嚴某和坡詩》（《後村先生大全集》卷一〇〇）：自歐公有「放子出一頭」之論，至今二百年，無敢以文字敵坡公者。豈眞不可敵耶？往往爲盛名所壓，望風屈膝爾。三山嚴君，盡和坡詩，不少謙下，其眞可敵者耶？孟子曰：「余豈能爲必勝哉？能無懼而已矣。」竊謂嚴君之才氣亦然。

又《跋宋吉甫和陶詩》（《後村先生大全集》卷一〇二）：和陶，自二蘇公始。然士之生世，鮮不以榮辱得喪撓敗其天眞者。淵明一生，惟在彭澤八十餘日涉世故，餘皆高枕北窗之日。無榮，烏乎辱？無得，烏乎喪？此其所以爲絕唱而寡和也。二蘇公則不然，方其得意也，爲執政，爲侍從；及其失意也，至下獄，過嶺。晚更憂患，始有和陶之作。二公雖惓惓淵明，未知淵明果印可否？

《後村詩話》前集卷一：「莫猺自生長，名字無符籍。市易雜鮫人，婚姻通木客。星居占泉眼，火種開山脊。夜渡千仞溪，含沙不能射。」「蠻語鈎輈音，蠻衣斑爛布。熏狸掘沙鼠，時節祠盤瓠。忽逢乘馬客，恍若驚麏顧。腰斧上高山，意行無舊路。」此劉夢得《莫猺》、《蠻子》詩也。世傳坡詩始學夢得，觀此二詩，信然。

又卷二：坡詩略如昌黎，有汗漫者，有謹嚴者，有麗縟者，有簡澹者。翕張開闔，千變萬態。蓋自以氣魄力量爲之，然非本色也。他人無許大氣魄力量，恐不可學。和陶之作，如海東青、西極馬，一瞬千里，了不爲韻束縛。

又：元祐後，詩人迭起，一種則波瀾富而句律疏，一種則煅煉精而情性遠，要之不出蘇、黄二體而已。及簡齋出，始以老杜爲師，（略）造次不忘憂愛，以簡潔掃繁縟，以雄渾代尖巧，第其品格，故當在諸家之上。

又後集卷一：坡公海外筆力，益老健宏放，無憂患遷謫之態。黄、秦皆不能及，李文饒亦不能及。

高斯得《跋南軒永州諸詩》：杜子美詩自二十一歲以後，韓退之二十五歲以後，歐陽永叔、蘇子瞻二十六歲以後，皆載集中，至今讀者誰敢以少作少之？

趙孟堅《孫雪窗詩序》：竊怪夫今之言詩者，江西、晚唐之交相詆也，彼病此冗，此訾彼拘，胡不合杜、李、元、白、歐、王、蘇、黄諸公而並觀？諸公衆體該具，弗拘一也，可古則古，可律則律，可樂府雜言則樂府雜言，初未聞舉一而廢一也。

《深雪偶談》：四言自韋孟、司馬遷、相如、班固、束皙、陶潛、韓愈、柳宗元、梅堯臣、歐陽修、王安石、蘇軾，工拙略見。嘗怪五言而上，世人往往極其才之所至，而四言雖文辭鉅伯，輒不能工。水心有是言矣。後村劉潛夫亦以四言尤難，《三百五篇》在前之故。

又：詩無不本于性情。自詩之體隨代變更，由是性情或隱或見，若存若亡，深者過之，淺者不及也。昔坡公云：「蘇、李之天成，曹、劉之自得，陶、謝之超然，固已至矣。李、杜以英偉絶世之姿，凌跨百代，古之詩人盡廢。然魏晉以來，高風絕塵，亦少衰矣。」坡公本不以詩專門，使非上下漢、魏、晉、唐，出入蘇、李、曹、劉、陶、謝、李、杜，潛窺沉玩，實領懸悟，能自信其折衷如是之的乎？醫和之目，無復遁疢，理固然也。如天成，如自得，如超然，則夫詩之□□□。坡公所評，亦宜窺玩領悟，毋忽焉可也。坡公獨以柳子厚、韋應物，發纖穠于簡古，寄至味于淡泊，蓋韋、柳皆以靖節翁爲指歸，而卒之齊足並驅也。坡公海表和陶諸篇，可以見其所趣，無不及焉。雖然，漢、魏、晉曷嘗舍去性情，別出意見，而習爲高遠之言哉。當其代殊體變，性與情之隱見存亡淺深，雖其一時之名能詩者，亦不能自必其所至之然也。唐風既昌，一聯一句，滿聽清圓，流液雋永，首肯變踔，性情信在是矣。然詞藻勝則糟粕，律度嚴則拘窘，能不脂韋于二蔽之間，而脫穎奇焉。則天成自得超然，何得無之。至于作止雍容，聲容悅穆，視溫柔敦厚之教，庶幾無論漢魏，顧晉以後諸人，自靖節翁之外，似未諭也。

《學齋佔畢》卷一：龜山楊中立《語錄》云：「作詩者不知風雅之意，未可以言詩。蓋詩尚譎諫，故言之者無罪，聞之者足以戒，乃有所補。若涉于訕謗，聞者怒之，何補之有？觀東坡詩，只是譏誚朝廷，殊無溫柔敦厚之氣，以此時人得而罪之。若是伯淳詩，則聞者自然感動。」謂明道也。予每味此言，以爲深于詩教。

又卷二《坡詩不入律》：黃魯直《次東坡韻》云：「我詩如曹鄶，淺陋不成邦。公如大國楚，呑五湖三江。」其尊坡公可謂至，而自況可謂小矣。而實不然。其深意乃自負而諷坡詩不入律也。曹、鄶雖小，尚有四篇之詩入《國風》，楚雖大國，而《三百篇》絶無取焉。至屈原而始以《騷》稱，爲變風矣。黄又嘗謂坡公文好罵，謹不可學。又指坡公文章妙一世，而詩句不逮古人。信斯證也。許月卿《友仁先生壙記》：病中讀韓退之文，杜子美、蘇子瞻詩，終身不遺忘，曰：吾病未嘗無所得。

衛宗武《趙帥幹在莒吟集序》：文以氣爲主，詩亦然。詩者，所以發越情思，而播於聲歌者也。是氣也，不抑則不張，不激則不揚，惟夫顛頓困阻，沈阨鬱積，而其中所存，英華果鋭，不與以俱靡，則奮而爲辭，琦瑋卓絶，夐出尋俗，而足以傳遠。屈之《騷》，宋之《九辯》，荀卿子之《成相》、《佹詩》，賈太傅之弔湘、賦鵩，皆是物也。故少陵之間關轉徙，而蜀中之詠益工；老坡之擯斥寥落，而海外之篇愈偉。其他未易枚舉，莫不以是得之。

又《林丹嵒吟編序》：古之能賦者，譏評古今，嘲弄風月，刻畫事物，以之抒逸思，暢幽憤，紀勝事，贊太平，或以典麗，或以閒雅，或醖藉而精深，或俊邁而清美。苟負所長，皆足以蜚英于時，流芳于後。而不可無學，無學則淺陋鄙俗，而詩不足言矣。尤不可不善用所學，不善用之，其失均也。（略）昔蘇、黄以博極緒餘，游戲章句，天運神化，變衒莫測，多後世名儒注釋所不及知者。（略）嘗論坡翁有和陶篇，概亦相類，卒不如優孟之學叔敖，何也？靖節違世特立，游神羲黄，蓋將與造物爲徒，故以其澹然無營之趣，爲悠然自得之語，幽邃玄遠，自詣其極，而非用力所到。猶庖丁之技，進於道矣，詩云乎哉？坡之高風邁俗，雖不減陶，而抱其宏偉，尚欲施用，未能忘情軒冕，茲其擬之而不盡同歟。

謝枋得《重刊蘇文忠公詩序》：淳熙天子尊先猷以勸臣節，海內家有眉山書矣。其文如靈鳳祥麟，不必聖人然後識。屢以詩得禍，儒者疑焉。同志以詩鳴，於其言毋不敬信，獨不與其詩，異哉。溫涼寒暑，有神氣而無形迹，風人之詩也，宇宙不多見，獨不聞宣王、幽、厲之《雅》乎。周人之免禍者幸，公之得禍者不幸也。詩固未易作，識詩亦未易也。帝張咸池於洞庭，鳥高飛，魚深潛。渝歌郢曲，童兒婦女拊掌雀躍矣。光嶽全氣，震爲大音，涵古游今，斯人幾見。唐人誦杜子美，必憐其忠，公之詩獨不可憐乎！

何夢桂《童明甫詩序》：詩，志至焉，氣次之。志百變而不折，則氣亦百變而不衰。知此，可與言詩矣。杜少陵在秦、夔，柳子厚在永、柳，坡翁在惠，山谷在宜，皆窘束不自聊賴，而所爲詩益浩漫峻厲，是豈無故而然耶！其養完，故其發碩茂如此。

文天祥《羅主簿一鶚詩序》：詩所以發性情之和也。性情未發，詩爲無聲；性情既發，詩爲有聲。閟於無聲詩之精，宣於有聲詩之迹。前之二謝，後之一蘇，其詩瓌瑋卓犖，今世所膾炙，然此句之韻之者耳。夢草池塘，精神相付屬；對牀風雨，意思相怡愉。傳曰：「立，見其參於前；在輿，見其倚於衡。」謝有焉。「樂則生，生則惡可已。」蘇有焉。

又《跋周汝明自鳴集》：天下之鳴多矣。鏘鏘鳳鳴，雝雝雁鳴，喈喈鷄鳴，嘒嘒蟬鳴，呦呦鹿鳴，蕭蕭馬鳴，無不善鳴者，而彼此不能相爲，各一其性也。其於詩亦然。鮑、謝自鮑、謝，李、杜自李、杜，歐、蘇自歐、蘇，陳、黃自陳、黃。鮑、謝之不能爲李、杜，猶歐、蘇之不能爲陳、黃也。

陳仁子《放翁劍南集序》：世之詩，陶者自沖澹處悟入，杜者自忠義處悟入，蘇者自豪邁處悟入，吾不知放翁詩悟入，當自何處？

謝堯仁《張于湖先生集序》：文章有以天才勝，有以人力勝，出於人者可勉也，出於天者不可強也。今觀賈誼、司馬遷、李太白、韓文公、蘇東坡，此數人皆以天才勝，如神龍之夭矯，天馬之奔軼，得躡其踪而追其駕。惟其才力難局於小用，是以亦時有疏略簡易之處，然善觀其文者，舉其大而遺其細可也。若乃柳子厚專下刻深工夫，黃山谷、陳後山專寓深遠趣味，以至唐末諸詩人，雕肝琢肺，求工於一言一字間，在於人力，固可以無恨，而概之前數公縱横馳騁之才，則又有間矣。故曰人可勉也，天不可強也。

釋普聞《詩論》：老杜之詩，備於衆體，是爲詩史。近世所論，東坡長于古韻，豪逸大度；魯直長于律詩，老健超邁；荆公長于絕句，閑暇清癯。其各一家也。

《捫虱新話》上集卷三：蘇、黃文字妙一世，殆是天才難學，然亦尚有蹊徑可得而尋。東坡常教學者但熟讀《毛詩·國風》與《離騷》，曲折盡在是矣；又或令讀《檀弓》上下篇。（略）世人好談蘇、黃多矣，未必盡知蘇、黃好處。今《毛詩·國風》與《楚辭》、《檀弓》並在，不知當如何讀，曲折處當復如何，蘇、黃之作又復如何？李太白曰「但得酒中趣，勿爲醒者傳」也。然雖如是，與其遠想頗、牧，不若暗合孫、吳，便是蘇、黃猶在。

又下集卷一：東坡詩用事多有誤處，《虢國夫人夜游圖》詩云：「當時亦笑潘麗華，不知門外韓擒虎。」按陳後主張貴妃名麗華，韓擒虎平陳，後主、麗華俱見收，而齊東昏侯有潘淑妃，初不名麗華也。又按《梅花》絕句云：「月地雲階漫一樽，玉奴終不負東昏。臨春結綺荒荆棘，誰信幽香是返魂。」此亦張麗華事，而坡作東昏侯事用之。坡又有詩云：「全勝倉公飲上池。」《史記》飲上池乃是扁鵲。又詩云：「縱令司馬能鑱石，奈有中郎解摸金。」而袁紹檄曹操蓋云：「發丘中郎，摸金校尉。」又詩云：「市區收罷魚豚稅，來與彌陀共一龕。」褚遂良云：「一食清齋，彌勒同龕。」非彌陀也。此類非一，蓋惟大才可以闊略，餘人正不可學。

又卷三《歐陽公變文格而不能變詩格》：歐陽公詩，猶有國初唐人風氣。公能變國朝文格，而不能變詩格。及荆公、蘇、黃輩出，然後詩格遂極於高古。

又卷四《擬淵明作詩》：山谷嘗謂白樂天、柳子厚俱效陶淵明作詩，而惟柳子厚詩爲近。然以予觀之，子厚語近而氣不近，樂天氣近而語不近。子厚氣凄愴，樂天語散緩。雖各得其一，要于淵明詩，未能盡似也。東坡亦嘗和陶詩百餘篇，自謂不甚愧淵明，然坡詩語亦微傷巧，不若陶詩體合自然也。要知淵明詩，須觀江文通《雜體》詩中擬淵明作者，方是逼眞。

傅自得《四詩類苑序》：宋朝之詩，金陵、坡、谷三大家，或以其精，或以其博，或以其雅，體雖不同，而氣壯語渾，同出於杜，此則詩之正派也。（略）少陵愛君憂國，食息不忘，金陵清德實行，不徇流俗，東坡高風峻節，窮達不移；山谷孝友清修，行己有耻。珠璣咳唾，隨處發見，皆可爲世模範，豈可與敲推句字，描貌淺易者比哉！矧其紀時世之盛衰，述政治之媺惡，評人物之高下，商古今之得失。制度興廢，於焉而究，風俗污隆，於焉而考。隨其門目，粲然可觀。吟哦諷味，浸潤優悠。自四詩之派以遡三百篇之正，孰謂其無益於世道也哉！

《甕牖閑評》卷五：歐陽文忠公不喜《中說》，以爲無所取，而司馬溫公酷愛之。楊文公不喜杜子美詩，而黃太史眷眷未嘗輒去手。又蘇東坡喜《漢書》，而獨不喜《史記》。夫《中說》、杜詩、《漢書》、《史記》人人皆知其美，而諸公所見不同如此，豈亦性情之癖耶？

蘇籀《欒城遺言》：公言東坡律詩最忌屬對偏枯，不容一句不善者。古詩用韻，必須偶數。

《二老堂詩話》：陸游務觀云：「王性之謂蘇子瞻作《王莽詩》譏介甫云：『入手功名事事新。』又《詠董卓》云：『公業平生勸用儒，諸公何事起相圖。只言世上無健者，豈信車中有布乎。』蓋譏介甫爭市易事，自相叛也。車中有布，借呂布以指惠卿姓，曾布名，其親切如此。」又云：「曾吉甫侍郎藏子瞻《和錢穆父詩》眞本，所謂『大筆推君西漢手，一言置我二劉間』者。其自注云：『穆父嘗草某答詔，以歆、向見喻，故有此句。』而廣川董彥遠待制乃譏子瞻不當用高光、事，過矣。」

《後耳目志》：東坡平生詩學劉夢得，字學徐季海，晚年妙處，乃不減李、杜、顏、楊。

《考古質疑》卷五：大慶因而觀坡詩，錯誤尤多，前輩嘗論之矣，今總序于此。《和徐積》詩：

「殺鷄未肯邀季路，裹飯須知問子來。」按《莊子》云：「子祀、子輿、子來、子黎四人相與友。」無裹飯事。又子輿曰：「子桑殆病矣。」裹飯而往。」則裹飯非子來事也。《次韻景文聽琵琶》詩：「尤勝江左狂靈運，共鬬東昏百草須。」按《劉公嘉話》：「謝靈運鬚美，臨刑因施爲維摩詰象鬚。唐安樂公主鬬百草，欲廣其物色，令馳驛取之，又恐爲他人所得，因翦棄其餘。」坡以爲東昏，誤矣。《和子由使契丹至涿見寄》詩：「始憶庚寅降屈原，旋看蠟鳳戲僧虔。」按《齊書》：「王弘與兄弟會集，任子孫戲，僧綽獨正坐採蠟燭爲鳳凰。」坡誤以爲僧虔歟？又《游聖女山》詩：「縱令司馬能鑱石，奈有中郎解摸金。」按陳琳爲袁紹檄曹公之罪云：「特置發丘中郎、摸金校尉，所過隳突，無骸不露。」則又誤以校尉爲中郎矣。《立春日與李端叔》詩：「丞掾頗哀亮。」按馬援爲隴西太守，但總大體，諸曹時白外事，援輒曰：「此丞掾之任，何足相煩！頗哀老子使得邀游。」是「亮」字當作「援」，今有碑本，坡自大字書作「亮」，眞誤也。又《贈陳季常》詩：「不見盧懷愼，蒸瓠似蒸鴨。」按《盧氏雜記》，鄭餘慶召親朋，呼左右處分廚家：「爛蒸去毛，莫拗折項。」諸人以爲蒸鴨，良久每人粟米飯一盂，爛蒸胡蘆一枚。坡其誤以餘慶爲懷愼耶！《和人會獵》詩：「不向如皋閑射雉，歸來何以得卿卿。」蓋以「如皋」爲地名也。按昭公二十八年，賈大夫娶妻，御以如皋，射雉獲之。杜氏注「爲妻御之皋澤」，如訓之，謂往也，則「如皋」非地名審矣。又《次韻滕元發等》詩：「坐看清邱呑澤芥，自慚黃潦薦溪蘋。」又《西湖》詩：「青丘已呑雲夢芥。」按相如《子虛賦》：「秋田乎青邱，彷徨乎海外，呑雲夢者八九，于其胸中曾不芥蔕。」芥蔕，刺鯁也，非草木之芥，坡詩云爾，豈非誤歟！又云：「市區收罷魚豚稅，來與彌陀共一龕。」按褚遂良云：「一食淸齋，彌勒同龕。」非彌陀也。又《次韻錢舍人病起》詩曰：「何妨一笑千痾散，全勝倉公飲上池。」按《史記》「飲上池之水」乃扁鵲，非倉公也。又《谷庵銘》云：「孔公之堂名虛白，蘇子堂後作員屋。堂雖白矣庵自黑，知白守黑名曰谷。」按《老子》：「知其白，守其黑，爲天子式；知其榮，守其辱，爲天下谷。」今曰「知白守黑名曰谷」，亦誤也。又《戲作賈梁道詩並引》云：「王凌謂賈充曰：『汝非賈梁道耶？乃欲以國與人！』由是觀之，梁道之忠于魏久矣。司馬景王既執凌歸，過梁道廟，凌大呼曰：『我大魏之忠臣！』司馬病，見凌與梁道守而殺之。然梁道之靈獨不能已其子充之惡，至使首發成濟之事，此又理之不可曉者，故戲作小詩云：嵇紹似康爲有子，郗超叛鑒是無孫。如今更恨賈梁道，不殺公閭殺子元。」大慶按《晉紀》，執王凌及夢爲祟乃宣帝，名懿字仲達，非景帝子元也，然則序所謂景王，詩所謂子元，皆誤也。又《徐州戲馬臺》詩：「路失玉鉤芳草合，林亡白鶴野泉淸。」按《桂苑叢談》：「李蔚咸通中移鎭淮海，見郡寡勝游之地，命于戲馬臺西連玉鉤斜道葺亭，名之曰賞心。」今此乃誤用廣陵戲馬臺事。至于下句亦誤。《後山詩話》云：「廣陵亦有戲馬臺，唐高宗東封，有鶴下焉，乃詔諸州爲老氏築宮，名以白鶴。」公蓋二句皆誤矣。又按《龔遂傳》：「令民種一百本薤，五十本葱。」坡詩云：「細思種薤五十本，大勝取禾三百廛。」則誤以葱爲薤矣。又云：「他年一舸鴟夷去，應記儂家舊姓西。」按《寰宇記》：「越州諸暨縣有西施家、東施家。」謂施氏所居分爲東西，今謂「舊姓西」，則誤矣。坡之誤，此類甚多。又云：「憶昔舜耕歷山鳥耘田。」趙次公注云：「《史記・舜紀》注引傳，以爲『下有群鳥耘田』，故《文選》注左思賦云：『舜葬蒼悟，象爲之耕，禹耕會稽，鳥爲之耘。』如此則鳥耘非舜事，象耕亦非歷山時，而先生云爾。撼樹之徒，遂輕議先生爲錯，殊不知先生胸次多書，下筆痛快，不復檢本訂之，豈比世間切切若獺祭魚者哉！」大慶謂杜征南、顏秘書爲丘明、孟堅忠臣，次公之言正此類爾。後生晚學，影響見聞，乃欲以是藉口，豈知以東坡則可，他人則不可，當如魯男子之學柳下惠可也。

《梁谿漫志》卷七：作詩押韻是一奇。荆公、東坡、魯直押韻最工，而東坡尤精於次韻，往返數四，愈出愈奇。如作梅詩、雪詩押「暾」字、「叉」字，在徐州與喬太傅唱和押「粲」字，數詩特工。荆公和「叉」字數首，魯直和「粲」字數首，亦皆傑出。蓋其胸中有數萬卷書，左押右取，皆出自然。初不著意要尋好韻，而韻與意會，語皆渾成，此所以爲好。若拘於用韻，必有牽強處，則害一篇之意，亦何足稱。坡在嶺外《和淵明懷古田舍》詩云：「休閒等一味，妄想生愧靦。」自注云：「淵明本用『緬』字，今聊取其同音字。」《和程正輔同遊白水巖》詩云：「恣傾白蜜收五稜，細斸黄土栽三椏。」自注云：「來詩本用『⿰石亞』字，惠州無書，不見此字所出，故且從『木』奉和。」且東坡欲和此二韻，似亦不難矣，然才覺牽合，則寧捨之，不以是而壞此篇之全意也。後人不曉此理，纔到和韻處，以不勝人爲恥，必劇力冥搜，縱不可使，亦須強押，正如醉人語言，全無倫類，可以一笑也。

又：東坡嘗見石曼卿《紅梅》詩云：「認桃無綠葉，辨杏有青枝。」曰：「此至陋語，蓋村學中體也。」故東坡作詩力去此弊，其《觀畫》詩云：「論畫以形似，見與兒童鄰。賦詩必此詩，定知非詩人。」此言可爲論畫、作詩之法也。世之淺近者不知此理，做月詩便說明，做雪詩便說白，間有不用此等語，便笑其不著題。此風晚唐人尤甚。坡嘗作《謝賜御書詩》，叙天下無事，四夷畢服，可以從容翰墨之意，末篇云：「露布朝馳玉關塞，捷書夜到甘泉宮。」又云：「文思天子師文母，終閉玉關辭馬武。小臣願對紫薇花，試草尺書招贊普。」蓋因事諷諫，三百篇之義也。而或者笑之曰：「有甚道理後說到陝西獻捷。」此豈可與論詩，若使渠爲之，定祇做一首寫字詩矣。

《白石道人詩說》：語貴含蓄。東坡云「言有盡而意無窮」者，天下之至言也。山谷尤謹於此。清廟之瑟，一唱三嘆，遠矣哉！後之學詩者，可不務乎？若句中無餘字，篇中無長語，非善之善者也；句中有餘味，篇中有餘意，善之善者也。

《澗泉日記》卷下：陳無己云：「子瞻始學劉禹錫，故多怨刺。晚學太白，至其得意則似之，然失于粗。」又云：「司馬遷作《長卿傳》，如長卿之文。」

《竹莊詩話》卷一：東坡《答王鞏》云：「新詩如彈丸。」又《送歐陽叔弼》云：「中有清圓句，銅丸飛柘彈。」蓋詩貴於圓熟也。余以謂圓熟多失之平易，老硬多失之枯乾。能不失於二者之間，則可與古之作者並驅矣。

《竹莊詩話》卷九引呂居仁云：詩欲波瀾之闊，須放規模令大，涵養吾氣而後可。規模既大，波瀾自闊，少加持擇，功已倍於古矣。試取東坡黃州以後詩，如《種松》《醫眼》之類，便可見。

《仕學規範》卷三五引《童蒙詩訓》：張文潛嘗云：「但把秦漢以前文字熟讀，自然滔滔地流也。」又云：「近世所當學者惟東坡。」

又卷三六：東坡詩不可指摘輕議，辭源如長河大江，飄沙捲沫，枯槎束薪，蘭舟繡鷁，皆隨流矣。珍泉幽澗，澄潭靈沼，可愛可喜，無一點塵滓，只是體不似江河，讀者幸以此意求之。出《許彥周詩話》。

又：詩之用事，不可牽強，必至於不得不用而後用之，則事辭爲一，莫見其安排鬬湊之迹。蘇子瞻嘗爲人作挽詩云：「豈意日斜庚子後，忽驚歲在己辰年。」此乃天生作對，不假人力。出《石林詩話》。

又卷三九：東坡云：詩要有爲而後作，用事當以故爲新，以俗爲雅，好奇務新乃詩之病。柳子厚晚年詩頗似陶淵明，知詩病者也。

吳泳《與洪平齋書》：韓、蘇二子，皆因作文章時見道理，故前輩爲之傾倒。然東坡如銀山鐵壁，占得地位十分完牢；退之如欹篁偃松，未免一時有倒賺處，畢竟本心消磨它不得。若劉、柳諸人，則合下墮坑落，不必問也。

《懷古錄》卷上：東坡於詩，人所難言者，已則霈然有餘，且是馳騁而無往不可。其題《畫雁》云：「野雁見人來，未動意先改。不知君何處，得無此人態。」「耕田欲雨刈欲晴，去得順風來者怨。若使人人禱輒遂，造物應須日千變。」如「杜陵評書貴瘦硬，此語未公吾不憑。短長肥瘦各有態，玉環飛燕誰敢憎？」如「治家不求富，讀書不求官。恰似飲不醉，陶然有飲歡。」如「周公與管蔡，恨不茅三間」，如「論畫以形似，見與兒童鄰。賦詩必此詩，定非知詩人。」此皆立意高卓，而辭又足以達其意。「三盃洗戰國，一斗銷強秦」，「寒腸得酒芒角出，肺腑槎牙生竹石」，「大兒汾陽中令君，小兒天台坐忘眞。平生不識高將軍，手污吾足乃敢瞋」。此又以文氣勝。《飲湖上初晴後雨》云：「卻把西湖比西子，淡妝濃抹總相宜。」《泛雪溪》云：「清風定何物，可愛不可名。所至如君子，草木有嘉聲。」《眉子石硯歌》云：「游人指點小顰處，中有漁陽胡馬嘶。」「青山偃蹇如高人，平時不肯入官府。高人自與山有約，不待招邀滿庭戶。」此則以物爲人。《次韻王滁州見寄》：「斯人何似似春雨，歌舞農夫怨行路。」此則又以人而爲物。如長江大河，遇物賦形，有自然之妙。

又：東坡《和陶雜詩》云：「斜日照孤隙，始知空有塵。微風動衆竅，誰信我忘身。一笑問兒子，與汝定何親。從我來海南，幽絕無四鄰。耿耿如缺月，獨與良庚晨。此道固應爾，不當怨尤人。」東坡詩云：「家童燒枯草，走報暗井出。一飽末可期，飄（按：當作瓢）飲已可必。」亦皆有曠適之意。然其曠適者，卻與淵明不同。蓋其一氣趧從後，飄飄然豪俊之氣終不掩，故止可以爲東坡之詩，而非淵明之詩也。蒼山曰：「只如『斜日照孤隙』，起三句便微傷於工巧矣，其豪俊已難比柳（按柳宗元）。柳清峭雖不可比陶，卻出乎齊梁之上。」

《詩人玉屑》卷五引《室中語》：一日，有客攜所業謁公，客退，公觀之竟，語僕曰：「此人多讀東坡詩。大率作文須學古人，學古人尚恐不至古人，況學今人哉！其不至古人也必矣。」又卷一七引《室中語》：東坡作文，如天花變現，初無根葉，不可揣測。如作《蓋公堂記》共六百餘字，僅三百餘字說醫。《醉石道人》詩共二十八句，卻二十六句作假說，惟用兩句收拾。作《鶴嘆》，則替鶴分明。

《梅磵詩話》卷下：梅格高韻勝，詩人見之吟詠多矣，自和靖「香影」一聯，爲古今絕唱，詩家多推尊之。其後東坡次少游「槁」字韻，及謫羅浮時賦古詩三篇，運意琢句，造微入妙，極其形容之工，眞可企皦孤山。以此見騷人詠物，愈出而愈奇也。

《黃氏日鈔》卷一八：潁濱之序，謂東坡謫居儋耳，華屋玉食之念不存于胸中，謂子瞻嘗稱轍詩有古人之風，自以爲不若，似皆非所宜言。述東坡之論陶詩，謂質而實綺，癯而實腴，則名言也。

《困學紀聞》卷一八：東坡文章好譏刺，文與可戒以詩云：「北客若來休問事，西湖雖好莫吟詩。」晚年郭功父寄詩云：「莫向沙邊弄明月，夜深無數采珠人。」饒德操、黎介然、汪信民寓宿州，作詩有略詆及時事者，呂滎陽聞之，作《麥》《熟》《繰》《絲》等四詩以諷止之，自此不復有前作。

《浩然齋雅談》卷中：東坡《梅》詩云：「憑仗幽人收艾納，國香和雨入莓苔。」艾納，梅枝上苔也。梅至花過則苔極香，取少許細嚼之，苦而後甘，如食橄欖，坡意蓋在此也。

又：東坡詩喜用「揭來」字，「揭來東觀棄丹墨」、「長陵揭來見大姊」、「揭來城下作飛石」、「揭來畦東走畦西」、「揭來從我遊」、「揭來齊安野」、「揭來清潁上」、「揭來廉泉上」，其用字蓋出於顏延年《秋胡》詩：「揭來空復辭。」所用之意同耳。

林光朝《讀韓柳蘇黄集》：蘇、黄之別，猶丈夫女子之應接。丈夫見賓客，信步出將去；如女子，則非塗澤不可。

《玉堂嘉話》卷二：坡詩雖二十字者，皆有莫大議論。

趙秉文《答李天英書》：東坡又以太白之豪、樂天之理，合而爲一，是以高視古人，然亦不能廢古人。

元好問《論詩三十首》：金入洪爐不厭頻，精眞那計受纖塵。蘇門果有忠臣在，肯放坡詩百態新。

又《杜詩學引》：杜詩注六七十家，發明隱奥，不可謂無功。至於鑿空架虛，旁引曲證，鱗雜米鹽，反爲蕪累者亦多矣。要之，蜀人趙次公作證誤，所得頗多；托名於東坡者爲最妄，非托名者之過，傳之者過也。

又《東坡詩雅引》：五言以來，六朝之謝、陶，唐之陳子昂、韋應物、柳子厚，最爲近風雅。自餘多以雜體爲之，詩之亡久矣。雜體愈備，則去風雅愈遠，其理然也。近世蘇子瞻絶愛陶、柳二家，極其詩之所止，誠亦陶、柳之亞；然評者尚以其能似陶、柳，而不能不爲風俗所移，爲可恨耳！夫詩至於子瞻，而且有不能近古之恨，後人無所望矣。乃作《東坡詩雅》目錄一篇。正大己丑，河南元某書於内鄉劉鄧州光父之東齋。

又《陶然集序》：方外之學有「爲道日損」之說，又有「學至于無學」之說，詩家亦有之。子美夔州以後，樂天香山以後，東坡海南以後，皆不煩繩削而自合，非技進於道者能之乎？詩家所以異于方外者，渠輩談道不在文字，不離文字；詩家聖處不離文字，不在文字。

《瀛奎律髓·遷謫類序》：遷客流人之作，唐詩中多有之。伯奇擯，屈原放，處人倫之不幸也。或實有咎責而獻靖省循，或非其罪而安之若命，惟東坡之黄州、惠州、儋州尤偉云。

《詩林廣記》後集卷三：韓子蒼云：東坡作文，如天花變見，初無根葉，不可揣測。

又引趙彦材《詩注》云：《蝸牛》《鬼蝶》雖不用事與語，而《蝸牛》之戒登高，《鬼蝶》之嘆倏忽者，皆有深意矣。

王若虚《臣事實辨》：韓退之不善處窮，哀號之語，見於文字，世多譏之，（略）其不及歐、蘇遠矣。

又《文辨二》：世稱李、杜，而李不如杜；稱韓、柳，而柳不如韓；稱蘇、黄，而黄不如蘇。不必辨而後知。歐陽公以爲李勝杜，晏元獻以爲柳勝韓，江西諸子以爲黄勝蘇，人之好惡固有不同者，而古今之通論不可易也。

又《山谷於詩每與東坡相抗門人親黨遂謂過之而今之作者亦多以爲然予嘗戲作四絕云》：駿步

由來不可追，汗流餘子費奔馳。誰言直待南遷後，始是江西不幸時！信乎拈來世已驚，三江衰衰筆頭傾。莫將險語誇勁敵，公自無勞與若爭。戲論誰知是至公，蝤蛑信美恐生風。奪胎換骨何多樣，都在先生一笑中。文章自得方爲貴，衣鉢相傳豈是眞？已覺祖師低一著，紛紛法嗣復何人？

又《滹南詩話》卷一：郊寒白俗，詩人類鄙薄之，然鄭厚評詩，荆公、蘇、黄輩曾不比數，而云樂天如柳陰春鶯，東野如草根秋蟲，皆造化中一妙，何哉？哀樂之眞，發乎情性，此詩之正理也。

又卷二：東坡和陶詩，或謂其終不近，或以爲實過之，是皆非所當論也。渠亦因彼之意，以見吾意云爾，曷嘗心競而較其勝劣邪？故但觀其眼目旨趣之何如，則可矣。

又：鄭厚云：「魏、晉已來，作詩唱和，以文寓意。近世唱和，皆次其韻，不復有眞詩矣。詩之有韻，如風中之竹，石間之泉，柳上之鶯，牆下之蛩，風行鐸鳴，自成音響，豈容擬議？夫笑而呵呵，歎而唧唧，皆天籟也，豈有擇呵呵聲而笑，擇唧唧聲而歎者哉！」慵夫曰：「鄭厚此論，似乎太高，然次韻實作者之大病也。詩道至宋人，已自衰弊，而又專以此相尙。才識如東坡，亦不免波蕩而從之，集中次韻者幾三之一，雖窮極技巧，傾動一時，而害于天全多矣。使蘇公而無此，其去古人何遠哉！」東坡《南行唱和詩序》云：「昔人之文，非能爲之爲工，乃不能不爲之爲工也。山川之有雲，草木之有華實，充滿勃鬱而見于外，雖欲無有，其可得耶！故予爲文至多，而未嘗敢有作文之意。」時公年始冠耳，而所有如此，其肯與江西諸子終身爭句律哉！

又：東坡，文中龍也，理妙萬物，氣呑九州，縱橫奔放，若游戲然，莫可測其端倪。魯直區區持斤斧準繩之說，隨其後而與之爭，至謂未知句法。東坡而未知句法，世豈復有詩人？而渠所謂法者，果安出哉？老蘇論揚雄，以爲使有孟軻之書，必不作《太玄》。魯直欲爲東坡之邁往而不能，于是高談句律，旁出樣度，務以自立而相抗，然不免居其下也，彼其勞亦甚哉！向使無坡壓之，其措意未必至是。世以坡之過海爲魯直不幸，由明者觀之，其不幸也舊矣。

又：山谷之詩，有奇而無妙，有斬絕而無橫放，鋪張學問以爲富，點化陳腐以爲新，而渾然天成，如肺中流出者，不足也。此所以力追東坡而不及歟？或謂論文者尊東坡，言詩者右山谷，此門生新黨之偏說，而至今詞人多以爲口實，同者襲其迹而不知返，異者畏其名而不敢非。善乎吾舅周君之論也，曰：「宋之文章至魯直，已是偏仄處。陳後山而後，不勝其弊矣。人能中道而立，以巨眼觀之，是非眞僞，望而可見也。」若虛雖不解詩，頗以爲然。近讀《東都事略·山谷傳》云：「庭堅長于詩，與秦觀、張耒、晁補之游蘇軾之門，號四學士，獨江西君子以庭堅配軾，謂之蘇、黃。」蓋自當時已不以是爲公論矣。

又卷三：山谷自謂得法于少陵，而不許于東坡。以予觀之，少陵，《典謨》也；東坡，《孟子》之流；山谷，則揚雄《法言》而已。

周昂《魯直墨貼》：詩健如提十萬兵，東坡直欲避時名。須知筆墨渾閑事，猶與先生抵死爭。

又《陶然集序》：方外之學有「爲道日損」之説，又有「學至於無學」之説，詩家亦有之。子美夔州以後，樂天香山以後，東坡海南以後，皆不煩繩削而自合，非技進於道者能之乎！詩家所以異於方外者，渠輩談道不在文字，不離文字；詩家聖處不離文字，不在文字。

又《東坡詩雅序》：五言以來，六朝之陶謝、唐之陳子昂韋應物柳子厚，最爲近風雅。自餘多以雜體爲之，詩之亡久矣。雜體愈備，則去風雅愈遠，其理然也。近世蘇子瞻絶愛陶、柳二家，極其詩之所至，誠亦陶、柳之亞。然評者尙以其能似陶、柳，而不能不爲風俗所移爲可恨耳。夫詩至於子瞻，而且有不能近古之恨，後人無所望矣。乃作《東坡詩雅》目錄一篇。

《隱居通議》卷六《李杜蘇黄》：少陵詩似《史記》，太白詩似《莊子》，不似而實似也；東坡詩似太白，黄、陳詩似少陵，似而又不似也。

又《東坡實見》：東坡晚年，在海上不觀他人詩，惟以陶、柳集自隨，豈非世慮盡而實見定歟？

劉祁《歸潛志》卷八：趙閑閑嘗爲余言：「少初識尹無忌，問：『久聞先生作詩不喜蘇、黄，何如？』無忌曰：『學蘇、黄，則卑猥也。』」

郝經《東坡先生畫像》：根極孔孟據六經，道德仁義炳日星。蹴踏漆園隘蘭陵，揮斥戰國跨兩京。睥睨儀秦更縱横，每笑子雲譏長卿。屈宋賈馬擷華英，李杜韓柳皆包併。諸子百氏歸題評，出入老佛雜刑名。雜不越理純粹精，融會變化集大成。

又《與撖彥舉論詩書》：至蘇、黄氏，而詩益工，其風雅又不逮夫李、杜矣。蓋後世辭勝，儘有作爲之工，而無復性情，不知風雅。（略）先爲辭藻，茅塞思竇，擾其興致，自趨塵近，不能高古，習以成俗，味夫風雅之原矣。嗚呼！自李、杜、蘇、黃，已不能越蘇、李，追三代，矧其下乎？（略）足下之作，不爲不工，不爲不奇，殆亦未免近世辭人之詩。願熟讀《三百篇》及漢、魏諸人，唐宋以來只讀李、杜、蘇、黃，盡去近世辭章。數年之後，高詠吟臺之上，則必非復吳下阿蒙矣。

吳澄《王實翁詩序》：黃太史必於奇，蘇學士必於新，荆國丞相必於工，此宋詩之所以不能及唐也。

又《皮昭德詩序》（《吳文正公集》卷九）：宋氏王、蘇、黃三家各得杜之一體。涪翁于蘇迥不相同，蘇門諸人其初略不之許，坡翁獨深器重，以爲絶倫。眼高一世，而不必人之同乎己者如此。

徐明善《送黃景章序》：中州士大夫文章翰墨頗宗蘇、黃，蓋唐有李、杜，宋有二公，遒筆快句，雄文高節，今古罕儷，宗之宜矣。

袁桷《書杜東洲詩集後》：蘇文忠自渡嶺海以後，詩律大變。蓋其精神氣概，逢海若而不慴，噴薄變化，迎受之而莫辭。昔之善賦詠者，必窮涉歷之遠。至于空巖隱士，其所諷擬，不過空林古澗，語近意短，又安能足以廣耳目之奇，寫胸臆之偉哉！

張之翰《方虛谷以詩餞余至松江因和韻奉答》：宋稱歐蘇及黄陳，唐尊李杜與韓柳。自餘作者非不多，殆類衆星朝北斗。

又《九皐詩集序》：夫詩者，所以自樂吾之性情也，而豈觀美自鬻之技哉！欣悲感發，得之油然者有淺深，而寫之適然者有濃淡。志尚高則必不可凡，世味薄則必不可俗。故淵明之冲寂，蘇州之簡素，昌黎之奇暢，歐之清遠，蘇、黄之神變，彼其養於氣者落落相望，皆如嵇延祖之軒軒於鷄羣。宜其超然塵埃混濁之外，非復喧啾之所可匹儕。

又《黄公誨詩序》：蓋余嘗憮然於世之論詩者也，標江西競宗支，尊晚唐過《風》、《雅》，高者詭《選》，如刪前綴，襲熟字，枝蔓類景，軋屈短調，動如夜半傳衣，步三尺不可過。至韓、蘇名家，放爲大言以槩之，曰：「是文人之詩也。」於是常料格外，不敢別寫物色，輕愁淺笑，不復可道性情。至散語則匍匐而做課本小引之斷續，卷舌而譜雜擬諸題之磔裂，類以爲詩人當爾。吾求之《三百篇》之流麗，卜子條暢，無是也。（略）每見昌黎諸詩，凡小家數務持稱能者，其中無不有，第小絶雜賦，則精至。此老狡獪，特使人不可測。東坡神邁千古，至回文作詞語，更可愛。于以見文人於詩，皆寢處而活脱之，宜詩人者之望而媢之。

《愛日齋叢鈔》卷三：《王直方詩話》：東坡平日最愛樂天之爲人，故有詩云：「我甚似樂天，但無素與蠻。」又：「我似樂天君記取，華顛賞遍洛陽春。」又：「他時要指洛陽人，知是香山老居士。」又：「定似香山老居士，世緣終淺道根深。」而坡在錢塘，與樂天所留歲月略相似，其句云「在郡依然六百日」者是也。洪氏《三筆》論蘇公謫黃州始稱東坡居士，其意蓋專慕白樂天。白公有《東坡種花》詩、《步東坡》詩、《別東坡花樹》詩，皆爲忠州刺史時作。蘇公在黃，正與白公忠州相似，因憶蘇詩《贈寫眞李道士》云：「知是香山老居士。」《贈善相程傑》云：「我似樂天君記取。」《送程懿叔》云：「我甚似樂天。」《入侍邇英》云：「定似香山老居士。」而跋云：「樂天自江州司馬除忠州刺史，旋以主客郎中知制誥，遂拜中書舍人。某雖不敢自比，然謫居黃州，起知文登，召爲儀曹，遂忝侍從，出處老少大略相似，庶幾復享晚節閑適之樂焉。」《去杭州》云：「出處依稀似樂天，敢將衰朽較前賢。」序曰：「平生自覺出處老少，粗似樂天，才名相遠，而安分寡求亦庶幾焉。」則東坡之名，非偶爾暗合也。《益公雜志》亦稱：「公不輕許可，獨敬愛樂天，屢形詩篇。蓋其文章皆主辭達，而忠厚好施，剛直盡言，與人有情，于物無著，大略相似。謫居黃州，始號東坡，其原必起于樂天忠州之作。」予因諸詩之作而考之，東坡之慕樂天似不盡始黃州。《吊海月辨師》云「樂天不是蓬萊客，憑仗西方作主人。」倅杭時作，已有慕白之意矣。坡詩注：「盧子《逸史》：會昌元年，有南客飄至大山，有人引至一處，見道士坐大殿，曰：此蓬萊山也。宮內院宇數十，而一院扃鎖，曰：此白樂天宮，樂天在中國未來耳。樂天聞之，遂作《答客說》詩：『海山不是吾歸處，歸則應歸兜率天。』」又《與果上人》詩：「不須惆悵從師去，先請西方作主人。」觀引此事，知其已慕白也。守膠西《和張子野竹閣見憶》云：「柏堂南畔竹如雲，此閣何人是主人？但遺先生披鶴氅，不須更畫樂天眞。」或謂此自屬之子野。元祐經筵賜御書樂天《紫薇花》絕句，又不獨公以此自擬也。記韓魏公醉白堂，以所得之厚薄深淺，孰有孰無，較勛名富樂之不同，而以忠言嘉謨效于當時，文采表于後世，死生窮達，不易其操，道德高于古人爲同。迨其自處，則謂才名相遠，不敢自比，而以由謫籍起爲守，登侍從，庶幾出處老少，晚節閑適，安分寡求爲同。若樂天伎之奉，固蘇公所無。坡後賦朝雲：「不似楊枝別樂天。」豈誠過之？戲言也。況已云「但無素與蠻」矣。子由暮年賦詩，亦謂：「時人莫作樂天看，燕望端能畢此身。」自注：「樂天居洛陽日，正與予年相若，非齋居道場，輒攜酒尋花，游賞泉石，略無暇日。予性拙且懶，杜門養病，已近十年，樂天未必能爾也。」或當日又以樂天稱子由。香山一老，而兩蘇公共之。子由《讀白集五絕句》極論所處同異，今盡鈔其詩云：「樂天夢得老相從，洛下詩流第一雄。自笑索居朋友絕，偶然得句共誰同。」「樂天得法老凝師，後院猶存楊柳枝。春盡絮飛餘一念，我今無累百無思」。「樂天投老刺杭蘇，溪石胎禽載舳艫。我昔不爲二千石，四方異物固應無。」「樂天引洛注池塘，畫舫飛橋映綠楊。瀍水隔城來不得，不辭策杖看湖光。」「樂天種竹自成園，我亦牆陰數百竿。不共伊家鬭多少，也能不畏雪霜寒。」

楊維楨《張北山和陶集序》：詩得於言，言得於志。人各有志有言以爲詩，非迹人以得之者也。東坡和淵明詩，非故假詩於淵明也。其解有合於淵明者，故和其詩，不知詩之爲淵明，爲東坡也。涪翁曰：「淵明千載人，東坡百世士。出處固不同，氣味乃相似。」蓋知東坡之詩可比淵明矣。

倪瓚《謝仲野詩序》：詩亡而爲騷，至漢爲五言吟詠，得性情之正者，其惟淵明乎？韋、柳冲淡蕭散，皆得陶之旨趣，下此則王摩詰矣。何則？富麗窮苦之詞易工，幽深閑遠之語難造。至若李、杜、韓、蘇，固已烜赫焜煌，出入今古，踰前而絕後。校其情性，有正始之遺風，則間然矣。

孫作《還陳檢校山谷詩》：蘇子落筆奔海江，豫章吐句敵山嶽。湯湯濤瀾絕崖岸，崿崿木石森劍槊。二子低昂久不下，藪澤遂包貙與鰐。至今雜遝呼從賓，誰敢倔強二子角。

宋濂《答章秀才論詩書》：元祐之間，蘇、黃挺出，雖曰共師李、杜，而競以己意相高，而諸作又廢矣。自此以後，詩人迭起，或波瀾富而句律疎，或煆煉精而情性遠，大抵不出於二家。觀於蘇門四學士及江西宗派諸詩，蓋可見矣。

貝瓊《送鄭千之序》：使無其本，而朝盈夕涸，求其渙而爲文，盪而爲聲，惡可得哉！士之厄而通者亦然，聖人弗論也。若唐之韓退之、柳子厚、李太白、杜少陵，宋之歐陽永叔、蘇子瞻，所謂天下之士，亦皆起於困踣顛頓，則揭陽、柳州、夜郎、夔子、夷陵、儋耳，其猶河之龍門歟！六子至是道益彰，文益奇，譽益崇，又孰得而抗之也？由其所蓄，類於河之有本，而最巨者矣。

劉基《蘇平仲文集序》：繼唐者宋，而有歐、蘇、王、曾出焉。其文與詩，追漢、唐矣。

黃瑜《彭陸論韻》：古人用韻，大率因六書諧聲而來，往往通而不拘，如六經可見已。（略）古韻至魏、晉時尚多知之，宋、齊而下，浸以湮滅。然有博雅好古之士，若唐韓退之、柳宗元、白居易，宋歐陽永叔、蘇子瞻、子由，猶能深考古韻而用之。

黃容《江雨軒詩序》：（絕句）至宋蘇文忠公與先文節公，獨宗少陵、謫仙二家之妙，雖不拘拘其似，而其意遠義賅，是有蘇、黄並李、杜之稱。當時如臨川、後山諸公，皆傑然無讓古者。

李東陽《蘇子瞻》：兩國山川一戰功，子瞻詞賦亦爭雄。江流自古愁無限，落水長天萬里風。

又《書愧齋唱和詩序後》：昔黄山谷謂坡老曰：「有文章名一世，詩不逮古人者。」而彭淵材恨曾子固不能詩。自今觀之，子瞻豪雄浩翰，決不出山谷下，子固集所傳諸作，當世亦豈多得？不足信也。夫天下無兩似之物，二美相並，必有所掩。

《懷麓堂詩話》：五、七言古詩仄韻者，上句末字類用平聲。惟杜子美多用仄，如《玉華宮》、《哀江頭》諸作，概亦可見。其音調起伏頓挫，獨爲趫健，似別出一格。回視純用平字者，便覺萎弱無生氣。自後則韓退之、蘇子瞻有之，故亦健於諸作。此雖細故末節，蓋舉世歷代而不之覺也。偶一啓鑰，爲知音者道之。若用此太多，過於生硬，則又矯枉之失，不可不戒也。

又：昔人論詩，謂「韓不如柳，蘇不如黄」；雖黄亦云「世有文章名一世，而詩不逮古人」者，殆蘇之謂也。是大不然。漢、魏以前，詩格簡古，世間一切細事長語，皆著不得。其勢必久而漸窮，賴杜詩一出，乃稍爲開擴，庶幾可盡天下之情事。韓一衍之，蘇再衍之，於是情與事，無不可盡。而其爲格，亦漸粗矣。然非具宏才博學，逢原而泛應，誰與開後學之路哉？

又：蘇子瞻才甚高，子由稱之曰：「自有文章，未有如子瞻者。」其辭雖夸，然論其才氣，實未有過之者也。獨其詩傷於快直，少委曲沉著之意，以此有不逮古人之誚。然取其詩之重者，與古人之輕者而比之，亦奚翅古若耶？

又：韓、蘇詩雖俱出入規格，而蘇尤甚。蓋韓得意時，自不失唐詩聲調。如《永貞行》固有杜意，而選者不之及，何也？

《南濠詩話》：蘇文忠公文章之富，古今莫有過者。予頃見公詩眞蹟于友人家，皆集中所不載。詩凡五首，前題云《村醪二尊獻張平陽》。其一：「萬戶春濃酒似油，想須百甕列牀頭。主人日飲三千客，應笑窮官送督郵。」其二：「詩裏將軍已築壇，後來裨將欲登難。已驚老健蘇梅在，更作風流王謝看。」其三：「〔缺二字〕出定知書滿腹，瘦生應爲語雕肝。〔缺二字〕灑落江山外，留與人間激懦官。」其四：「張公高躅不可到，我欲俛眉纔覺難。事業已歸前輩錄，典刑留與後人看。」其五：「詩如琢雪淸牙頰，身覯飛龍吐膽肝。少負淸名晚方用，白頭翁竟作口官。」

又：昔人謂「詩盛于唐，壞于宋」，近亦有謂元詩過宋詩者，陋哉見也。劉後村云：「宋詩豈惟不愧于唐，蓋過之矣。」予觀歐、梅、蘇、黃、二陳至石湖、放翁諸公，其詩視唐未可便謂之過，然眞無愧色者也。

楊愼《周受菴詩選序》：蘇文忠公宋代詩祖，而輕銓後進云文章妙天下而詩律不逮古人，蓋規磨之談，媢嫉之訾耳。唐庚、韓駒、巽巖、後溪、魯交、李石、文丹淵、喩三嵎襲其殘芳。元則虞道園兄弟、鄧文原父子，不隕其掞藻，以開皇明。

楊愼《升菴詩話》卷一：蘇子由《題李龍眠山莊圖》四詩，奇景奇句，可誦可想。放翁謂子由詩勝子瞻，亦有見也。

又卷四：宋人詩話云：「東坡如毛嬙、西子洗妝，與天下婦人鬭巧。」

何良俊《四友齋叢說》卷三〇《求志》：唐人以白太傅爲廣大敎化主。蘇端明自言上可以陪玉皇大帝，下可以陪悲田院乞小兒。此二人者，於人無所不容，其柳下惠之顏、閔歟！然蘇稍露鋒鍔，不及太傅混然無跡，故蘇公屢遭磨折，正爲是耳。

謝榛《四溟詩話》卷三：和古人詩，起自蘇子瞻。遠謫南荒，風土殊惡，神交異代，而陶令可親，所以飽惠州之飯，和淵明之詩，藉以自遣爾。本朝有和唐音者，得一繭而抽萬絲，逞獨能而敵衆妙，專以坡老爲口實，則兩心異同，識者自當見之。譬一武士，登九里山，觀古戰場，命人掘地，因得折戟斷劍餘矢缺刀，乃自稱元戎，前與韓、彭諸將對敵，戰則無功，敗則取笑，其不自量也愚哉。

《靜居緒言》：讀坡、谷詩，如讀《華嚴》、《內景》諸篇，隨心觸法，便見渠舌根有青蓮花生，華池有金丹氣轉，不可以人世語言較量。故須另具心眼，得有玄解，乃知宋詩妙處。一以唐人格律繩之，卻是不會讀宋詩。

又：子瞻之才，可謂冠宋，唐之子美也。瞻于學術而放乎性靈，睥睨一世而擺落萬象，然不免貪多務博，良楛互見，元遺山所謂「蘇門若有忠臣在，肯放坡詩百態新」也。東坡嘗曰：「好奇務新，迺詩之病。」此老尚未飲上池水三十日，而欲藥人，不亦惑矣！

又：髯蘇以江湖流覽之情，寄憂讒畏譏之思，卻不覺言語之悽楚。其胸有雲夢，目空塵海，實是占得詩境自然處，有風人之意焉。

袁宏道《與李龍湖》：韓、柳、元、白、歐，詩之聖也；蘇，詩之神也。彼謂宋不如唐者，觀場之見耳。

又《馮琢師》：宏道近日始讀李唐及趙宋諸大家詩文，如元、白、歐、蘇，與李、杜、班、馬，眞足雁行。

又《與丘長儒書》：陳、歐、蘇、黄諸人，有一字襲唐者乎？又有一字相襲者乎？至其不能爲唐，殆是氣運使然，猶唐之不能爲《選》，《選》之不能爲漢、魏耳。

又《東坡詩選識語》：宋初承晚習，諸公多尙崑體，靡弱不足觀。至歐公始變而雅正，子瞻集其大成，前掩陶、謝，中凌李、杜，晚跨白、柳，詩之道至此極盛。此後遂無復詩矣。

《熙山詩話》：西涯云：「子瞻詩傷于快直，少委曲沉着之意，以此有不逮古人之誚，雖後山亦謂其失之粗，以其得之易也。」愚謂快直率易固然，但坡翁好用事，甚者句句以事襯貼，如《賀陳章生子》、《張子野買妾》、《戲徐孟不飲》之詩是也。劉辰翁謂黃太史盛欲用萬卷書，與古人爭能于一字，然不知意多而情遠，句累而格近也。鍾嶸云：「任昉博物，動輒用事，所以詩不能奇。」然則用事不可耶？少陵「讀書破萬卷，下筆如有神」，未嘗不用事，而渾然不覺，乃爲高品也。

婁堅《草書東坡五七言各一首因題其後》：世之論古文者，謂法亡於韓。而予以爲賈馬之後，獨韓最高雅。如《進學解》效《答客難》、《解嘲》而爲之，然皆不擬其詞格，而命意尤醇雅，眞儒者之文也。至其詩尤不宜於俗讀，《調張籍》一篇，雖盲聾可幾於聰明矣。宋人之詩，高者固多，有如蘇長公發妙趣於橫逸譃浪，蓋不拘拘爲漢魏晉唐，而卒與之合，乃曰此眞宋詩耳。「詩何以議論爲」，此與兒童之見何異？予喜字畫，多寫唐宋人詩文以應來索者，蓋數以此語告之。

明刻本《陶淵明集》附錄吳觀文語：坡公才情飄逸豪放，晚年率歸平淡，乃悉取淵明集中詩追和之，此是其好陶之至，不自知其言之病也。

何喬新《史論·蘇軾以事不便民者不敢言以詩托諷庶有益於國李定舒亶摘其語以爲怨謗欲寘之死帝憐之但貶黃州團練副使本州安置》：蘇軾在宋，雄文直氣，冠冕一時，群憸側目久矣。爲軾者緘其口、卷其舌，猶懼不免，顧乃輕出所有以揚己長而昭人過，寧免於禍乎！軾之意蓋謂以詩托諷，庶其君之一悟，亦可謂不思矣。新法之行，舉朝爭之而不肯從，寂寥短章，遽能使其君感悟耶？當是時，李定、舒亶、王珪之徒極力鍛鍊，軾幾不能自脫，幸而神宗不以言語罪人，薄示貶責而已，使遇漢宣帝不免種豆南山之禍，遇隋煬帝安能逭燕泥庭草之誅！

《存餘堂詩話》：東坡少年有詩云：「清吟雜夢寐，得句旋已忘。」固已奇矣。晚謫惠州復有一聯云：「春江有佳句，我醉墮渺莽。」則又加少作一等。評書家謂筆隨年老，豈詩亦然邪？

《疑耀》卷二：蘇東坡絕世之才，早年學詩，獨宗劉禹錫，而不及王、楊、盧、駱、高、岑、李、杜諸公。晚年雖曰學李靑蓮，其得意處雖迫眞，然多失於粗，止能爲白居易，則以信手拈來，不復措意耳。又言平生不好司馬《史記》，然其文多有模倣司馬者。朱考亭謂坡公晚年海外文字多是信筆胡説，全不看道理，此又非知公也。

王世貞《書蘇詩後》：蘇長公之詩，在當時天下爭趨之，若諸侯王之求封于西楚，一轉首而不能無異議。至其後則若垓下之戰，正統離而不再屬。今雖有好之者，亦不敢公言于人，其厄亦甚矣。余晚而頗不以爲然。彼見夫盛唐之詩格極高，調極美，而不能多有，不足以酬物而盡變，故獨于少陵氏而有合焉。所以弗獲如少陵者，才有餘而不能制其横，氣有餘而不能汰其濁，角韻則險而不求妥，鬭事則逞而不避粗，所謂武庫中器，利鈍森然，誠有以切中其弊者。然當其所合作亦自有斐然而不可掩，無論蘇公，即黄魯直傾奇峭峻亦多得之少陵，特單薄無深味，蹊逕宛然，故離而益相遠耳。魯直不足觀也。莊生曰神奇化而臭腐，蘇公時自犯之。臭腐復爲神奇，則在善觀蘇詩者。

又《跋坡公雜詩刻》：右坡老書黄州諸作，五言古一首，七言近體六首，詞七首。中故有致語，而壓韻使事殊令人不快。書筆翩翩自肆，間出姿態於矩度中，尤可愛也。公壓嫌字韻云：「雪似故人人似雪」，雖可愛有人，其詞翰卻不遠此語

又《蘇長公外紀序》：今天下以四姓目文章大家，獨蘇公之作最爲便爽，而其所譔論筴之類，於時爲最近，故操觚之士鮮不習蘇公文者，而雌黄之頰，於公不能無少挫。然使天下而有能盡四氏集者，萬不得一也。蘇公才甚高，蓄甚博，而出之甚達而又甚易。凡三氏之奇盡於集，而蘇公之奇不盡於集，故夫天下而有能盡蘇公奇者，億且不得一也。公之所不盡，韻而詞則溫、韋讓壯，

舌而諧謔則俟、白遜雅，筆而簡牘題署則黃豫章遜雋，游戲而爲法書則顔平原、李北海之難弟，爲古木竹石則文洋州之畏友，逃而之佛則裴相國、楊學士之禪那。以是律三君子，有一乎否也？當蘇公之生存，雖荒州下邑，兒童婦女，莫不欲一識其面，而其言之傳，蓋北幽朔而東三韓，西羌戎，南過鷄林馬人之界。（略）毋論蘇公文，即其詩，最號爲雅變雜揉者，雖不能爲吾式，而亦足爲吾用。

《藝苑卮言》卷一：蘇軾曰：「吾文如萬斛之珠，取之不竭，惟行於所當行，止於所不得不止耳。」

又卷四：讀子瞻文，見才矣，然似不讀書者。讀子瞻詩，見學矣，然似絶無才者。

又：嚴又云：「詩不必太切。」予初疑此言，及讀子瞻詩，如《詩人老去》《孟嘉醉酒》各二聯，方知嚴語之當。

又：談理而文，質而不壓者匡衡；談事而文，俳而不厭者陸贄。子瞻蓋慕贄而識未逮者。

又：詩格變自蘇、黃，固也。黃意不滿蘇，直欲凌其上，然固不如蘇也。何者？愈巧愈拙，愈新愈陳，愈近愈遠。

又：永叔不識佛理，强闢佛；不識書，强評書；不識詩，自標譽能詩。子瞻雖復墮落，就彼趣中，亦自一時雄快。

又：懶倦欲睡時，誦子瞻小文及小詞，亦覺神王。

又：詩自正宗之外，如昔人所稱廣大教化主者，於長慶得一人，曰白樂天；於元豐得一人焉，曰蘇子瞻；於南渡後得一人，曰陸務觀：爲其情事景物之悉備也。然蘇之與白，塵矣；陸之與蘇，亦劫也。

又：子瞻多用事實，從老杜五言古排律中來。魯直用生拗句法，或拙或巧，從老杜歌行中來。介甫用生重字力於七言絕句及頷聯內，亦從老杜律中來。但所謂差之毫釐，謬以千里耳。骨格既定，宋詩亦不妨看。

又：子瞻《和陶詩》，篇篇次韻，既甚牽縶，又境界各別，旨趣亦異。如和《歸園田》，乃以游白水山至荔枝浦當之，其境趣判不相合，安在其爲和陶也。其他率多類此。又如《擬古》、《雜詩》等作，用事殆無虛句，去陶益遠。

《詩源辯體》卷六：靖節詩平淡自然，本非有所造詣。但後之學者天分不足，風氣亦漓，欲學平淡，必從崢嶸豪蕩得之，乃不至於卑弱耳。東坡《與姪書》云：「大凡爲文，當使氣象崢嶸，采色絢爛，漸老漸熟，乃造平淡。」故東坡爲詩，嘗學退之；晚年寓惠州，和靖節，始有相類者。今人才力綿弱，不能自礪，輒自託於靖節，此非欺人，適自欺也。

又：靖節詩甚不易學，不失之淺易，則傷於過巧。予少時初學靖節，終歲得百餘篇，率淺易無足采錄；今間一爲之，又不免類白、蘇矣，白、蘇學陶而失之巧。因遂絕筆不復爲也。

又卷二三：東坡遷海外，惟以陶、柳二集自隨，是豈眞知陶者哉！

又卷三五：東坡論詩，散見其集中，而獨得之見爲多。予最愛其《書王子思集後》云：「蘇、李之天成，曹、劉之自得，陶、謝之超然，蓋亦至矣。而李太白、杜子美以英偉絕世之姿，凌跨百代，古今詩人盡廢。然魏晉以來，高風絕塵，亦少衰矣。」此語簡而盡，曲而當，既云「李、杜凌跨百代，古今詩人盡廢」，又云「魏、晉以來，高風絕塵，亦少衰矣」，有斟酌，有權變，而後世論李、杜者皆弗及也。宋、元、國朝人多類次舊說，然皆淺稚卑鄙，東坡諸公之論不少槩見，惜哉！

又後集纂要卷一：元美、元瑞論詩，於正者雖有所得，於變者則不能知。袁中郎於正者雖不能知，於變者實有所得。中郎云：「至李、杜而詩道始大。韓、柳、元、白、歐，詩之聖也。蘇，詩之神也。」以李、杜、柳與四家並言。固不識正變之體，以韓、白、歐爲聖，蘇爲神，則得變體之實矣。試以五言古論之，韓、白、歐、蘇雖各極其至，而才質不同。韓才質本勝歐，但以全集觀，則韓太蒼莽，歐入錄較多而警絕稍遜，然不免步武退之。白雖能自立門戶，然視其全集，則體多冗漫，而氣亦孱弱矣。至於蘇，則才質備美，造詣兼至，故奔放處有收斂，傾倒處有含蓄。蓋三子本無造詣，而蘇則實有造詣也。總四家而論，蘇爲上，韓次之，白次之，歐又次之，而元不足取。宋人首稱蘇、黃，黃諸體恣意怪僻，遂爲變中之變。元美謂其「愈巧愈拙，愈新愈陳，愈近愈遠」，又云：「魯直不足小乘，直是外道，已墮傍生趣中」是也。然黃竟爲江西詩派之祖，流毒終於宋世，中郎直舉歐、蘇而置黃勿論，可爲宋代功臣。

又：呂居仁云：「東坡蘇軾，長句波瀾浩大，變化不測，如作雜劇，打猛諢入，卻作打猛諢出。」《西清詩話》云：「東坡天才宏放，凡古人所不到處，發明殆盡，『萬斛源泉』，未爲過也。」愚按：韓、白、歐、蘇俱以才力相勝，而韓、蘇五言古尤能盡變。元美乃云『讀子瞻詩，見學矣，然似絕無才者』，此不可曉，疑有誤字。

又：張芸叟云：「子瞻詩如武庫乍開，矛戟森然，不覺令人神懼，子細檢點，不無利鈍。」愚按：子瞻五七言古，一牽於次韻，再傷於應酬，險韻有往復四五者，安得不扭捏牽率也。或謂「讀太白長篇如無韻者」，蓋一本乎自然耳。

又：子瞻七言絕，風調多有可觀，氣格亦勝永叔，自是宋人傑作。

又：子瞻在黃州、揚州有和陶詩，絕不相肖。晚年在惠州和陶，稍有類者。

又：劉後村云：「歐公詩如韓昌黎，不當以詩論。」西清云：「坡詩如方朔極諫，時雜滑稽，罕逢醞藉。」此論皆正，然可以論唐，而非所以論宋也。袁中郎云：「詩至歐、黃，滔滔莽莽，有若江河。」此又不分正變。故凡歐、蘇之詩，美而知其病，病而知其美，主是法眼。

又：王介甫五七言古，有正有變，才力可次歐、蘇，而工巧弗逮。

又：宋人嘗謂歐公以文爲詩，坡公罕逢醞藉，此論誠當；然於魯直則反稱美之，豈以歐、蘇爲變，魯直爲正耶？甚矣，宋人之愈惑也。宋人五言古，歐、蘇門戶雖大，然悉成大變。

李紹《成化重刊蘇文忠公全集序》：公爲人英傑奇偉，善議論，有氣節。其爲文章，才落筆，四海已皆傳誦。下至閭巷田里，外及夷狄，莫不知名。其盛蓋當時所未有，其文名蓋與韓、柳、歐、曾、王氏齊驅而並稱，信如天之星斗，地之山嶽，人所快睹而欽仰者，奚庸序爲！獨推程侯今日所以傳刻之意，則不可不序以見之也。

《詩藪》內編卷二：禪家戒事、理二障，余戲謂宋人詩病政坐此。蘇、黃好用事，而爲事使，事障也；程、邵好談理，而爲理縛，理障也。

又卷四：用事之僻，始見商隱諸篇。宋初楊、李、錢、劉，愈流綺刻。至蘇、黃堆疊詼諧，粗疏詭譎，而陵夷極矣。

又：杜用事錯綜，固極筆力，然體自正大，語尤坦明。晚唐宋初，用事如作謎。蘇如積薪，陳如守株，黃如緣木。

又內編卷五：蘇長公詩無所解，獨二語絕得三昧，曰：「作詩必此詩，定知非詩人。」蓋詩惟詠物不可汗漫，至於登臨、燕集、寄憶、贈送，惟以神韻爲主，使句格可傳，乃爲上乘。今於登臨則必名其泉石，燕集則必紀其園林，寄贈則必傳其姓氏，眞所謂田莊牙人、點鬼湩、粘皮骨者，漢、唐人何嘗如此？最詩家下乘小道。即一二大家有之，亦偶然耳，可爲法乎！

又外編卷二：晚年劇喜陶。故蘇詩雖時有俊語，而失之太平，由才具高，取法近故也。

又：六一雖洗削西崑，然體尙平正，特不甚當行耳。推轂梅堯臣詩，亦自具眼。至介甫創撰新奇，唐人格調，始一大變。蘇、黃繼起，古法蕩然。

又：大曆而後，學者溺於時趨，罔知反正。宋、元諸子亦有志復古，而不能者，其說有二：一則氣運未開，一則鑒戒未備。蘇、黃矯晚唐而為杜，得其變而不得其正，故生崚嶒而乖大雅。又：蘇、黃初亦學唐，但失之耳。眉山學劉、白，得其輕淺而不得其流暢，又時雜以論宗，塡以故實。修水學者經杜，得其拗澀而不得其沉雄，又時參以名理，發以詼諧。宋、唐體制，遂爾懸絕。宋之（略）學劉禹錫者，蘇子瞻。

又：子美之不甚喜陶詩，而恨其枯槁也；子瞻劇喜陶詩，而以曹、劉、李、杜俱莫及也。二人者之所言皆過也。善乎鍾氏之品元亮也，千古隱逸詩人之宗也，而以源出應璩，則亦非也。又卷五：「青山在屋上，流水在屋下。中有五畝園，花竹秀而野。」此樂天聲口耳，而坡學之不已。

又：子瞻雖體格創變，而筆力縱橫，天眞爛熳。集中如《虢國夜游》、《江天疊嶂》、《周昉美人》、《郭熙山水》、《定惠海棠》等篇，往往俊逸豪麗，自是宋歌行第一手。其他全篇，涉議論滑稽者，存而不論可也。

龔鼎孳《題許青嶼蘇長公墨蹟》：東坡先生風流文采照映古今，由其勁節高致，視世閒悲愉得喪一無足以動乎其心，故浩然之氣流於筆墨，千載而下，猶令人想見其人於掀髯岸幘、棲毫拂素之閒也。

陳廷敬《題東坡先生集》：蘇公天上人，萬丈銀河垂。舉手捫星辰，足蹋龍與螭。旋斡周四運，浩氣森淋漓。感心生直亮，體道念艱危。聖刪三千篇，劫火燒其遺。眞宰固有意，風雅將在茲。斯文配天命，大化需人爲。何不陟輔相，致民如堯時？一聞韶濩音，季葉還春熙。

錢謙益《復遵王書》（《牧齋有學集》卷三九）：眉山之學，實根本六經，又貫穿兩漢諸史，演迤弘奧，故能凌獵千古。然坡老論詩，亦頗多匠心矯俗，不可爲典要之語。若少陵論太白詩，比論于庾、鮑、陰鏗。又云：「何、劉、沈、謝力未工，才兼鮑照愁絕倒。」稱量古人，尺寸銖兩，不失針芒，此等細心苦心，恐坡老尚有未到處。

又《龔孝升過嶺集序》：讀孝升先生《過嶺集》者，咸以韓、蘇二公爲比。（略）韓子之詩，莫奇於《瀧吏》、《南食》諸篇。蘇子瞻海南諸篇，子由謂馳騁從之，常出其後。孝升過嶺之詩亦然，學富則使物皆靈，才老則攬境即變，山厲水屈則昌黎闢其冥兀，天容海色則眉山並其澄間，此孝升與韓、蘇之所同，而世之騷人詞客，刻畫盡氣，不能追步其後塵者也。然而有大不同者。蘇子渡海在遲暮累蹶之後，和陶之詩，思以桑榆末景自托於淵明，去買田陽羨，蓋無幾矣。（略）若吾孝升，以地負海涵之才，當日升川至之候，風雨發於行間，雲物生於字里，輶軒弔古，軺車覽勝，燈炧酒闌，筆酣墨飽，乾端坤倪，軒豁呈露，穹龜長魚，距躍後先，南海之百靈祕怪，恍惚涌現於篇什之中。蓋韓、蘇之乘者暮氣也，孝升之所乘者朝氣也，韓、蘇晻曖濛汜之日也，孝升扶桑遇中之日也。才有老壯，節有盈縮，而詩之意匠聲律從之，蓋有使之然者也。

賀貽孫《詩筏》：才小者尺幅易窘，然蘇長公翻爲才大所累；學貧者渴筆難工，然王元美翻爲學富所困。其故何也？

又：唐人和詩不和韻，宋人和韻，往往至五、六首，雖以子瞻、山谷、少游之才，未免湊泊，他集則如跛鱉矣。

又：學詩者不可學古人無病處，亦不必學古人有病處。非大家不能無病，非大家亦不能有病。蓋其才無所不具，其學無所不有，故於深淺濃淡，洪纖高下，種種皆備，而其瑕纇亦復不免。如長江大河，不乏腐胔；名山巨嶽，亦有惡木。其所以異於他山水者，政在波濤之鼓盪，無所不有；地勢之龐厚，無物不生耳。若夫丘巒澗沚之勝，一覽即盡，縱復幽雅奇秀，然非所語於大觀也。後之學詩者，毛舉瑣求，以一字之累，一語之犯，遂棄其全。而負才不羈之士，又不肯深求古人精神之所存，見陶之時有似於枯淡也，遂以枯淡爲陶；見杜之偶似於滯累也，遂以滯累爲杜；見李之偶似於輕率也，遂以輕率爲李；見蘇之偶似於諧淺也，遂以諧淺爲蘇。此猶學孔子者，但學其微服過宋，君命召不俟駕，見南子，佛肸召欲往而已，豈學孔子者哉！

又：謂宋詩不如唐，宋末詩又不如宋，似矣。然宋之歐、蘇，其詩別成一派，在盛唐中亦可名家。

黄宗羲《萬一貞和陶詩題詞》（《黄梨洲文集·序類》）《蕫齋詩話》卷下：太白胸中浩渺之致，漢人皆有之，特以微言點出，包舉自宏。太白樂府歌行，則傾囊而出耳。如射者引弓極滿，或即發矢，或遲審久之，能忍不能忍，其力之大小可知已。要至於太白止矣。一失而爲白樂天，本無浩渺之才，如決池水，旋踵而涸。再失而爲蘇子瞻，萎花敗葉，隨流而漾，胸次局促，亂節狂興，所必然也。

又：元美末年以蘇子瞻自任，時亦謦爲「長公再來」。子瞻詩文雖多滅裂，而以元美擬之，則辱子瞻太甚。子瞻，野狐禪也，元美則吹螺搖鈴，演《梁皇懺》一應付僧耳。「爲報鄰雞莫驚覺，更容殘夢到江南。」元美竭盡生平，能作此兩句不？

又：立門庭者必飣餖，非飣餖不可以立門庭。蓋心靈人所自有而不相貸，無從開方便法門，任陋人支借也。人譏西崑體爲獺祭魚，蘇子瞻、黃魯直亦獺耳！彼所祭者，肥油江豚，此所祭者，吹沙跳浪之鱨鯊也。除卻書本子，則更無詩。

又：宋人騎兩頭馬，欲博忠直之名，又畏禍及，多作影子語巧相彈射，然以此受禍者不少，既示人以可疑之端，則雖無所誹誚，亦可加以羅織。觀蘇子瞻烏臺詩案，其遠謫窮荒，誠自取之矣；而抑不能昂首舒吭以一鳴，三木加身，則曰「聖主如天萬物春」，可耻孰甚焉！

《龍性堂詩話初集》：暇日偶閱潛山陳蝶菴周政先生《與王普瞻書》，盛述此數公（按指韓愈、李賀、李商隱、蘇軾）之詩，乃知世固有眞讀書風雅人先得我心者。其書云（略）坡公之詩未易讀，彼其傀儡古人，調和衆味，命意使事，迥出意表，蓋從義山一派，窺出《三百篇》「苻茱」、「瓶罍」、「匏葉」、「冰泮」微意，《風》、《雅》正派，正在於此。

又：詩至天趣，亦難言矣。求之古人，其唯謫仙、坡仙乎！

又：宋人稱詩，前推蘇、黃，後推陳、陸。

又：晚之不及初盛者，非謂今體，謂古體也。元和今體新逸，時出開元、大曆之上，惟古體神情婉弱，醞釀既薄，變化易窮。至宋得長公、涪翁、永叔諸公，天分既高，人力復盡，其繪情寫物，雖似另開生面，而實青蓮、工部胎骨，不知者徒以蘇、黃之體少之，眞矮人觀場也。

又：韓、白、歐、蘇詩，自是大家材料，不當律以常格。元美以宋人呼退之爲大家，未免勢利；永叔不識詩，自標譽能詩，子瞻墜落彼趣中，亦自雄快。皆方隅之見，不能另具一副心眼者也。

又：子瞻云：「不識廬山眞面目，只緣身在此山中。」魯直云：「世人但學《蘭亭》面，欲換凡骨無金丹。」今人學古詩而徒求之曹、劉、沈、謝，學今體而徒求之李、杜、高、岑，皆從門入者，不能至也。東坡教人作詩熟讀《毛詩》與《離騷》，曲折盡在是矣，亦至言也。

又：東坡不喜（孟）郊詩，比之「寒蟲夜號」，此語似過。蓋東坡逸才，彷彿太白，太白尙不知飯顆山頭之苦，而謂以文章爲樂事者，不厭此愁結肺腑之言哉！然「春風得意馬蹄疾，一日看盡長安花」，未始非快語也。

又：子瞻七言律好用典實，自是博洽之累。或曰其源實本之義山，良然。

又：子瞻詩包羅萬象，一由我法，集中一種煙雲滿紙、咳唾琳琅者爲最，淸空如話者次之，至有時鬭韻露異，不無小巧，求眞得淺，未免添足。退之、香山、義山亦時時有之，要不礙其爲大家。胡元瑞以爲於詩無解，蟪蛄豈知春秋哉！歐陽永叔詩，心手經營，較子瞻尤多人生意。陸放翁稱次公（蘇轍）詩勝於長公，非無見也。

又：坡公寫日初出則云：「天門夜上賓出日，萬里紅波半天赤。歸來平地看跳丸，黃金一點鑄秋橘。」寫月初生則云：「明月未出羣山高，瑞光千丈生白毫。一杯未盡銀濤湧，亂雲脫壞如崩濤。」此等氣魄，直與日月爭光，李、杜文章雖光焰萬丈，安得不虛此老一席！

又：《伏龍行》云：「眼光作電走金蛇，倒捲黃河作飛雨。」《鐵拄杖》云：「柳公手中黑蛇滑，千年老根生乳節。」即長吉復生，不能過此。

又：予欲合子美、子瞻七言古體，梓爲一集。蓋此體中之神通廣大，無如二公，杜奇而壯，蘇奇而秀，千古雙絕。袁石公《讀少陵集》云：「僅有蘇玉局，異代足相配。」知言哉！

又：少陵「詞源倒流三峽水，筆陣獨掃千人軍」，「三年笛裏《關山月》，萬國兵前草木風」，此壯語也。東坡「鯤鵬擊水三千里，組練長驅十萬夫」，「令嚴鐘鼓三更月，野宿貔貅萬竈煙」，足稱勁敵。然此人所易知者，至杜云「白摧朽骨龍虎死，黑入太陰雷雨垂」，「子規夜啼山竹裂，王母晝下雲旂翻」，語以奇勝而帶幽。蘇云「江雲有態清自媚，竹露無聲浩如瀉」，「微風萬頃靴紋細，斷霞半空魚尾赤」，語以幽勝而實奇。不相襲而相當，二公之謂歟？

又：老杜《題王宰山水圖歌》云：「巴陵洞庭日本東，赤岸水與銀河通，中有雲氣隨飛龍。舟人漁子入浦漵，山木盡亞洪濤風。」又《題劉少府山水障歌》云「滄浪水深青溟闊，欹岸側島秋毫末。不見湘妃鼓瑟時，至今斑竹臨江活」等句，筆底煙雲，透出紙背，無能繼者。後子瞻《題三丈大幅圖》云：「扶桑大繭如甕盎，天女織綃雲漢上。往來不遣鳳啣梭，誰能鼓臂投三丈？」《畫竹石壁上》云：「枯腸得酒芒角出，肝肺槎枒生竹石。森然欲作不可回，吐向君家雪色壁。」亦可謂手快風雨，筆下有神者矣。

沈雄《古今詞話·詞評上卷·蘇軾東坡詞》引晁無咎曰：謂東坡詞多不諧聲律，但其才橫放傑出，自是曲子中縛不住耳。如取東坡詞歌之，終覺天風海雨逼人。

《漫堂說詩》：余意歷代五古，各有擅場，不第唐之王、孟、韋、柳，即宋之蘇、黃、梅、陸，要是斐然，而必以少陵爲歸墟。

又：七言古詩，上下千百年定當推少陵爲第一。蓋天地元氣之奧，至少陵而盡發之，允爲集大成之聖。子美自許沈鬱頓挫，掣鯨碧海，退之稱其光焰萬丈，介甫稱其疾徐縱橫，無施不可，孫僅亦稱其馳驟怪駭，開闔雷電。合諸家之論，施之七古，尤屬定評。後來學杜者，昌黎、子瞻、魯直、放翁、裕之各自成家，而余於子瞻彌覺神契，豈所謂來自華嚴境中者，余亦有少夙緣耶？

宋犖《施註蘇詩序》：跡公生平，自嘉祐登朝，歷熙寧、元豐、元祐、紹聖，三十餘年間，論新法，迕群奸，投荒錮黨，幾蹈不測，而矢其孤忠，百折不回，讀公詩自可知其人而論其世。

張榕端《施注蘇詩序》：古今詩人之總萃，唐則子美，宋則子瞻。

邵長衡《註蘇例言》：常跡公生平，自嘉祐登朝，歷熙寧、元豐、元祐、紹聖三十餘年，其間新法之廢興，時政之得失，賢奸之屢起屢仆，按其作詩之歲月而考之，往往概見事實。而於出處大節，兄弟朋友過從離合之蹤跡爲尤詳，更千百年猶可想見。（略）詩家援據該博，使事奧衍，少陵之後，僅見東坡。蓋其學富而才大，自經史四庫，旁及山經地志、釋典道藏、方言小説，以至嬉笑怒駡，里媪竈婦之常談，一入詩中，遂成典故。

吳喬《答萬季埜詩問》：問云：今人忽尚宋詩，如何？答曰：爲此説者，其人極負重名，而實是清秀李于鱗，無得於唐。唐詩如父母然，豈有能識父母，更認他人者乎？宋之最著者蘇、黄，全失唐人一唱三嘆之致，况陸放翁輩乎？（略）子瞻、魯直、放翁，一瀉千里，不堪咀嚼，文也，非詩矣。歐、蘇學少陵，只成一家之體，尚能自立。

《圍爐詩話》卷一李杜之文，終是詩人之文，非文人之文。歐、蘇之詩，終是文人之詩，非詩人之詩。

又：鍊字乃小家筋節。四六文，梁陳詩之餘，鍊字之妙，大不易及。子瞻文集只「山高月小，水落石出」八字耳。永叔曾無一字。

又卷二：古體寧如張曲江、韋蘇州之有邊幅。子美之古詩只可一人爲之。子瞻古詩如搓黄麻繩百千尺。子瞻極重韋、柳，而自作殊不然，何也？

又卷三：詩思太苦則爲方干，太易則爲子瞻，消息其間甚難。

又卷五：子瞻之文，方可與子美之詩作匹，皆是匠心操筆，無所不可者也。子瞻作詩，亦用其作文之意，匠心縱筆而出之，卻去子美遠矣。

又引賀黃公曰：子瞻詩美不勝言，病不勝摘。大率多俊邁而少淵渟，得瑰奇而失詳愼，多粗豪滑稽草率，又多以文爲詩。然其才古今獨絕。子瞻《聞子由不赴商州》曰：「惟有王城最堪隱，萬人如海一身藏。」《倅杭》云：「南行千里成何事？一聽秋濤萬鼓音。」《過海》云：「空餘魯叟乘桴意，粗識軒轅奏樂聲。九死南荒吾不恨，茲遊奇絕冠平生。」如此胸襟，眞天人矣。公詩本一往無餘，徐州後更恣縱。如《賈耘老水閣》云：「愛酒陶元亮，能詩張志和。青山來水檻，白雨滿漁蓑。淚垢添丁面，貧低舉案蛾。不知何所樂，竟夕獨酣歌。」寫曠懷蘊藉。黃州詩尤不羈，「小屋如漁舟，濛濛水雲裏」一篇，最爲沈痛。「雨中看牡丹，依然暮還斂」，亦自惜幽姿，尤有雅人深致。其清空而妙者，如「野闊牛羊同雁鶩，天長草樹接雲霄」，「古琴彈罷風吹座，山閣醒時月照杯」，「狙公欺病來分栗，水伯知饞爲出魚」，「牀下雪霜侵戶月，枕中琴築落階泉」，俱嘉。

又：蘇、黃以詩爲以戲，壞事不小。

又：讀子瞻長篇文，惟恐其盡；讀子瞻長篇詩，惟恐其不盡。

田雯《論詩》：《選》體可學乎？學之者如優孟學叔敖，衣冠笑貌儼然似也，然不可謂眞叔敖也。善學者須變一格，如昌黎、義山、東坡、山谷、劍南之學杜，則湘靈之於帝妃，洛神之於甄后，形體不具，神理無二矣。不然，《選》體何易學也！

又：今之談風雅者，率分唐、宋而二之。不知唐之杜、韓，海內俎豆之矣。宋梅、歐、王、蘇、陸諸家，亦無不登少陵之堂，入昌黎之室。惟其生於宋也，南轅以後，競趨道學，遂以村究語入四聲，去風人旨實遠。

又：蘇門六君子，無不掉鞅詞場，凌躐流輩。而坡公於山谷則數效其體，前哲虛懷，往往如是。

又：七言古詩（略），宋則歐、王、蘇、黃、陸諸君子，根柢於杜、韓，而變化出之。

又《詩話》：黃山谷，蘇門六君子之一也。嘗云：「子瞻詩句妙一世，乃云學庭堅體，蓋退之戲效孟郊、樊宗師之體，以文滑稽耳。」如山谷斯言，愛之斯學，蘇且學黃也。

又《論七言古詩》：眉山大蘇出歐公門牆，自言爲詩文如泉源萬斛，是其七言歌行實錄。神明於子美，變化於退之，開拓萬古，推倒一世。

又《論七言絕句》（卷一七）：東坡包括唐人而自成其高唱，雲涌泉沸，藻思奇才。山谷道人新潔如蠒絲出盆，清飈如松風度曲，下筆迥別。

又《石樓和蘇詩序》：昔人作詩有擬古者，無追和古人者，追和古人見於蘇公之和陶。當公謫居儋耳，賓家羅浮之下，獨攜幼子過負擔渡海，葺茅竹而居之，日啗藷芋，因自謂半生出處較淵明爲有愧，故欲以晚節規摹其萬一。今按其詩自《時運》以至《劉柴桑》，凡一百有九篇，大略依陶韻爲之。至其記事用意，則又兩人各不相襲。以是知詩道之大，惟眎其人自爲闢闔，而非一切拘牽聲韻者所得參也。世之爲和詩者，吾竊疑之，河梁之詠，彼訓此唱，已發其端，讀之如見蘇、李當是促席對語時。魏、晉而下以迄於唐，和詩者日衆，然有意相呼應而韻別者，有用韻而頓放次第各異者。步韻之詩，唐元、白、皮、陸諸家爲最，而後之學詩者遂尊之，卷舌同聲，擬足並跡，搰搰役役於一家之體製，一時之情事，其爲詩豈復知有變化哉？石樓之和蘇也，本乎蘇之和陶也。和蘇而不泥於蘇，亦猶蘇和陶而不囿於陶。如李光弼將郭子儀軍，旌旗改色，禪僧拈佛祖語，信口無非妙道，只自抒其胸臆所欲吐，而隱然與之神行意會，斯亦奇矣。夫蘇之在儋耳也，閱歷已深，故其詩蕭散醞藉，感慨而有餘悲。石樓以文學侍從之臣，改官郎署，生平不可謂不遇。而要其偪仄鬱塞，孤行於當代，浩浩落落，豪宕不羈，悉發其奇情藻思以追和蘇於千載之上，蒼然而幽，充然而艷，極鑱刻瑰異之狀，則與蘇之旨趣微合。而蘇以陶之一體和陶，石樓以蘇之全體和蘇，此其所以追和古人以能變化，爲獨工也。蘇公自謂作詩如泉源萬斛，昔人稱陶公詩若絳雲在霄，舒卷自如，觀陶與蘇可以曉然於石樓之詩矣。

《覞齋詩談》卷三：友人陳對初告我曰：「詩不必學蘇、陸。」恐格調日下也。

又卷五：長公才大，而深思雋致殊少。

又：坡老精神到處只是豪放，不到處頹唐淡薄而已。

又：蘇詩人推重太過，細讀之，蘊藉有厚味者甚少，豪放雖可喜，平漫不著意處，更無結作力量。

又：古人作詩，精神沉著，故氣象凝定。坡老任意布筆，故無收歛渟蓄，一泄而盡。兼之宦途贈送太煩，未必盡由衷出，故頹唐散漫者多。

又：蘇詩琢鍊入細，使人味之無際者少，長篇用韻雜沓，不快意處尤多。由心粗手滑，無矜愼之思也。

又：坡老才固豪縱，然古詩多不依通韻成法，似染昌黎習氣，有自我作古意，此不可爲訓。

又：坡老唱和詩令人氣悶。甚矣應酬之害詩也！

又：東坡和陶詩，氣象太緊直，聲調太響亮，尙非當家。

又：東坡和陶詩，豪氣不除，鱗甲盡露，那及其萬一。前人不許並論，今見其實。大凡文字，摹仿便不似。文中子擬《論語》、《春秋》，揚子雲擬《周易》，何曾一字相近，徒見譏於後世耳。

又：長公與淵明胸襟不同，氣味不合，特可言用韻，和則相違。

又：陶是袖手不肯做，自討便宜。蘇原攘臂要做，做不來更得禍，才收拾雄心，作恬退消阻語，此即相隔天淵。兼之骨格槎枒，聲高氣弉，都不是陶家路上人，強用其韻，了無干涉。

又：豪放而獨存忠厚者，少陵是也。豪放而混入仙佛者，東坡是也，雖令人洞心駴目，咀之實無味。

《初白庵蘇詩補注·例略》：公詩自仁宗嘉祐己亥，始見集中，所謂《南行集》也。《牛口見月》詩，亦是年作，注家顧繫諸嘉祐元年。按嘉祐元年爲丙申，而詩中有「忽憶丙申年」之句，其背戾可知。從來編年者或起辛丑，或起壬寅。《南行集》乃己亥、庚子詩，反置續集中，殊失位置。考《宋史·藝文志》有《南征集》一卷，「征」字乃「行」字之訛。當時此卷，本自單行。今自《郭綸》及《初發嘉州》以下，編次一準《欒城集》，例雖獨變，序固不紊也。

又蘇詩宜編年，固矣。惟是先生升沉中外，時地屢易，篇什繁多，必若部居州次，一一不爽，自非朝夕從遊，疇能定之？施元之、顧景繁生南渡時，去先生之世未遠，排纂尚有舛錯。如《客位假寐》一首、鳳翔所作，而入倅杭時；《次韻曹九章》一首、黃州所作，而入守湖州時。姑舉二段，以見編年之難。凡愼所辨正，必先求之本詩，及手書眞蹟，又參以同時諸公文集，洎宋元名家詩話、題跋，年經詩緯，用以審定前後。

又：茲集舊有八注、十注。同時稍後者，有唐子西、趙夔等注。乾道末，御製序刊行。紹興中，有吳興沈氏注（原注：見王懋《宣閫大記·藝文類》中），漳州黃學皐補注，今皆不傳，傳者惟王氏、施氏兩家耳。施氏本又多殘脫。近從吳中借抄一本，每首視新刻或多一二行。乃知新刻復經增刪，大都掇拾王氏舊說，失施氏面目矣。今於施注原本所有而新刻所刪者，輒補錄以存其舊，漫不可辨者則缺之。

又：南宋時人有箋注先生詩句，號《東坡錦繡段》，隨句撰事牽合，殊無根蒂。此與魯、黃祺鶴之注杜，李歜之之撰《詩史》同科，固有識所姍笑！若乃當代文獻，信而足徵，寧容闕略？

又：本集詩與他集互見者，凡九十餘篇，皆施氏原本所無也。新刻本收入續補上下卷，王氏本散見於分類中。贋作極多，潁濱及蘇門六君子作，率皆混雜，至有割截他集半首，誤爲全篇者。如《答晁以道索書》，則陳後山五律前半首也；《寄歐陽叔弼》七言絕句，則子由《贈劉道士》七律後半首也。唐人詩甚且有闌入者，若概行削去，時俗恐以爲疑，故另爲二卷，每首後附注「此詩亦見某集」，令覽者有考焉。至施注新刻內有本集重出者，（略）此類徑從删例。又如《次韻子由聞予善射》七律一首，《扶風天和寺》五律一首，《答南華長老》一偈，舊本所有，而新刻失載，亟當補錄。要歸於别眞贋，去重複，無脫漏而已。若云糾繆，則吾豈敢！

又：《和陶詩》一百三十六首，子由有序，自成二卷。細考之，惟《飲酒》二十章，和於揚州官舍，餘悉紹聖甲戌後，自惠遷儋七年中作也。歲月大略可稽，分之各卷，以符編年之例。

又：文字之禍，於公爲烈。始而牽連詩帳，終則禁及藏書，散軼固多，收藏不乏。今從編簡中留心搜輯，共得逸詩一百二十餘首。又唐人所謂口號，皆近體詩也。張燕公有《十五夜御前口號》，少陵《紫宸殿退朝口號》《西閣口號》之類是也。宋人帖子詞及致語、口號，猶仍其舊。施氏原注有《帖子詞》一卷，目錄尚存，新刻妄爲删削。今一並采入，與逸詩釐爲三卷。

賀裳《載酒園詩話》卷一：東坡曰：「論畫以形似，見與兒童鄰。賦詩必此詩，定知非詩人。」此言論畫，猶得失參半，論詩則深入三昧。（黃白山評：「蘇本作『定非知詩人』。此謂讀詩者不宜拘執，與上句論畫不宜呆板同意，非指作詩而言。然此語有病。可知蘇、黃二公解古人詩多誤，正是胸中先作此見解耳。」）

又：古人和意不和韻，故篇什多佳。始于元、白作俑，極于蘇、黃助瀾，遂成藝林業海。然如子瞻和陶《飲酒》，雖不似陶，尙有雙鵰並起之妙。至子由所和，竟不知何語矣。子瞻于惠州炙食羊骨，謂子由三年堂庖所飽芻豢，滅齒而不得骨，豈復知此味？此詩和于秉政時，宜其強笑不樂也。然余喜其「生平不飲酒，欲醉何由成」，反眞率得陶致。

賀裳《載酒園詩話·宋·蘇軾》：坡公之美不勝言，其病亦不勝摘，大率俊邁而少淵渟，瑰奇而失詳愼，故多粗豪處、滑稽處、草率處，又多以文爲詩，皆詩之病。然其才自是古今獨絕。

又《黃庭堅》：漁隱曰：「東坡云：『黃魯直詩文如蝤蛑江珧柱，格韻高絕，盤飧盡廢。然不可多食，多食則發風動氣。』山谷云：『蓋有文章妙一世，而詩句不逮古人者。』指東坡而言也。二公文章，自今視之，世自有公論，豈至各如前言，蓋一時爭名之詞耳。俗人便以爲誠然，遂爲譏議，所謂『蚍蜉撼大樹，可笑不自量』者耶？」余意二公之言，皆爲至論，非爲爭名，終不自掩厥失者，所謂睫無內見之明也。坡詩苦于太盡，常有才大難降，筆走不守之恨。魯直頗能開闢，如虬髯客耻自從龍，要亦倔強海外耳。至漁隱所言，如盲師論南泉公案，謂特作斬貓勢。（黃白山評：二公互相評論，眞正相知之言，不阿所好者。謂爲爭名，猶是隔壁話。）

沈德潛《姜自芸太史詩序》：昔韓退之以言事得謗，斥守揭陽；蘇子瞻以觸逆權臣，竄逐海外。兩賢詩格，較勝於前。大抵遭放逐，處逆境，有足以激發其性情，而使之怪偉特絕，縱欲自掩其芒角而不能者也。

又《東隅兄詩序》：讀蘇子瞻詩，如見其不合時宜，風流爾雅。

又《書東坡詩集序》：海外何愁瘴癘深，華嚴法界入高吟。宣仁龍馭迴天後，誰見孤臣萬年心。

《說詩晬語》卷下：蘇子瞻胸有洪爐，金銀鉛錫，皆歸熔鑄。其筆之超曠，等于天馬脫羈，飛仙游戲，窮極變幻，而適如意中所欲出，韓文公後，又開闢一境界也。元遺山云：「只知詩到蘇黃盡，滄海橫流卻是誰？」嫌其有破壞唐體之意，然正不必以唐人律之。蘇門諸君子，清才林立，並入寰中，猶之邾、莒也。蘇詩長于七言，短于五言，工于比喻，拙于莊語。

又：性情面目，人人各具。讀太白詩，如見其脫屣千乘；讀少陵詩，如見其憂傷時。其世不我容，愛才若渴者，昌黎之詩也；其嬉笑怒罵，風流儒雅者，東坡之詩也。

又：東坡詩「幽尋盡處見桃花」，又云「竹外桃花三兩枝」，自是桃花名句。

浦起龍《宋以後詩》：哲宗元祐之間，蘇軾、黃庭堅挺出，雖曰共師李、杜，而競以己意相高，而諸作又廢矣。自此以後，詩人迭起，大抵不出乎二家。觀於蘇門四學士諸作以及江西宗派諸詩可見矣。

《夢曉樓隨筆》：六朝以來，題畫詩絕罕見。盛唐如李太白輩間一爲之，拙劣不工；王季友一篇，雖有小致，不能佳也；杜子美始創爲畫松、畫馬、畫鷹、畫山水諸大篇，搜奇抉奧，筆補造化。嗣是蘇、黃二公，極妍盡態，物無遁形。

《貞一齋詩說》：七言成於鮑照，而李、杜才力廓而大之，終爲正宗，厥後韓愈、蘇軾稍變之。

又：七古自晉世樂府以後，成於鮑參軍，盛於李、杜，暢於韓、蘇，凡此俱屬正鋒。

又：七言律（略）至宋代獨蘇子瞻雄邁絕倫，次韻過多，去其濫觴可耳。

又：趙宋詩家，歐、梅始變西崑舊習，然亦未詣其盛。至坡公始以其才涵蓋今古，觀其命意，殆欲兼擅李、杜、韓、白之長。各體中七古尤闊視橫行，雄邁無敵，此亦不可時代限者。黃山谷雖同時並稱，才調迥不相及，至謂西江詩祖，追配杜陵者，妄也。

又：次韻一道，唐代極盛時，殊未及之。至元、白、皮、陸，始因難見巧，然亦多勉強湊合處。宋則眉山最擅其能，至有七古長篇押至數十韻者，特以示才氣過人可耳。若李、杜二公當此，縱才氣綽能爲之，亦不屑以百萬銳師，置之無用之地。蓋次韻隨人起倒，其遣詞運意，終非一一自然，較平時自出機軸者，工拙正自判然也。

又：詩家奧衍一派，開自昌黎，然昌黎全本經學。次則屈、宋、揚、馬亦雅意取裁，故得字字典雅。後此陸魯望頗造其境。今或滿眼陸離，全然客氣，問所從，則曰我韓體也。且謂四庫書俱尋常聞見，於是專取說部，摭拾新奇，以誇繁富。不知說部之學，眉山時復用之者，不過借作波瀾，初非靠爲本領。今所尙止在於斯，乃正韓、蘇大家吐棄不屑者，安得以奧衍目之？

又：五言古以陶靖節爲詣極，但後人輕易摹仿不得。王、孟、韋、柳雖與陶爲近，亦各具本色。韋公天骨最秀，然亦參學謝康樂。至坡老和陶，好在不學狀貌。

又：匠門業師謂：平生所抱歉者，仙釋二氏書，篇中罕能運用。余曰：以某管見，詩以《風》、《雅》爲宗，二氏原不入局，以故少陵引用特鮮，義山始參半攔入，坡公則隨手掇拾，不以爲嫌。究其實，與刪詩之旨顯然縣隔。且如昌黎專闢二氏，今其詩卓然爲一代宗師。是則運用闕如，正屬好處，安得自以爲歉？

全祖望《宋詩紀事序》：宋詩之始也，楊、劉諸公最著，所謂西崑體者也。說者多有貶辭，然一洗西崑之習者歐公，而歐公未嘗不推服楊、劉，猶之草堂之推服王、駱，始知前輩之虛心也。慶曆以後，歐、梅、蘇、王數公出，而宋詩一變。坡公之雄放，荆公之工練，並起有聲。而涪翁以崛奇之調，力追草堂，所謂江西派者，和之最盛，而宋詩又一變。

《詩學纂聞》：律詩不出韻，古詩可用通韻，一定之理也。近乃有上江詩人作《詩話》，謂五古可通，七古不可通。其說尊杜，謂杜詩七古通韻者僅數處，必是傳寫之訛。以余考之，殊不其然。（略）《詩話》又謂七古通韻始於蘇詩，余觀盧陵、宛陵、半山、山谷無不通韻，其他尤不勝數，何得獨咎蘇詩？

汪師韓《蘇詩選評叙》：軾之器識學問見於政事，發於文章，史稱言足以達其有猷，行足以遂其有爲，節義足以固其有守，皆志與氣爲之也。惟詩亦然，其詩地負海涵，不名一體，而核其旨要之所在，如云「我詩雖云拙，心平聲韻和」，此軾自評其詩者也。「作詩孰讀《毛詩》、《國風》、《雅》、《騷》，曲折盡在是」，此軾自以其所得教人者也。且夫「精深華妙」，則蘇轍稱之矣。「公如大國楚，呑五湖三江」，黃庭堅稱之矣。「天才橫放，宜與日月爭光」，則蔡絛稱之矣，「屈注天潢，倒連滄海，變眩百怪，終歸渾雅」，則敖陶孫稱之矣。前之曹、劉、陶、謝，後之李、杜、韓、白，無所不學，亦無所不工，同時歐陽、王、黃，猶俱遜謝焉。洵乎獨立千古，非一代一人之詩也。而陳師道顧謂其初學劉禹錫，晚學李太白，乃一知半解歟！但其詩氣豪體大，有非後學所易學步者。是以元好問論詩有云：「只知詩到蘇黃盡，滄海橫流卻是誰？」又云：「蘇門果有忠臣在，肯放坡詩百態新？」蓋非用此爲譏議，乃正可以見其不可模擬耳。其與軾並世之人漫爲評論者，如張舜民有「仔細檢點，不無利鈍」之言，而楊時至謂其「不知風雅之意」，後來嚴羽更以其自出己意，爲詩之大厄，創大言以欺世，夫豈可爲篤論哉！是編所錄，挹菁拔萃，審擇再三，殆無遺憾。其生平豐功亮節，與夫兄弟朋友過從雅合之迹，及一時新法之廢興，時事之遷變，靡不因之以見。詩凡五百餘首，古體則五言稍多於七言，近體則七言數倍於五言，要歸本於六義之旨，亦非有成見也。若其集中詩有用葱爲薤，用校尉爲中郎，用扁鵲爲倉公，用鄭餘慶爲盧懷愼之類，均爲嚴有翼所指摘。以軾讀書萬卷，集所援用常有不審所出者，安見其非別有根據？且即有筆誤，亦似李、杜集中「黃庭換白鵝」，「垂楊生左肘」等句，雖疵纇，不失爲名章也。句字之有訛，曾何遽爲軾詩病也哉！此數詩亦不盡入選，特因論定之次，附及之。錢塘汪師韓敘。

《御選唐宋詩醇》卷三二：詩自杜、韓以後，唐季、五代纖佻薄弱，日即淪胥。宋初楊億、劉筠，錢惟演之徒，崇尚崑體，祇是溫、李後塵。嗣是蘇舜欽以豪放自異，梅堯臣以高淡爲宗，雖志于古矣，而神明變化之功少，未有能駿駕杜、韓。卓然自成一家，而雄視百代者，必也其蘇軾乎。

袁枚《錢竹初詩序》：東坡詩風趣多，情韻少，晚年坎坷，亦其證也。

《隨園詩話》卷二：近今風氣，有不可解者。（略）間有習字作詩者，詩必讀蘇，字必學米，侈然自足，而不知考究詩與字之源流。皆因（略）蘇、米之筆多放縱，可免拘束故也。

又卷三：予在轉運盧雅雨席上，見有上詩者，盧不喜，余爲解曰：「此應酬詩，故不能佳。」盧曰：「君誤矣！古大家韓、杜、歐、蘇集中，強半應酬詩也。誰謂應酬詩不能工耶？」予深然其說。

又卷四：凡事不能無弊，學詩亦然。學漢、魏《文選》者，其弊常流于假；學李、杜、韓、蘇者，其弊常失于粗。（略）人能取諸家之精華，而吐其糟粕，則諸弊盡捐。大概杜、韓以學力勝，學之，刻鵠不成猶類鶩也。太白、東坡以天分勝，學之，畫虎不成反類狗也。佛云：「學我者死。」無佛之聰明而學佛，自然死矣。

又卷五：蘇、黃瘦硬，短於言情。

又卷六：凡作詩，寫景易，言情難。何也？景從外來，目之所觸，留心便得；情從心出，非有一種芬芳悱惻之懷，便不能哀感頑艷，然亦各人性之所近。杜甫長于言情，太白不能也。永叔長于言情，子瞻不能也。

又卷七：講韻學者，多不工詩。李、杜、韓、蘇不斤斤於分音列譜，何也？空諸一切，而後能以神氣孤行，一涉箋註，趣便索然。

又：夫《六經》之字，尙且不可攙入詩中，况他書乎？劉禹錫不敢題「糕」字，此劉之所以爲唐詩也。東坡笑劉不題「糕」字爲不豪，此蘇之所以爲宋詩也。

又：人不能在此處分唐、宋，而徒在渾含、刻露處分唐、宋，則不知《三百篇》中，渾含固多，刻露者亦復不少。

又：詩難其眞也，有性情而後眞，否則敷衍成文矣。詩難其雅也，有學問而後雅，否則俚鄙率意矣。太白斗酒詩百篇，東坡嬉笑怒駡，皆成文章，不過一時興到語，不可以詞害意。若認以爲眞，則兩家之集，宜塞破屋子，而何以僅存若干？且可精選者，亦不過十之五六。人安得恃才而自放乎？

又：東坡詩，有才而無情，多趣而少韻，由于天分高，學力淺也。有起而無結，多剛而少柔，驗其知遇早、晚景窮也。

又：余嘗敎人：古風須學李、杜、韓、蘇四大家，近體須學中、晚、宋、元諸名家。或問其故，曰：李、杜、韓、蘇才力太大，不屑抽筋入細，播入管絃，音節亦多未協。中、晚名家，便淸脆可歌。

又卷一三：東坡云：「孟襄陽詩非不佳，可惜作料少。」施愚山駁之云：「東坡詩非不佳，可惜作料多。詩如人之眸子，一道靈光，此中着不得金屑，作料豈可在詩中求乎？」予頗是其言。或問：「詩不貴典，何以少陵有讀破萬卷之說？」不知「破」字與「有神」二字，全是教人讀書作文之法。蓋破其卷，取其神，非囫圇用其糟粕也。

《隨園詩話補遺》卷三：詩家百體，嚴滄浪《詩話》臚列最詳，謂東坡、山谷詩，如子路見夫子，終有行行之氣。此語解頤。即我規蔣心餘能剛而不能柔之說也。然李、杜、韓、蘇四大家，惟李、杜剛柔參半，韓、蘇純剛，白香山則純乎柔矣。

又卷七：韋正己曰：「歌不曼其聲則少情，舞不長其袖則少態。」此詩之所以貴情韻也。古人東坡、山谷，俱少情韻。

又卷九：余雅不喜詩壇吟社之說，大概起于前明末年鴟張門戶之惡習。李、杜、韓、蘇壇築何處？社結何方？

《蛾術編》卷七八：《次韻和劉京兆石林亭之作》云：「嗟此本何常，聚散實循環。人失亦人得，要不出區寰。」《愛玉女潭中水既致兩瓶》云：「誰知南山下，取水亦置符。古人辨淄澠，皎若鶴與鳧。」《次韻答邦直子由》云：「城南短李好交游，箕踞狂歌總自由。」《送顏復兼寄王鞏》云：「我衰且病君亦窮，衰窮相守正其理。胡爲一朝舍我去，輕衫觸熱行千里。」《生日王郎以詩見慶次其韻》云：「棠棣並爲天下士，芙蓉曾到海邊郛。不嫌霧谷霾松柏，終恐虹梁荷棟桴。」《南都妙峰亭》云：「新亭在東皋，飛宇臨通闤。古甃磨翠壁，霜林散煙鬟。」《子由生日以檀香觀音像爲壽》云：「旁資老聃釋迦文，共厄中年點蠅蚊。」《峽山寺》云：「忽憶嘯雲侶，賦詩留玉環。林深不可見，霧雨霾髻鬟。」同紐字連用二韻，似全無知識之人所爲。集中如此逞筆亂寫者甚多，略舉數章以明之。古人韻本如《廣韻》、《集韻》，皆于同紐字另作一圈，以爲識別，界限甚嚴。若如東坡，則何不概去其圈，混而爲一？蓋在東坡當日，初不知其爲病，一時後生小子，從風而靡，同紐連用。東坡見之，亦不以爲病，且和其韻，存之集中。識既粗極，心又不虚，貽誤千古矣。（鶴壽按：古人作詩不避重韻，况同紐乎？（略）同字尚連用之，况同紐乎？（略）然古人不以爲意，今人則嫌其重複矣。東坡之文如萬斛泉源，隨地湧出，未可以用同紐韻少之。）

（日）賴山陽《東坡詩鈔》附《書韓蘇古詩後》：讀杜詩必合讀韓、蘇詩，猶讀《孟》可解《論語》也。又讀香山、山谷及明李空同，猶讀《法言》、《中說》，見其模擬不到處也。《石藤杖》學《藤竹杖》，《汴泗交流》學《冬狩》，《石鼓》自《八分歌》來，其變化逕蹊可窺伺矣。戊寅季春識于赤關波濤聲中，是日將過海入豐也。

又：蘇古詩，有意與韓鬬，不特《石鼓》、《聽琴》也。《海市》鬬于《南岳廟》，《贈簟》鬬于《謝琴》。以余觀之，《石鼓》交綏，其餘皆似輸一籌。且「汴州亂，雉帶箭」、「東方半明」等，蘇集無此健調。然至《饋歲》、《守歲》、《泛潁》、《眼醫》等，韓集亦無此妙語也。韓詩《南山》和《月蝕》等，與東坡諸次韻，並硬語排戛，特示腹笥腕力，一覽索然。後人學韓、蘇者，專慕此等，遺山、牧齋、竹垞及乾隆三家類皆是，可謂不知取捨也。戊寅九月讀于薩州旅舍積薪堆中小窗微明處，遂識。

又：世服蘇之廣長舌，不知其收舌不盡展者更好。《試院煎茶》、《食荔枝》、《林逋詩後》、《考牧圖》、《韓幹牧馬》、《贈寫眞何充》、《秧馬》、《硯屏》、《墨妙亭》、《藏墨》、《畫竹》、《謝銅劍》、《橫翠閣》、《煙江疊嶂》，皆豐約合度，姿態可觀。《謝邇英賜御書》、《贈寫御容》者，最莊雅精鍊。《別子由》諸作，皆眞動人。要看謔浪笑傲其貌，鐵石心腸其神也。後人舍劉，襲其貌，非好學者。蘇詩雖戲，猶士大夫之善謔也，如明清二袁乃幫閑牽頭耳。

《竹林答問》：問：古詩聲韻當何從？（答）作古詩，聲調須堅守杜、韓、蘇三家法律。至用韻，當以杜、韓爲宗主。韓詩間溢入叶韻，蘇詩則偶有紊界處，不可爲典要也。

又：問：古詩家多，其聲調有可宗有不可宗，何也？（答）古詩聲調，亡於晚唐，至宋歐、蘇復振之，南渡以後微矣，至金、元而亡，再復振於明弘治、嘉靖間，至袁、徐、鍾、譚而又亡，本朝諸大家振起之。故欲知聲調之法，杜、韓其宗也，盛唐諸家其輔也，宋則歐、蘇、黃、陳而已。

《竹林答問》附《長律淺說示單生士林》：問：沈歸愚謂「東坡長於七言，短於五言」，其說然否？答：坡公五言有兩種：一則兀奡淋漓，法韓而變其境界；一則沖夷蕭散，學陶而參以禪機。蓋其氣節峥嶸似韓，胸懷超曠似陶，故學焉而能備正變之體。歸愚說未當。

又：問：東坡《醉石道士》詩二十八句，而二十六句皆設假象，坡公以前無此格，當是獨創。答：《詩經》《甫田》、《衡門》、《鶴鳴》，全篇皆設譬，《鶴鳴》章末二句，雖露誨意，而仍用假說，妙在不離不即之間。坡詩本此，讀者自不覺耳。

張晉《元遺山論詩絕句六十首》：長句吾尤愛老坡，風流絕世古無多。別從李杜昌黎外，更發驚才浩浩歌。

紀昀《雲林詩鈔序》：夫陶淵明詩，時有莊論，然不至如明人道學詩之迂拙也。李、杜、韓、蘇諸集，豈無艷體，然不至如晚唐人詩之纖且褻也。酌乎其中，知必有道焉。

紀昀評《蘇文忠公詩集》卷二尾批：以上二卷，太抵少作，氣體未能成就。疑當日刪定之餘藁，後人重東坡名，拾綴存之耳。施氏本記始辛丑，未必無所受之，未可以疏漏譏也。

又卷八尾批：以東坡管領湖山，宜有高唱，而此卷警策之作卻不甚多，豈吏事縈心之故耶？

紀昀評《蘇文忠公詩集》卷一一尾批：纔出杭州，詩便深警。非胸中清思半耗於簿書，半耗於遊宴耶？信乎詩非靜力不工。雖東坡天才，亦不能於膠膠擾擾時，揮灑自如也。

又卷二九尾批：此卷多冗雜潦倒之作。始知木天玉署之中，徵逐交遊，擾人清思不少。雖以東坡之才，亦不能於酒食場中，吐煙霧語也。

又卷四五尾批：此一卷皆冗漫淺易之作。蓋至是而菁華竭矣！

王昶《舟中無事偶作論詩絕句四十六首》（錄二）：華嚴樓閣筆端生，萬斛源泉任意傾。更有大名兼李杜，烏臺瓊海任游行。山谷孤吟也絕塵，巧將酸澀門清新。凈名經在何曾似，漫與坡翁作替人。

《甌北詩話》卷五：大概東坡詩有所作，即刊刻流布，故一時才名震爆，所至風靡。而忌之者因得臚列以坐其罪，故得禍亦由此。今即以《烏臺詩案》而論，其詩之入于爰書者，非一人一時之事，若非刻有卷冊，忌者亦何由逐處採輯，彙爲一疏，以劾其狂謬？如「讀書萬卷不讀律，至君堯舜知無術」則《戲子由》詩也。「贏得兒童語音好，一年强半在城中」、「豈是聞韶解忘味，爾來三月食無鹽」，則倅杭時入山村詩也。「東海若知明主意，應教斥鹵變桑田」，則《看潮》詩也。「根到九泉無曲處，世間唯有蟄龍知」，則詠王秀才家雙檜詩也。此見于章奏者也。其他如「古稱爲郡樂，漸恐煩敲搒」，則《送錢藻出守婺州》詩也。「至今天下士，去莫如子猛」，則《送子由乞官出京》詩也。「横前坑穽衆所畏，布路金珠誰不裹」，則《送蔡冠卿知饒州》詩也。「羨子去安閑，吾邦正喧鬨」，則廣陵《贈劉貢父》詩也。「坐使鞭箠環呻呼，追胥連保罪及孥」，則《和李杞寺丞》詩也。「顛狂不用酒，酒盡漸須醒」，則《和劉道原》詩也。「近來愈覺世論險，每到寬處差安便」，則《游徑山》詩也。「世事漸艱吾欲去」，則《游風水洞》詩也。「奈何效燕蝠，屢欲爭晨暝」，則亦徑山詩也。「殺人無驗終不快，此恨終身恐難了」，則送陳睦、張若濟詩也。「草茶無賴空有名，張禹縱賢非骨鯁」，則《和錢安道建茶》詩也。「況復連年苦饑饉」，則《寄劉孝叔》詩也。「紛紛不足怪，悄悄徒自傷」，則《答黃魯直》詩也。「荒林蜩蚻亂，廢沼蛙蟈淫」，則《答張安道》詩也。「疲民尚作魚尾赤，數罟未除吾顙泚」，則《次潛師放魚》詩也。「扶顛未可責由求」，則《答周開祖》詩也。以上數十條，爲李定、舒亶、張璪、何正臣、王珪等所周内鍛鍊者，皆在《詩案》中。豈非其詩早已流布，故得臚列以成其罪耶？按李定、舒亶劾疏，亦只「兒童語音好」及

「讀書不讀律」、「斥鹵變桑田」、「三月食無鹽」數條，王珪所奏亦只《詠檜》一條，其餘則逮赴獄時所質訊者，何以詳備若此？按施元之謂坡得罪後，有司移取杭州境內所留詩，謂之「詩帳」。又坡《上文潞國書》，謂「被逮時，家口在船，被有司率吏卒窮搜」。豈《詩案》中各條，得自杭州「詩帳」耶？抑舟中所搜獲耶？

又：孔毅父集古人句成詩贈東坡，坡答曰：「天邊鴻鵠不易得，便令作對隨家雞。」又云：「路旁拾得半段槍，何必開爐鑄矛戟。」又云：「不如默誦千萬首，左抽右取談笑足。」又云：「千章萬句卒非我，急走捉君應已遲。」似譏集句非大方家所爲。然坡又有集淵明《歸去來辭》作五律十首，則不惟集句，且集字矣。坡又有《題織錦迴文》三首，此外又《迴文》八首，大方家何至作此狡獪！蓋文人之心，無所不至，亦游戲之一端也。

又：以文爲詩，自昌黎始，至東坡益大放詞。別開生面，成一代之大觀。今試平心讀之，大概才思橫溢，觸處生春，胸中書卷繁富，又足以供其左旋右抽，無不如志。其尤不可及者，天生健筆一枝，爽如哀梨，快如并剪，有必達之隱，無難顯之情，此所以繼李、杜後爲一大家也。而其不如李、杜處亦在此。蓋李詩如高雲之游空，杜詩如喬嶽之矗天，蘇詩如流水之行地，讀詩者於此處著眼，可得三家之眞。

又：坡詩不尙雄傑一派，其絕人處在乎議論英爽，筆鋒精銳，舉重若輕，讀之似不甚用力而力已透十分，此天才也。試即其詩，略爲舉似。五古如：「讀書想前輩，每恨生不早。紛紛少年場，猶得見此老。」（《哭刁景純》）「餘光幸分我，不死安可獨。」（《答陳季常》）「丈夫貴出世，功名豈人傑。」（《和陶詩》）「年來萬事足，所欠惟一死。」（《海外歸贈鄭秀才》）七古如：「當其下手風雨快，筆所未到氣已吞。」（《題王維吳道子畫》）「世人豈不碩且好，身雖未病中已疲。此叟神完中有恃，談笑可卻千熊羆。至今遺像兀不語，與昔未死無增虧。」（《題楊惠之塑維摩像》）「雖無尺箠與寸刃，口吻排擊含風霜。」（《送劉道原》）「顏公變法出新意，細筋入骨如秋蠅。徐家父子亦秀絕，字外出力中藏稜。」（《墨妙亭詩》）「耕田欲雨刈欲晴，去得順風來者怨。若使人人禱輒遂，造物應須日千變。」（《泗州僧伽塔》）「我從山水窟中來，尚愛此山看不足。」（《游道場山何山》）「世上小兒誇疾走，如君相待今安有。」（《往富陽李節推先行留風水洞見待》）「黃雞催曉不須愁，老盡世人非我獨。」（《與宗同年飲》）「覺來落筆不經意，神妙獨到秋毫顛。」（《題吳道子畫》）「長松千尺不自覺，企而羨者蓬與蒿。」（《趙閱道高齋詩》）「腳力盡時山更好，莫將有限趁無窮。」（《登玲瓏山詩》）此皆坡詩中最上乘，讀者可見其才分之高，不在功力之苦也。

又：坡詩有云「清詩要鍛鍊，方得鉛中銀」。然坡詩實不以鍛鍊爲工，其妙處在乎心地空明，自然流出，一似全不著力而自然沁入心脾。此其獨絕也。今第就七言律論之，（略）此數十聯乃是稱心而出，不假雕飾，自然意味悠長。即使事處，亦隨其意之所欲出，而無牽合之迹。此不可以聲調、格律求之也。又如和荊公絕句云「春到江南花自開」，在儋耳夜過諸黎之家云「中原北望無歸日，鄰火村春自往還」，覺千載下猶有深情，何必以奇警雄驚見長哉！

又：詩人遇成語、佳對，必不肯放過。坡公尤妙於剪裁，雖工巧而不落纖佻，由其才分之大也。如「時復中之徐邈聖，無多酌我次公狂。」（《贈孫莘老》）「休驚歲歲年年貌，且對朝朝暮暮人。」（《寄陳述古》）「三過門間老病死，一彈指頃去來今。」（《過永樂長老已卒》）「豈意日斜庚子後，忽驚歲在戊辰年。」（《孔長源輓詩》）「大木百圍生遠籟，朱絃三嘆有遺音。」（《答仲屯田》）「君特未知其趣耳，臣今時復一中之。」（《戲徐君猷孟亨之皆不飲酒》）「何人可復間季孟，與子不妨中聖賢。」（《與王定國會飲》）「豈意青州六從事，化爲烏有一先生。」（《章質夫寄酒六壺書到酒不到》）「曲無和者應思郢，論少卑之且借秦。」（《答劉貢父李公擇》）「多情白髮三千丈，無用蒼皮四十圍。」（《宿州次劉涇韻》）「前身自是盧行者，後學過呼韓退之。」（《答周循州》）「信命不須歌去汝，逢人未免嘆猶吾。」（《答葉致遠》）此等詩雖非坡公著意之作，然自然湊泊，觸手生春，亦見其學之富而筆之靈也。

又：坡公熟於莊、列、諸子及漢、魏、晉、唐諸史，故隨所遇，輒有典故，以供其援引，此非臨時檢書者所能辦也。如《送鄭戶曹》詩：「公業有田常乏食，廣文好客竟無氈。」則皆用鄭姓故事。《嘲張子野買妾》所引「髮長九尺」、「鶯鶯」、「燕燕」、「柱下相君」、「後堂安昌」等，皆用張姓故事。《戲徐君猷孟亨之不飲》，則通首全用徐邈、孟嘉故事。不特此也，賀黃魯直生子而其母微，則云：「進饌客爭起。」又云「但使伯仁長，還與絡秀家」，用《晉書》裴秀母賤，嫡母嘗使進饌，客以秀故，皆驚起。又周顗母絡秀謂顗曰：「我屈爲汝家妾，爲門戶計耳。汝若不與吾家爲親，吾亦何惜餘生。」顒從命，由是李氏遂爲方雅之族也。《和周邠長官》詩：「頗憶呼盧袁彥道，難邀罵坐灌將軍。」時邠有服，故所用「呼盧」、「罵坐」，皆服中故事也。《答孫侔》云：「蔣濟謂能來阮籍，薛宣眞欲吏朱雲。」侔與王荆公素善，及荆公爲相，數年不復相聞，故用阮籍不應濟之辟，朱雲不肯留宣東閤事也。《以雙刀遺子由》則云：「惟有王玄通，堦庭秀芝蘭。知子後必大，故擇刀所便。」用《晉書》王祥以呂虔刀遺其弟覽故事也。《和子由送梁左藏》詩，則云：「問羊他日到金華。」用黃初平兄尋初平到金華叱石成羊故事，謂他日已尋子由，同登仙籍也。《與子由同轉對》則云：「晉陽豈爲一門事。」用《唐書》溫大雅與弟彥博對掌華近，唐高祖曰「我起晉陽，爲卿一門」故事也。《賀陳述古弟章生子》，則云：「參軍新婦賢相敵。」用《晉書》王渾妻言：「新婦得配參軍，生子當不啻如此。」參軍王淪乃渾之弟也。《送王寯姪震知蔡州》，則云：「君歸助獻納，坐繼岑與溫。」則用《唐書》岑文本及其侄長倩，溫大雅及其弟彥博同在機近故事，望其叔侄同入禁林也。《哭任遵聖》，望其子成立，則云：「他年如入海，生死一相訪。惟有王濬冲，心知中散狀。」用《晉書》嵇康死後，其子紹入洛，王戎特推奬之故事也。文與可爲王執中作墨竹，囑其勿令人題，俟東坡來題之。與可沒八年，坡還朝，執中以此來乞題，則云：「誰言生死隔，相見如龔隗。」用《晉書》隗照善筮，將死，以版授其妻，五年後有龔姓者奉使過此，以此索其金。至期，果有龔使過，妻以版索金。龔亦善筮，爲筮之曰：「吾不負金，汝夫自有金，知吾善《易》，故書版措意耳。」果如言，而得金于屋東壁。以喻與可預囑待己來題，今果如所囑也。孔常父來訪，坡適宴客，遣人邀孔同飲，孔已上馬馳去。明日有詩來，坡和之云：「豈復見吾横氣機，遣人追君君絕馳。」則用《莊子》季咸相壺子，壺子曰：「是殆見吾横氣機也。」明日又來見，立未定，自失而去，使列子追之不及。壺子曰：「已失矣，吾勿及矣。」此又與常父馳去，追之不及相似也。以上數條，安得有如許切合典故，供其引證？自非博極羣書，足供驅使，豈能左右逢源若是！想見坡公讀書，眞有過目不忘之資，安得不嘆爲天人也。

又：東坡大氣旋轉，雖不屑屑於句法、字法中別求新奇，而筆力所到，自成創格。如《百步洪》詩：「有如兔走鷹隼落，駿馬下注千丈坡，斷絃離柱箭脫手，飛電過隙珠翻荷。」形容水流迅駛，連用七喻，實古所未有。又如《答章傳道》云：「欲將駒過隙，坐待石穿溜。」《游徑山》云：「肯將紅塵腳，暫著白雲履。」《泛舟城南》云：「能爲無事飲，可作不夜歸。」《孔毅父妻輓詞》云：「那將有限身，長瀉無窮涕。」《哭子遯》云：「仍將恩愛刀，割此衰老腸，欲除苦海浪，先乾愛河水。」《送魯元翰》云：「聊乘應舍筏，直溯無生源。」《棲賢三峽橋》云：「長輸不盡谿，欲滿無底竇。」《答王晉卿欲奪仇池石》云：「守子不貪寶，完我無瑕玉。」《送黃師是》云：「願君五袴手，招此半菽魂。」《答李端叔謝送牛戩畫》云：「知君論將口，似予識畫眼。」《和陶歸園田居》云：「以彼無盡燈，寫我有限年。」《趙景貺以洞庭春色酒見餉》云：「應呼釣詩鉤，亦號掃愁帚。」此雖隨筆所至，自成創句，所謂風行水上，自然成文，然未免句法重疊。若《浚井》之「上除青青芹，下洗鑿鑿石。」《白鶴新居鑿井不得泉使工再鑿》云：「豐我粲與醪，利汝椎與鑽。」《和陳傳道雪中觀燈》云：「未忍便傾澆別酒，且來同看照愁燈。」則又不泥一格矣。又《與趙景貺陳履常同過歐陽叔弼小齋》云：「夢回聞剝啄，誰乎趙陳予。」句法之奇，自古未有。然老橫莫有敢議其拙率者，可見其才大，無所不可也。當時亦共駭此句。歐陽季默曰：「長官請客，吏問客目，答曰：主簿少府我，可作佳對。」亦可見文人游戲之韻事。

又：坡詩放筆快意，一瀉千里，不甚鍛鍊。如少陵《登慈恩寺塔》云：「俯視但一氣，焉能辨皇州。」以十字寫塔之高，而氣象萬千。東坡《眞興寺閣》云：「山川與城郭，漠漠同一形，市人與鴉鵲，浩浩同一聲。」以二十字，寫閣之高，尚不如少陵之包舉。此鍊不鍊之異也。又少陵《出塞》詩：「落日照大旗，馬鳴風蕭蕭。」覺字句外，別有幽燕沉雄之氣。坡公《五丈原懷諸葛公》詩：「吏士寂如水，蕭蕭聞馬撾。」雖形容軍容整肅，而魄力不及遠矣。

又：昌黎之後，放翁之前，東坡自成一家，不可方物。昌黎好用險韻以盡其鍛鍊，東坡則不擇韻而但抒其意之所欲言，放翁古詩好用儷句，以炫其絢爛，東坡則行墨間多單行而不屑於對屬。且昌黎、放翁多從正面鋪張，而東坡則反面、旁面、左縈右拂，不專以鋪叙見長。昌黎、放翁使典亦多正用，而東坡則驅使書卷入議論中，穿穴翻簸，無一板用者。此數處似東坡較優，然雄厚不如昌黎而稍覺輕淺，整麗不如放翁而稍覺率略。此固才分各有不同，不能兼長也。

又：元遺山論詩云：「蘇門若有功臣在，肯放坡詩百態新。」此言似是而實非也。新豈易言，意未經人說過則新，書未經人用過則新，詩家之能新，正以此耳。若反以新爲嫌，是必拾人牙後，人云亦云，否則抱柱守株，不敢踰限一步，是尙得成家哉！尙得成大家哉！

又：東坡旁通佛老，詩中有仿《黃庭經》者。如《辨道歌》、《眞一酒歌》等作，自成一則。至於摹仿佛經，掉弄禪語，以之入詩，殊覺可厭，不得以其出自東坡，遂曲爲之說也。如錢道人有「認取主人翁」之句，坡演之云：「主人若苦令儂認，認主人人意是誰。」又云：「有主還須更有賓，不知無鏡自無塵，只從半夜安心後，失卻當年覺痛人。」《過溫泉》詩：「石龍有口口無根，自在流泉誰吐吞，若信衆生本無垢，此泉何處覓寒溫。」《和柳子玉》詩：「說靜故知猶有動，無閒底處更求忙。」《答寶覺》詩：「從來無腳不解滑，誰信有頭行路難。」《記夢》詩：「圓間有物物間空，豈有圓空入井中。不信天形眞個樣，故應眼力自先窮。連環易解如神手，萬竅猶號未濟風。稽首問天天不語，本來無礙更求通。」《題榮師湛然堂》詩：「卓然精明念不起，兀然灰槁照不滅。方定之時慧在定，定慧照寂非兩法。妙湛總持不動尊，默然眞入不二門。語急則默非對語，此語要將《周易》論。諸方人人抱雷電，不容細看眞頭面。欲知妙湛與總持，更問江東三語掾。」此等本非詩體而以之說禪理，亦如撮空，不過仿禪家語錄機鋒，以見其旁涉耳。惟《書焦山論長老壁》云：「法師住焦山，而實未嘗住。我來輒問法，法師了無語。法師非無語，不知所答故。」又《聞辨才復歸上天竺》詩云：「寄詩問道人，借禪以爲詼。何所聞而去，何所見而回。道人笑不答，此意安在哉！昔年本不住，今者亦無來。」此二首絕似《法華經》、《楞嚴經》偈語，簡淨老橫，可備一則也。

又：坡詩不以鍊句爲工，然亦有研鍊之極而人不覺其鍊者。如「年來萬事足，所欠惟一死」，「饑來據空案，一字不堪煮」，「周公與管蔡，恨不茅三間」，「人間無正味，美好出艱難」，「劍米有危炊，氈針無穩坐」，「舌音漸獠變，面汗嘗騂羞」，「雲碓水自舂，松門風爲關」，「潛鱗有飢蛟，掉尾取渴虎」，此等句，在他人雖千鎚萬杵尚不能如此爽勁，而坡以揮灑出之，全不見用力之迹，所謂天才也。

又卷六：宋詩以蘇、陸爲兩大家。後人震於東坡之名，往往謂蘇勝於陸，而不知陸實勝蘇也。蓋東坡當新法病民時，口快筆鋭，略少含蓄，出語即涉謗訕。烏臺詩案之後，不復敢論天下事。及元祐登朝，身世俱仄，既無所用其無聊之感，紹聖遠竄，禁錮方嚴，又不敢出其不平之鳴。故其詩止於此，徒令讀者見其詩外尚有事在而已。放翁則轉以詩外之事，盡入詩中。時當南渡之後，和議已成，廟堂之上，方苟幸無事，諱言用兵，而士大夫新亭之泣，固未已也。於是以一籌莫展之身，存一飯不忘之誼，舉凡邊關風景，敵國傳聞，悉入於詩。雖神州陸沉之感，已非時事所急，而人終莫敢議其非。因得肆其才力，或大聲疾呼，或長言永嘆，命意既有關係，出語自覺沉雄。此其詩之易工一也。東坡自黃州起用後，歇歷中外，公私事冗，其詩多即席、即事，隨手應付之作，且才捷而性不耐煩，故遣詞或有率略，押韻亦有生硬。放翁則生平仕宦，凡五佐郡、四奉祠，所處皆散地，讀書之日多，故往往有先得佳句，而後標以題目者。如《寫懷》、《書憤》、《感事》、《遣悶》，以及《山行》、《郊行》、《書室》、《道室》等題，十居七八，而酬應贈答之作，不一二焉。

即如《紀夢》詩，核計全集，共九十九首，人生安得有如許夢！此必有詩無題，遂托之於夢耳。間則易觸發，而妙緒紛來；時暇則易琢磨，而微疵盡去。此其詩之易工二也，由斯以觀，其才之不能過於蘇在此，其詩之實能勝於蘇亦在此。試平心以兩家詩比較，當不河漢其言矣。

又卷八：元遺山才不甚大，書卷亦不甚多，較之蘇、陸，自有大小之別。然正惟才不大、書不多，而專以精思銳筆，清鍊而出，故其廉悍沉摯處，較勝於蘇、陸。

又：蘇、陸古體詩，行墨間尙多排偶，一則以肆其辨博，一則以侈其藻繪，固才人之能事也。遺山則專以單行，絕無偶句，搆思窅渺，十步九折，愈折而意愈深，味愈雋，雖蘇、陸亦不及也。

又卷一一：北宋詩推蘇、黃兩家，蓋才力雄厚，書卷繁富，實旗鼓相當，然其間亦自有優劣。東坡隨物賦形，信筆揮灑，不拘一格，故雖瀾翻不窮，而不見有矜心作意之處。山谷則專以拗峭避俗，不肯作一尋常語，而無從容游泳之趣。且坡使事處，隨其意之所之，自有書卷供其驅駕，故無捃摭痕跡。山谷則書卷比坡更多數倍，幾於無一字無來歷，然專以選才庀料爲主，寧不工而不肯不典，寧不切而不肯不奧，故往往意爲詞累，而性情反爲所掩。此兩家詩境之不同也。

又卷一二：（七言律詩）東坡出，又參以議論，縱橫變化，不可捉摸，此又開南宋人法門，然聲調風格，則去唐日遠也。

吳之振《論詩偶成》：奪胎換骨義難羈，詩到蘇黃語益奇。一鳥不鳴翻舊案，前人定笑後人癡。

《宋詩鈔·東坡詩鈔序》：子瞻詩，氣象洪闊，鋪叙宛轉，子美之後，一人而已。然用事太多，不免失之豐縟，雖其學問所遺，要亦洗削之功未盡也。而世之訾宋詩者，獨於子瞻不敢輕議，以其胸中有萬卷書耳，不知子瞻所重不在此也。加之梅溪之註，鬬飣其間，則子瞻之精神反爲所掩，故讀蘇詩者汰梅溪之註，並汰其過于豐縟者，然後有眞蘇詩也。

毛先舒《詩辯坻》卷三：嚴儀卿生宋代，能獨覩本朝詩道之誤，謂「近代諸公乃作奇特解會，遂以文字、才學、議論爲詩，于一唱三嘆之音，有所歉焉。其末流甚者，叫噪怒張，乖忠厚之風」。論眉山、江西，亦可稱沈著痛快，眞夐絕之識，其書之足傳宜也。

又：唐人文多似詩，不害爲佳；退之多以文法爲詩，則傖父矣。六朝人序記多似賦，不害爲佳，子瞻多以序記法爲賦，則委薾矣。

周之鱗《山谷先生詩鈔序》：世之稱蘇、黃舊矣，不徒詞翰之謂，惟詩亦然。然蘇之詩麗而該，黃之詩遒而則，其規模似不相埒。即山谷先生有云：「未聞南風歌，同調廣陵散。」是山谷固以元祐詩人之傑自予，於東坡則奉若漢、魏焉。且其平生服膺推轂，形爲歌詠者，每不敢與之並肩。然則一體而同視可乎？曰可。蓋蘇公在翰林，較黃公爲先，而詩之雄悍魁傑又足以相服，實則各有所擅也。譬之射，挽百鈞之弓爲左右射，中必及的，蘇之所以巧力備也；若夫禮射雍容，兩人固未易軒輊，即馳騁林莽間，黃亦能射疏及遠，發一疊雙，第獲禽之後，氣力稍柔恭耳，而豈其三舍避乎哉！

《昭昧詹言》卷一：東坡橫截古今，使後人不知有古，其不可及在此，然而遂開後人作滑俗詩，不求復古亦在此。

又：歐、蘇、黃、王，章法尤顯，此所以爲復古也。

又：薑塢先生曰：「凡文字貴持重，不可太近颯灑，恐流於輕便快利之習。故文字輕便快利，便不入古。纔說仙才，便有此病。太白、東坡，皆有此患。」按此皆精識造微之論。

又：朱子曰：「行文要緊健，有氣勢，鋒刃快利，忌軟弱寬緩。」按此宋歐、蘇、曾、王皆能之，然嫌太流易，不如漢、唐人厚重，然卻又非鍊局減字法，眞知文者自解之。以詩言之，東坡則是氣勢緊健，鋒刃快利，但失之流易，不厚重，以此不及杜、韓。在彼自得超妙，而陋才崽士，以猥庸才識學之，則但得其流易之失矣。

又：朱子曰：「李、杜、韓、柳，亦學《選》詩，然杜、韓變多，柳、李變少。」以朱子之言推之，蘇、黃承李、杜、韓之後，而又能變李、杜、韓，故意離而去之，所以爲自立也。自此以外，千餘年詩家，除大曆、長慶、溫、李、西崑諸小乘笳記不論，其餘名家，無不爲杜、李、韓、蘇、黃五家嗣法派者。至於漢魏阮、陶、謝、鮑，皆成絕響。故後世詩人只可謂之學李、杜、韓、蘇、黃而不能變，不可謂能變《選》詩也。如放翁之於坡，青邱之於太白，空同之於少陵是也。

又：氣勢之說，如所云：筆所未到氣已呑」，「高屋建瓴」，「懸河洩海」，此蘇氏所擅場。但嫌太盡，一往無餘，故當濟以頓挫之法。

又：惟陶公則全是胸臆自流出，不學人而自成，無意爲詩而已。至東坡亦如是，固是天生不再之賢。

又：凡後人作詩，其題有所謂擬古者，皆吾所不知也。擬古而自有託意，如曹氏父子，用樂府題而自叙述時事，自是一體。太白《古風》、曲江《感遇》，自述懷抱，同於詠史，亦可也。擬古而自無所託意，特文人自多其能，導人以作僞詩而已。

又：東坡學陶，雖自有題，亦覺無味，殆與士衡同一才多之患耶？

又：韓公縱横變化，若不及杜公，而邱壑亦多，蓋是特地變，不欲似杜，非不能也。坡公亦縱横變化，邱壑亦多。

又：唐之名家，皆從漢、魏、六代人出。杜、韓更遠溯《經》、《騷》。宋以後從皆止於唐。惟蘇公自我作祖，一切離而去之。然使人於古人深苦奥密之旨遂不復聞，亦公之故也。

又：東坡下筆，擺脱一切，空諸依傍，直是前無古人，後無來者，所以能爲一大宗；然滑易之病，末流不可處。故今須以韓、黄藥之。放翁多客氣假象，自家卻有面目，然不能出坡境界。

又：錢牧齋極服王簡棲《頭陀寺碑》，故其作詩多用禪典，最俗而可憎厭。其病亦尙於東坡，而源於輞川。王爲釋氏作文，不得不爾，非以概施之也。

又卷四：坡公和陶，直是倚其才大，學之易似耳。而皆非其佳什，世亦無誦習之者。夫以坡公且如此，况末士之無知者哉！

又卷八：東坡「筆所未到氣已吞」，自是絶境，而有流病。

又：深觀康樂，終落第二乘，不及杜、韓遠甚。蓋杜、韓能包康樂，康樂不能兼有杜、韓。非特杜、韓，即太白、子瞻縱宕橫放，變化頓挫，壯浪恣肆飛越，終非鮑、謝所敢望。

又卷九：韓、蘇並稱，然蘇公如祖師禪，入佛入魔，無不可者，吾不敢以爲宗，而獨取杜、韓。又李、杜、韓、蘇並稱，以其七言歌行，瑰詭縱蕩，窮態盡變，所以爲大家。至五言，則蘇未能與三家並立也。

又：選字避陳熟，固矣。而於不經意語助虛字，尤宜措意。必使堅重穩老，不同便文，隨意帶使。此惟杜、韓二家最不苟。東坡則多率便矣，然要自穩老，非庸懦比。

又卷一〇：詩文句意忌巧，東坡時失之此，遂開俗人。故作者寧樸無巧。至於凡近習俗庸熟，不足議矣。

卷一一：詩莫難於七古。七古以才氣爲主，縱橫變化，雄奇渾顥，亦由天授，不可強能。杜公、太白，天地元氣，直與《史記》相埒，二千年來，只此二人。其次，則須解古文者，而後能爲之。觀韓、歐、蘇三家，章法剪裁，純以古文之法行之，所以獨步千古。

又：山水風月，花鳥物態，千奇萬狀，天機活潑，可驚可喜，太白、杜公、坡公三家最長。（略）雜以嘲戲，諷諫諧謔，莊語悟語，隨興生感，隨事而發，此東坡之獨有千古也。

又：杜公如佛，韓、蘇是祖，歐、黃諸家五宗也。此一燈相傳。

又：杜、韓、李、蘇四家，能開人思界，開人法，助人才氣興會，長人筆力，由其胸襟高，道理富也。歐、王兩家，亦尙能開人法律章法。山谷則止可學其句法奇創，全不由人。凡一切庸常境句，洗脫淨盡，此可爲法；至其用意則淺近，無深遠富潤之境，久之令人才思短縮，不可多讀，不可久學。取其長處，便移入韓，由韓再入太白、坡公，再入杜公也。

又：李、杜、韓、蘇四大家，章法篇法，有順逆開闔展拓，變化不測，着語必有往復逆勢，故不平。韓、歐、蘇、王四家，最用章法，所以皆妙，用意所以深曲。山谷、放翁未之知也。

又：李、杜、韓、蘇，非但才氣筆力雄肆，直緣胸中蓄得道理多，觸手而發，左右逢原，皆有歸宿，使人心目了然饜足，足以感觸發悟心意。

又：杜公乃佛祖，高、岑似應化文殊輩，韓、蘇是達摩。聖人復起，不易吾言矣。

又：坡詩縱橫如古文，固須學其使才恣肆處，尤當細求其法度細緻處，乃爲作家。

又：太白時作仙語，意亦超曠，亦時造快語。東坡品境似之。果欲學坡，須兼白意乃佳。若但取其貌，乃爲不善也。若能志莊、佛，兼取白、坡意境，而加以杜、韓，必成大家，非他人所知矣。

又：杜公作詩，時作經濟語，坡時出道根語。然坡之道，只在《莊子》與佛理耳，取入詩，既超曠，又善造快句，所以可佳。

又：莫難於起句。不能如太白、杜、坡天外落筆，便當以退之爲宗，且得老成安定辭也。

又：欲插叙、逆叙、倒叙、補叙，必眞解史遷脈法乃悟，以此爲律令，小才小家學之，便成亂雜不通也。此非細故，乃一大門徑，非哲匠不解其故。所謂章法奇古，變化不測也。坡、谷以下皆未及此，惟退之、太史公文如是，杜公詩如是。

又：起法以突奇先寫爲上乘，汁漿起棱，横空而來也。其次則隊仗起。其次乃叙起。叙起居十之九，最多亦最爲平順。必曲，必襯，必開合，必起筆勢，必夾寫，必夾議。若平直起，老實叙，此爲凡才，杜、韓、李、蘇、黄諸大家所必無也。

又卷一二：坡公之詩每于終篇之外，恆有遠境，匪人所測。于篇中又各有不測之遠境，其一段忽從天外插來，爲尋常胸臆中所無有。不似山谷，僅能句上求遠也。

又：薑塢先生曰：「東坡詩詞天得，常語快句，乘雲馭風，如不經慮而出之。凄淡豪麗，並臻妙詣。至于神來氣來，如導師說無上妙諦，如飛仙天人，下視塵界」

又：抱惜先生曰：「東坡文遠遜韓，若以詩論，故當勝之。」

又：子由氣格皆雅適，勝吳淵穎，而不能有餘妙奇氣。韻不及歐，快不及王，勁不及黄，奇肆不及子瞻，而妥貼大雅，亦可謂工矣。

卷一四：隸事以蘇、黄爲極則，所謂「雲山經雨始鮮明」也。以我用事，驅使得他爲我用乃妙。

又：謝茂秦戒用大歷以後事，雖拘，然不可不曉其意。但有一種題，若不用後世事，則不能成詞，以古事不給今用也。至佛典字宜戒用，杜公、輞川尚不覺，坡公已嫌太多。

又：學於杜者，須知其言高旨遠，一也；奇警而出之自然，流吐不費力，二也；隨意噴薄，不裝點做勢安排，三也；沈著往來，不拘一定而自然中律，四也。此惟蘇、黃之才，能嗣仿佛。

卷二〇：東坡只用長慶體，格不必高，而自以眞骨面目與天下相見，隨意吐屬，自然高妙，奇氣崒兀，情景湧見，如在目前，此豈樂天平叙淺易可及！擧輞川之聲色華妙，東川之章法往復，義山之藻飾琢鍊，山谷之有意兀傲，皆一擧而空之，絕無依傍，故是古今奇才無兩，自別爲一種筆墨，脫盡蹊徑之外。彼世之凡才陋士，腹儉情鄙，率以其滄易卑熟淺近之語，侈然自命爲「吾學蘇也」，而蘇遂流毒天下矣！政與太白同一爲人受過。然其才大學富，用事奔湊，亦開俗人流易滑輕之病。

卷二一：宋漫叟云：「東坡善用事，既顯易，讀又切當。」

《原詩》卷一：蘇軾之詩，其境界皆開闢古今之所未有，天地萬物，嬉笑怒罵，無不鼓舞於筆端，而適如其意之所欲出，此韓愈後之一大變也，而盛極矣。

又卷二：吾嘗觀古之才人，合詩與文而論之，如左邱明、司馬遷、賈誼、李白、杜甫、韓愈、蘇軾之徒，天地萬物皆遞開闢於其筆端，無有不可擧，無有不能勝，前不必有所承，後不必有所繼，而各有其愉快。如是之才，必有其力以載之；惟力大而才能堅，故至堅而不可摧也。歷千百代而不朽者以此。

卷三：作詩者在抒寫性情，此語夫人能知之，夫人能言之，而未盡夫人能然之者矣。作詩有性情，必有面目，此不但未盡夫人能然之，並未盡夫人能知之而言之者也。如（略）舉蘇軾之一篇一句，無處不可見其凌空如天馬，游戲如飛仙，風流儒雅，無入不得，好善而樂與，嬉笑怒罵，四時之氣皆備，此蘇軾之面目也。

《原詩·外篇上》：杜甫之詩，獨冠今古。此外上下千餘年，作者代有，惟韓愈、蘇軾，其才力能與甫抗衡，鼎立爲三。韓詩無一字猶人，如太華削成，不可攀躋。若俗儒論之，摘其杜撰，十且五六，輒搖唇鼓舌矣。蘇詩包羅萬象，鄙諺小說，無不可用，譬之銅鐵鉛錫，一經其陶鑄，皆成精金，庸夫俗子，安能窺其涯涘？並有未見蘇詩一斑，公然肆其譏彈，亦可哀也。韓詩用舊事，而間以己意易以新字者，蘇詩常一句中用兩事三事者，非騁博也，力大故無所不舉。然此皆本於杜，細覽杜詩，知非韓、蘇創爲之也。必謂一句止許用一事者，此井底之蛙，未見韓、蘇，並未見杜者也。且一句止用一事，如七律一句，上四字與下三字，總現成寫此一事，亦非謂不可。若定律如此，是記事冊，非自我作詩也。詩而日作，須有我之神明在內，如用兵然，孫、吳成法，懦夫守之不變，其能長勝者寡矣。驅市人而戰，出奇制勝，未嘗不愈於教習之師。故以我之神明役字句，以我所役之字句使事，知此方許讀韓、蘇之詩。不然，直使古人之事，雖形體眉目悉具，直如芻狗，略無生氣，何足取也？詩是心聲，不可違心而出，亦不能違心而出。功名之士，決不能爲泉石淡泊之音，輕浮之子，必不能爲敦龐大雅之響。故陶潛多素心之語，李白有遺世之句，杜甫興廣廈萬間之願，蘇軾師四海弟昆之言。

《蠖齋詩話》：古人詩入三昧，更無從堆垛學問，正如眼中着不得金屑。坡公謂浩然詩韻高才短，嫌其少料。評孟良是，然坡詩正患多料耳。坡胸中萬卷書，下筆無半點塵，爲詩何獨不然？

曹禾《漁洋續詩集序》：杜氏之功不在刪《詩》正《樂》之下，其儼然紹風雅之統無惑也。昌黎韓氏擴而爲怪奇譎詭，眉山蘇氏變而爲茫洋恣肆，唯陳言之務去而師古人之意，統緒相承，未之或異也。唐宋之詩人多矣，獨三家者爲大宗，而杜氏之功甚偉。

王士禛《和蘇詩二集序》（《蠶尾集》卷二）：蘇文忠公在惠州，和陶詩幾遍，其自言曰：「古之詩人有擬古之作矣，未有追和古人者矣。追和古人則始于東坡。」又曰：「吾于淵明，豈獨好其詩哉？欲以晚節師法其萬一也。」夫以文忠公之爲人，卓絕千古，牢籠百代，乃獨于淵明惓惓若此，不勝其執鞭之意者何也？及讀潁濱之序，謂「淵明不肯爲五斗折腰束帶見鄉里小兒，而子瞻出仕三十餘年，爲獄吏所折辱，終不能悛，以陷于難，乃欲以桑榆之晚景，自託于淵明，其誰信之？」始喟然而興曰：文忠之和陶也，其有悔心與？嵇叔夜詩云：「遠慚柳下，近愧孫登。」文忠之于淵明，亦若是焉已矣。夫文忠兄弟生當宋慶曆、元祐極盛之時，仁祖賞其文，至謂「今日爲子孫得二宰相。」神宗雖不進用其身，宮中每嘆以爲奇才。異日宣仁述之，至于淚下。古來文人遇合之奇，蓋未有如文忠者。公即殺身成仁，以報累朝之遇，亦其宜也。故雖流離顛沛，竄逐于海外瘴癘之鄉，至于百折九死，而其氣不挫。其與淵明生當晉之末造，自以先世宰輔不肯仕他姓者，固不可同日而語也。故潁濱又云：「子瞻之仕，其出處進退猶可考也。」吾謂淵明爲其易，而文忠爲其難。

淵明之不仕也，楚狂接輿、荷篠丈人之類也；文忠之仕也，遲遲去魯之謂也。淵明、子瞻，易地皆然，未可軒輊乎其間也。

又《跋東坡先生小字帖》（《蠶尾集》卷九）：山谷詩云：「子瞻謫海南，時宰欲殺之。飽吃惠州飯，細和淵明詩。」吾友黃州杜濬亦有詩云：「堂堂復堂堂，子瞻出峨眉。早讀《范滂傳》，晚和淵明詩。」一作說盡東坡一生，並識之。

又《黃湄詩選序》：歐、梅、蘇、黃諸家，其才力學識，皆足淩跨百代，使俛首而爲撦拾吞剝、禿屑俗下之調，彼遽不能耶，其亦有所不爲耶！

又《冬日讀唐宋金元諸家詩偶有所感各題一絕于卷後》：慶曆文章宰相才，晚爲孟博亦堪哀。淋漓大筆千年在，字字華嚴法界來。

又《上方寺訪東坡先生石刻次韻》：（略）緬想峨嵋人，文采眞神仙。贈詩日南使，賓佐皆豪賢。邈然竟終古，漱墨留春泉。老筆欲飛動，妙態殊便娟。空堂響人語，怖鴿飛聯翩。後游慨今昔，憑弔當同然。

又《蠶尾詩集序》：古今詩人莫不以李、杜爲絕詣矣，李、杜而外無有相雄峙者乎？曰曷爲而無也，退之、子瞻後李、杜而詣其極者也。然則退之、子瞻襲李、杜爲之乎？曰前乎有李、杜焉，後乎復一李一杜，則不得爲絕詣矣。李之與杜，固不相襲者也。退之學李、杜而非李杜也，子瞻學李、杜尤學退之，而究非李、杜，亦非退之也。李、杜之作，漢、魏以來詩人之總萃，得乎

《風》《雅》之傳之正者。昌黎則加恢奇焉，排奡焉，而一變矣。至子瞻則加贍博焉，以恣行其奇奡者，而又一變矣。然其歸要于禮義，其用使人各得其情性，則亦猶之正而已矣。此四君子之所以各詣其極，而更數百年以來，未有起而配之者也。

又《冬日讀唐宋金元諸家偶有所感各題一絕于卷後凡七首》：慶曆文章宰相才，晚爲孟博亦堪哀。淋淳大筆千年在，字字華嚴法界來。

又《上方寺訪東坡先生石刻詩次韻》：緬思峨眉人，文采眞神仙。贈詩日南使，賓佐皆豪賢。邈然竟終古，漱墨留春泉。老筆欲飛動，妙態殊便娟。

《帶經堂詩話》卷一：宋明以來詩人學杜子美者多矣。予謂退之得杜神，子瞻得杜氣，魯直得杜意，獻吉得杜體，鄭繼之得杜骨，他如李義山、陳無己、陸務觀、袁海叟輩，又其次也，陳簡齋最下。《後村詩話》謂簡齋以簡嚴掃繁縟，以雄渾代尖巧，其品格在諸家之上，何也？

又：余偶論唐、宋大家七言歌行，譬之宗門，李、杜如來禪，蘇、黃祖師禪也。

又：七言歌行，杜子美似《史記》，李太白、蘇子瞻似《莊子》，黃魯直似《維摩詰經》。

又：七言歌行，至子美、子瞻二公，無以加矣。而子美同時，又有李供奉、岑嘉州之創闢經奇，子瞻同時，又有黃太史之奇特。正如太華之有少華，太室之有少室。

又：嘗戲論唐人詩，王維佛語，孟浩然菩薩語，劉昚虛、韋應物祖師語，柳宗元聲聞辟支語，李白、常建飛仙語，杜甫聖語，陳子昂眞靈語，張九齡典午名士語，岑參劍仙語，韓愈英雄語，李賀才鬼語，盧仝巫覡語，李商隱、韓偓兒女語。蘇軾有菩薩語，有劍仙語，有英雄語，獨不能作佛語、聖語耳。

又：陳士業云：陸務觀《梅宛陵別集序》：「蘇翰林多不可古人，唯次韻和淵明及先生二家詩而已。」是坡公又有和梅之作，今集中無可考見，亦未有知其事者矣。

又：宋人之詩多者莫如子瞻、務觀。子瞻貫析百家，及山經、海志、釋家、道流、冥搜、集異諸書，縱筆驅遣，無不如意，如風雨雷霆之驟合，砰礡戛擊，角而成聲，融然有度，其用實處多，而用虛處少，取其少者爲佳。

又：宋人詩，至歐、梅、蘇、黃、王介甫而波瀾始大。

又：許顗彥周云：「東坡詩如長江大河，飄沙卷沫，枯槎束薪，蘭舟繡鷁，皆隨流矣。珍泉幽澗，澂澤靈沼，可愛可喜，無一點塵滓，只是體不似江河耳。」余謂由上所云，唯杜子美與子瞻足以當之。由後所云，則宣城、水部、右丞、襄陽、蘇州諸公皆是也。大家、名家之別在此。

又：蘇文忠作詩常云「効山谷體」，世因謂蘇極推黃，而黃每不滿蘇詩，非也。黃集有云：「吾詩在東坡下，文潛、少游上，雜文與無咎伯仲耳。」此可證俗論傅會之謬。

又卷二：東坡詩筆妙天下，外國皆知仰之。子由使北詩云：「莫把文章動蠻貊，恐妨談笑卧江湖。」其盛名如此。然當時尚有指摘其用事之誤者，予《居易錄》中已言之。王楙《紀聞》又云：「吳人方唯深子通絕不喜子瞻詩文。胡文仲連因語及蘇詩「清守入山骨，草木盡堅瘦」。方曰：『做多自然有一句半句道著也。」其狂僭至此，譬蜣螂轉糞，語以蘇合之香，豈肯顧哉？

又胡元瑞論歌行，自李、杜、高、岑、王、李而下，頗知留眼宋人，然於蘇、黃妙處，尚未窺見堂奧。

又：胡應麟病蘇、黃古詩不爲十九首、建安體，是欲紲天馬之足，作轅下駒也。

又卷三：曹頌嘉祭酒常語余曰：「杜、李、韓、蘇四家歌行，千古絶調，然語句時有利鈍。先生長句，乃句句用意，無瑕可攻，擬之前人，殆無不及。」余曰：唯句句作意，此其所以不及前人也。四公之詩，如萬斛泉源，不擇地而出，行乎其所不得不行，止乎其所不得不止。余詩如鑑湖一曲，若放翁、遺山已下，或庶幾耳。

又卷四：歐陽公見蘇文忠公，自謂「老夫當放此人出一頭地」，蓋非獨古文也，唯詩亦然。文忠公七言長句之妙，自子美、退之後，一人而已。

又卷五：漢魏已來二千餘年間，以詩名其家者衆矣，顧所號爲仙才者，唯曹子建、李太白、蘇子瞻三人而已。

又卷一五：山谷詩云：「子瞻謫海南，時宰欲殺之。飽喫惠州飯，細和淵明詩。」吾友黃州杜濬亦有詩云：「堂堂復堂堂，子瞻出峨眉，早讀《范滂傳》，晚和淵明詩。」二作說盡東坡一生，並識之。（並隸一）

又：黃岡杜濬晚號茶邨老人，少時詠蘇長公：「堂堂復堂堂，子瞻出峨眉。早讀《范滂傳》，晚和淵明詩。」合肥龔端毅公酒間常擊節誦之，以爲二十字說盡東坡一生，眞不可及。

卷二九：七言古若李太白、杜子美、韓退之三家，橫絕萬古，後之追風躡景，唯蘇長公一人耳。

又：問：古詩以音節爲頓挫，此語屢聞命矣，終未得其事。（答）此須神會。以粗迹求之，如一連三句皆用韻，則文勢排宕，即此可以類推。熟子美、子瞻二家自了然矣。專爲七言而發。

又：弇州如何比得東坡？東坡千古一人而已，唯律詩不可學。

又《師友詩傳續錄》：問嘗見批袁宣四先生詩，謂古詩一韻到底者，第五字須平，此定例耶？抑不盡然耶？答：一韻到底，第五字須平聲者，恐句弱似律句耳。大抵七古句法字法，皆須撑得住，拓得開，熟看杜、韓、蘇三家自得之。

又：（劉大勤）問：「昔人論詩之格曰：『所以條達神氣，吹噓興趣，非音非響，能誦而得之。清氣徘徊於幽林，遇之可愛；微徑紆迴於遙翠，求之逾深。』是何物也？」（王士禛）答：「數語是論詩之趣耳，無關於格。格以高下論，如坡公詠梅『竹外一枝斜更好』，高於和靖之『暗香』『疏影』；林又高於季迪之『雪滿山中』『月明林下』。至晚唐之『似桃無綠葉，辨杏有靑枝』，則下劣極矣。」

又：（劉大勤）問：「昔人謂韻不必有出處，字不必拘來歷，其然豈其然？」（王士禛）答：「杜子美、蘇子瞻詩無一字無來歷。善押強韻，莫如韓退之，卻無一字無出處也。」

《漁洋詩話》卷上：梅詩無過坡公「竹外一枝斜更好」七字，及「雪後園林纔半樹，水邊籬落忽橫枝」。高季迪「雪滿山中高士卧，月明林下美人來」，亦是俗語。若晚唐「認桃無綠葉，辨杏有青枝」，直足噴飯。

《然鐙記聞》引王士禛語：七律宜讀王右丞、李東川，尤宜熟玩劉文房諸作。宋人則陸務觀。若歐、蘇、黃三大家，祇當讀其古詩、歌行、絕句，至於七律必不學。

陳明善《宋金元三家詩選序》（沈德潛《宋金元三家詩選·蘇東坡詩選》）：蘇子瞻天才奔放，鑄古鎔今。

又《宋金三家詩選例言》：東坡、放翁、遺山爲宋、金大家，其源皆出於少陵。

顧宗泰《宋金元三家詩選序》：吾師沈歸愚先生所選《古詩源》、《唐詩別裁》、《明詩別裁》諸集，久已膾炙海內，士人奉爲圭臬，而獨宋金元詩久未之及。（略）今春，先生始選蘇東坡、陸放翁、元遺山三家詩，補前此所未及。同協助者爲吾友陳君野航。茫如煙海，各一搜尋。三家爲宋以後大家，以選之者存之，盡詩之正軌矣。放翁、遺山二家，先生首爲論定，例言評語都備。東坡詩于病中選閱，只有定本，不及評而先生已下世。今野航梓版行世，悉存其舊，不纂入一語，以滋後世惑也。竊嘗取三家詩讀之，東坡于韓吏部後，獨開生面，其才之大，如金銀銅錫合爲一冶，其筆之超曠，如天馬行空，不可羈靮，洵巨手也。

《涤水亭雜識》：詩乃心聲，性情中事也。（略）昌黎逞才，子瞻逞學，便與性情隔絕。

《二瓢詩話》：橫山先生說詩，推杜浣花、韓昌黎、蘇眉山爲三家鼎立。（略）蘇眉山天才俊逸，蕭灑風流，嬉笑怒駡，皆成文章，又因其學力宏贍，無入不得。幸有權臣與之齟齬，成就眉山到老。其長詩差可追隨二公，餘則不在語言文字間與之銖寸較量也。

又：王阮亭先生謂東坡千古一人，惟律詩不可學。終是具眼人語。

又：「竹暗不通日，泉聲落如雨。春風自有期，桃李辭深塢。」初非宋人能作，毋怪東坡一見而心折。

又：東坡作詩頌云：「字字覓奇險，節節累枝葉。咬嚼三十年，轉更無相涉。」又云：「衝口出常言，法度法前軌。人言非妙處，妙處在於是。」普天下詩人，當于言下領會，勿便下得轉語去。

《秋窗隨筆》：《芥隱筆記》：樂天詩：「去歲暮春上巳，共泛洛水中流。今歲暮春上巳，獨立香山下頭。」子瞻用之爲海外《上元》詩。愚謂此格不專出樂天，唐人中極多，如：「去年花裏留連飲，暖日夭桃鶯亂啼。今日江邊容易別，淡煙衰草馬頻嘶。」又「昔年洛陽社，貧賤相提攜。今日長安道，對面隔雲泥」是也。即子瞻猶有「前年家水東，回首夕陽麗。去年家水西，溼面春風雨」，「去年花落在徐州，對酒酣歌美清夜。今年黃州見花發，小院閉門風露下」。嚴滄浪所謂「扇對」是也。

又：東坡祭柳子玉文：「郊寒島瘦，元輕白俗。」彥周謂其論道之語。然東坡詩熔化樂天語及用樂天事甚多，如「故將別語調佳人，要看梨花枝上雨」，「不似楊枝別樂天」，「海天兜率兩茫然」，「腸斷閨中楊柳枝」之類。雖作此論，終不免踐樂天之迹。

《雨村詩話》卷下：余雅不好宋詩而獨愛東坡，以其詩聲如鐘呂，氣若江河，不失於腐，亦不流于郛。由其天分高，學力厚，故縱筆所之，無不精警動人，不特在宋無此一家手筆，即置之唐人中，亦無此一家手筆也。公嘗自舉生平得意之句，以「令嚴鐘鼓三更月，野宿貔貅萬竈煙」一聯爲其最，實不止此也。公集中無論長篇短幅，任舉一句，皆具大魄力。如《有美堂暴雨》起筆云：「遊人腳底一聲雷，滿座頑雲撥不開。天外黑風吹海立，浙東飛雨過江來。」其聲直震百里，誰能有此？

又：蘇詩註自以施元之爲第一，王梅溪贋註無論。荒謬未必非王，即就一人詩分類，乃《兔園冊子》，老學究所爲也。施註所未引，近日查他山有補註，甚詳該；編年井井有條，並列同時諸公和什，甚有體裁。但刊本不與施合刻，翻閱爲難。余嘗有志合施、查二公爲全編，其編年一以查爲主，其註施前查後。刊費繁多，尙無此力也。

姚鼐《荷塘詩集序》：古之善爲詩者，不自命爲詩人者也，其胸中所蓄高矣，廣矣，遠矣，而偶發之於詩，則詩興之爲高廣且遠焉，故曰善爲詩也。曹子建，陶淵明、李太白、杜子美、韓退之、蘇子瞻、黃魯直之倫，忠義之氣，高亮之節，道德之養，經濟天下之才，捨而僅謂之一詩人耳，此數君子豈所甘哉！

又《與伯昂從侄孫》：古體詩須先讀昌黎，然後上溯杜公，下采東坡，於此三家得門逕尋入。

馮應榴《蘇文忠詩合注自序》：余弱冠以前於蘇文忠公詩，全未涉獵也。釋褐南歸，舟中略諷誦之，亦未究心也。迨後宦途馳逐二十餘年，無暇從事研求，中間使蜀，曾一謁眉山故里，肅然起敬，而於詩仍未能深爲玩味也。丁未初夏，公退餘閑，偶取王、施、查三本之注，各披閱一過，見其體例互異，卷帙不同，無以取便讀者，爰爲合而訂之，意不過擇精要、删複出焉耳。及尋繹再四，乃知所注各有舛訛，因援證群書，並得諸舊注本參稽辨補，朝夕不輟者，凡七年而粗就。雖學植淺薄，萬萬不及前人，而心志之專，力所能到者，無不盡焉；所不能到者，歉然而已。先是，己酉嘉平，忽夢與文忠相見，曾倩人繪《夢蘇圖》，並自爲文記之。後閱趙堯卿序，亦載作注時兩經夢蘇事。夫以堯卿之去公未遠，創始爲注，積三十年，其見夢也固宜。乃若余之摭拾舊編，了無心得者，而夢適相類，益慨然於古今人智愚雖不同，而嚮往之殷無異，則文忠之靈昭然於七百餘載間者，隨學人所得之深淺，而皆有以啓牖之乎？若謂余之合注，足以希踪往哲，亦致默相感召，此實瞿然不敢自信者已。乾隆癸丑冬下浣，桐鄉馮應榴自序。

又《蘇文忠詩舊註辨訂》：自來註釋名家，俱不免於訾議，況蘇文忠詩之事蹟多，學問博，詞意深，後人詮解，安能一無舛漏。

魯九皋《詩學源流考》：東坡才大，汪洋縱恣，出入於李、杜、韓三家。山谷則一意學杜，精深峭拔，別出機杼，自成一格。

馬春田《讀黃山谷集》：蘇、黃雖並稱，蘇宮而黃徵。

翁方綱《藥洲冬日讀諸集七首，和王文簡公韻》：那復區區格律才，羅浮松吹戛雲哀。直兼萬壑千巖響，屈注天潢倒海來。

又《七言詩三昧舉隅》：夫漁洋先生，既不得不以杜、韓、蘇、黄爲七言之正矣，因於初唐諸作，僅取數篇，曰：此其氣格高者。

又《七言詩歌行鈔凡例》：蘇文忠公淩踔千古，獨心折山谷之詩，數效其體，前人之虚懷如此。後世腐儒乃謂山谷與東坡爭名，何其陋耶！

《石洲詩話》卷三：《宋詩鈔》之選，意在别裁衆説，獨存眞際，而實有過於偏枯處，轉失古人之眞。如論蘇詩，以使事富縟爲嫌。夫蘇之妙處，固不在多使事，而使事亦即其妙處。奈何轉欲汰之，而必如梅宛陵之枯淡，蘇子美之鬆膚者，乃爲眞詩乎？且如開卷《鳳翔八觀》詩，尚欲加以芟削，何也？餘所去取，亦多未當。蘇爲宋一代詩人冠冕，而所鈔若此，則他更何論！

又：七古平韻到底者，單句末一字忌用平聲，固已，然亦有文勢自然，遂成音節者。以蘇詩論之，即如「問今太守爲誰歟？雪眉老人朝扣門」，「潮陽太守南遷歸，山耶雪耶遠莫知」，「畫山何必山中人，汝應奴隸蔡少霞」之類，皆行乎其所不得不然者也。若「欲從稺川隱羅浮，故人日夜望我歸」，乃於一篇中有二句，要之非出自然，則固不可耳。

又：次韻用韻，至蘇公而極其變化。然不過長袖善舞，一波三折，又與韓翁之用力眞押者不同，未可概以化境目之。

又：蘇詩內和人韻之詩，亦有只云和某人某題，而不寫出次韻者，亦有寫次韻者。其只云和，而不云次韻者，實多次韻之作。想蘇公詩題，固無一定之例也。

又：太白仙才，獨缺七律，得東坡爲補作之，然已隔一塵矣。

又：吳《鈔》（按：指《宋詩鈔》）云：「元祐文人之盛，大都材致横闊，而氣魄剛直，故能振靡復古。」其論固是。然宋之元祐諸賢，正如唐之開元、天寶諸賢，自有精腴，非徒雄闊也。即東坡妙處，亦不在於豪横。吳《鈔》大意，總取浩浩落落之氣，不踐唐迹，與宋人大局未嘗不合，而其細密精深處，則正未之別擇。即如論蘇詩，首在去梅溪之餖飣，而並欲汰蘇之富縟。夫梅溪之餖飣，本不知蘇，不必與之較也。而蘇豈以富縟勝者？此未免以目皮相。

又：秦淮海思致縣麗，而氣體輕弱，非蘇、黃可比。

卷四：宋詩之大家無過東坡，而轉祧蘇祖黃者，正以蘇之大處，不當以南、北宋風會論之。舍元祐諸賢外，宋人蓋莫能望其肩背，其何從而祖之乎？

又：宋人七律，精微無過王半山，至于東坡，則更作得出耳。阮亭嘗言東坡七律不可學，此專以盛唐格律言之，其實非通論也。

卷五：五言詩，自蘇、黃而後，放翁已不能腳踏實地。居此後者，欲復以平正自然，上追古人，其誰信之？

又：遺山雖較之東坡，亦自不免肌理稍粗，然其秀骨天成，自是出羣之姿。若無其秀骨，而但于氣概求之，則亦末矣。

卷八：「李、杜光芒萬丈長，昌黎《石鼓》氣堂堂。吳萊、蘇軾登廊廡，緩步空同獨擅場。」（按：此爲王士禎《戲仿元遺山論詩絶句三十五首》之一。）（略）既以韓《石鼓歌》接李、杜光焰，顧何以吳立夫繼之？且以吳居蘇前，可乎？且以李空同繼之，可乎？此則必不可以示後學者矣。洪亮吉《讀史六十四首》：詩案曾留御史臺，儉人亦轉嘆奇才。雄文卻要蛟龍助，不枉先生過海來。

《北江詩話》卷二：宋代詩文兼擅者，亦惟歐陽文忠、蘇文忠、王荆公，南渡則朱文公。

又：蘇端明自言學劉夢得，而究亦不能過夢得，所謂棋輸先著也。

又卷四：或曰：今之稱詩者衆矣，當具何手眼觀之？余曰：除二種詩不看，詩即少矣。假王、孟詩不看，假蘇詩不看是也。何則？今之心地明瞭而邊幅稍狹者，必學假王、孟；質性開敏而才氣稍裕者，必學假蘇詩。若言詩能不犯此二者，則必另具手眼，自寫性情矣。是又余所急欲觀者也。

又卷五：陶淵明以後，學陶者韋應物、柳宗元以迄蘇軾、陳無己等若干人，而皆不及陶，亦以絶調難學也。（略）王維、裴迪輞川諸作，元結《春陵》篇及《浯溪》等詩，無意學陶，亦無一類陶，而轉似陶。

《南野堂筆記》卷一：閒嘗取唐、宋以來詩人之詩，標舉數家，若右丞之簡貴，襄陽之清醇，左司之沖澹，少陵之變化，太白之橫逸，昌黎之閎肆，玉溪生之綺麗纏綿，東坡、山谷之波瀾峻峭，各攄性情，自著本色，未嘗有所襲也。然（略）東坡和陶，山谷癖杜，古之人皆有所資以爲詩者矣，襲云乎哉！

韓崶《蘇文忠公詩編註集成序》：注古人之詩難矣，注大家之詩更難。若夫杜少陵、蘇長公二家之詩，則尤有難者。蓋少陵丁天寶之際，出入戎馬，跋履關山，感事攄懷，動有關繫，非熟於有唐一代之史者，不能註杜集也。長公親見慶曆人才之盛，備知安石變法之弊，進身元祐更化，卒罹紹聖黨禍，凡所感激，盡吐於詩。其詩視少陵爲多，其榮悴升沉，亦與少陵僅以奔赴行在者異。少陵事狀頗略，而長公政績獨詳。唐之雜纂不載少陵，而兩宋紀錄非長公不道。故注蘇較難於注杜，雖熟有宋一代之史，勢不能括其全。然仕跡雖異，而其飄零遠徙，繫心君國，至於每飯不忘則同。此又二家詩之極致，必明之而後可也。

達三《蘇文忠公詩編註集成序》：有宋蘇文忠公文章氣節，照耀千古，雖婦人孺子，莫不知有東坡先生也。然考其生平，才足以致治安，而未邀當宁之倚任；文足以追賈、陸，而不免宵小之抵排。初授史官，遽補外任，暫叨侍從，遂竄南荒。在朝日少，遷謫日多，得志事少，拂意事多。其忠義奮發之氣，百折不回之操，一皆發之於詩。而且才雄力大，取多用宏，子史之外，兼參仙釋。其詩浩瀚汪洋，往往非初學所能窺其涯涘。

梁同書《蘇文忠公詩編註集成序》：蘇文忠公以文章經濟爲有宋冠冕，觀其學術之富，德業之盛，忠義氣之奮發，雖跨唐越漢，陸、賈不足多也。公起自西蜀，適當熙寧、紹聖之會，邪說暴行，薰灼天下。始則上書攻法，託爲諷諫，搆怨群小，至於放廢。逮元祐更化，廷臣皆以變法干進，公獨以謂改革利弊不一，未足推明先志，消弭後憂，輒與在廷爭議，或開陳講筵之上。憂危家國，每飯不忘；草制擄疏，必達此意。由是忤權坐訕，屢召屢出。然猶隨地效忠，舉凡籌邊弭盜，備災放欠，治河清漕諸事，鮮不講求規畫，以期有補於國。既遷嶺海，坐不貼席，而目覩兵媮民惰，政不恤下，尚時時以澤民爲念，終其身弗少懈。故跡其所爲詩，或取觀於興象，或寓諷於聯吟，詞雖達而旨則隱，文或華而體實質。雖天才浩瀚而津涘莫測，未可謂言語妙天下，遽以談諧嘯傲視之也。

姚瑩《復吳子方書》：《三百篇》而下，無悖於興觀羣怨之旨，而足以千古者，漢之蘇、李，魏之子建，晉之淵明，唐之李、杜、韓、白，宋之歐、蘇、黃、陸，止矣。此數子者，豈獨其才力學問使然哉，亦其忠孝之性有以過乎人也。

又《論詩絕句》：妙語天成偶得之，眉山絕趣苦難追。紛紛力薄爭唐宋，斷港橫流也未知。

《石樵詩話》卷四：宋時蘇、黃並駕，然魯直多生澀而欠渾成，不若東坡胸有洪爐，於李、杜、韓後又開闢一種境界。

《射鷹樓詩話》卷一八：「奇外無奇更有奇，一波纔動萬波隨。只知詩到蘇黃盡，滄海橫流卻是誰？」此元遺山論詩句也。遺山意以蘇、黃詩稍直，少曲折，故不及李、杜，故曰「滄海橫流卻是誰」。李、杜詩汪洋澎湃，而沈鬱頓挫，赴題曲折，故如滄海橫流，蘇、黃之不及李、杜者以此，遺山之所以不足蘇、黃者以此。此中神妙，難與外人言也。故遺山論詩又曰：「鴛鴦繡出從君看，不把金針度與人。」

《思益堂日札》卷六：唐人用本朝事入詩，無過於牧之者。至宋人尤多，大家如蘇、黃亦不免。

《夢痕館詩話》卷三：宋初不脫晚唐體，李文靖、徐常侍，白體也。二宋、張乖崖，崑體也。歐公與蘇子美，乃仿效太白、退之。東坡出，乃追本溯源，放乎四海。然風會使然，唐與宋劃界分畦，迥乎不類矣。唐以前多比興，宋人多敷陳直言故也。

洪昌燕《答友人問漢唐古詩樂府暨宋元明諸詩家書》：宋承五季之餘，去唐差遠，歐、梅而外，最數蘇、黃。說者謂東坡晚年和陶詩，或鄰頹放；山谷少宗崑體，未免纖穠。抑知蘇可儷韓，黃實師杜，足爲勁敵，無愧大家。

《耐冷譚》卷一：東坡擬陶，尙有馳驟之語，亦猶狂者之於中行也。

《越縵堂詩話》卷上：宋人自蘇、黃、陸三家外，絕無能自立者。

又：閱《臨漢隱居詩話》、《滹南詩話》，魏道輔時有會心，王若虛亦有得處，而拘滯未化，其極推東坡而力詆山谷，亦頗過當。

又：七古，子美一人足爲正宗，退之、子瞻、山谷、務觀、遺山、青邱、空同、大復，可稱八俊。

又卷下：凡事必陶冶古人，自成面目。嘗言唐之白，宋之蘇，到底是詩家本色，而諸君頗不然之。

《湘綺樓說詩》卷三：俗人論詩，以爲不可入經義訓詁，此語發自梁簡文。劉彥和又云不可入議論。則明七子懲韓、蘇、黄、陸之敝，而有此說，是歧經史文詞而裂之也。

《粟香隨筆》卷二：詩句有全平全仄者，如玉溪《韓碑》詩「封狼生貙貙生羆，帝得聖相相曰度」是也。蘇、黄諸家時時有之。

《蠡莊詩話》卷八：詩人窮而益工。蓋窮則嗜慾少，而攻苦多，故能思微律細。唐人如少陵，太白、昌黎、柳州，宋人如東坡、石湖、永叔，皆遭遇坎坷，詩名最著。

《藻川堂譚藝·三代篇》：唐、宋以來，兼長詩、古文辭者，其詩每不若古文辭之盛，韓、柳、歐、蘇皆其人也。韓、蘇雄直之氣，一往無餘，而其中之包蘊淺矣。

《快雪軒全集》卷上：古今擬陶詩、和陶詩甚多，如蘇軾及近世舒夢蘭，則無首不和矣，然謂之似陶可也，謂之佳詩則不敢。

《西圃詩說》：子瞻云：「學詩當以子美爲師，有規矩，故可學。退之於詩本無解處，以才高而好爾。淵明不爲詩，寫其胸中之妙爾。學杜不成，不失爲工。無韓之才與陶之妙而學其詩，終爲樂天爾。」此論微妙，足爲千古典型。

《小瀨草堂雜論詩·雜論詩》：東坡不取《文選》與余同，東坡所以不取《文選》與余異。坡疑蘇、李「河梁」之詩爲僞撰。微論蘇、李，即《錄別》擬作，亦非魏、晉所及。

又：東坡詩多嫌率爾，及其得意，遂與工部、吏部並耶。

《劍谿說詩》卷上：蘇子瞻曰：「蘇、李之天成，曹、劉之自得，陶、謝之超然，蓋亦至矣。而李太白、杜子美以英瑋絕世之姿，凌跨百代，古今詩人盡廢。然魏、晉以來，高風絕塵，亦少衰矣。李、杜之後，詩人繼作，雖間有遠韻，而才不逮意。獨韋應物、柳宗元發纖穠於簡古，寄至味於澹泊，非餘子所及也。」晦翁謂：「坡公病李、杜而推韋、柳，蓋亦自悔其平時之作而未能自拔者。」觀此，則爲五言詩者當知所取擇矣。

又：韓、蘇筆力相當，韓排奡，蘇雄放，並體出杜陵。蘇兼有謫仙，然謫仙超忽，終隔一塵在。

又：坡公規模大，波瀾壯闊，涪翁筆力高，風格孤峻。

又：坡公嘗自評其文曰：「吾文如萬斛泉源，不擇地皆可出，在平地滔滔汩汩，雖一日千里無難。及其與山石曲折，隨物賦形而不可知也。所可知者，常行於所當行，常止於不可不止，如是而已矣。其他雖吾亦不能知也。」公之詩亦然。

又：《史》、《漢》、八家之文，可通於七古；李、杜、韓蘇之七古，可通於散體之文。

又：古人詩境不同，譬諸山川：杜詩如河嶽；李詩如海上十洲；孟詩如匡廬；王詩如會稽諸山，高、岑詩如疏勒、祁連，名標塞上；大曆十子詩如巫山十二，各占一峰；韋詩如峨嵋天半，高無與比；柳詩如巴東三峽，清夜啼猿；韓詩如太行；孟詩如羊腸坂；蘇詩如羅浮；黃詩如龍門八節灘。此類不可悉數，惟覽者自得之耳。

又卷下：坡公七絕具邁往之氣，放翁、遺山亦遠擅長。

又：題畫詩，三唐間見，入宋寖多，要惟老杜橫絕古今，蘇文忠次之，黃文節又次之。

又：詩題至於玉局（即蘇軾），別構佳境，唐人家法，爲稍變矣。

又：次韻始於元、白，盛於皮、陸，再盛於坡、谷，後來記醜而博者，專用此擅場。

《劍谿說詩又編》：唐代深於騷者，自青蓮、昌黎、柳州、貞曜、昌谷而外，蓋亦寥寥。後來坡、谷雖甚愛其文詞，祇供爲文驅使，於騷人之旨，未見有合焉者，而音韻尤乖。甚矣，騷之難也！

《退菴隨筆·學詩二》：李文貞不喜蘇詩，謂東坡詩殊少風韻音節，逐句俱塡典故，亦不是古法。此非篤論也。蘇詩清空如話者，集中觸處皆有。如《和陶》云：「丈夫貴出世，功名豈人傑。」《哭刁景純》曰：「讀書想前輩，每恨生不早。紛紛少年場，猶得見此老。」《題楊惠之塑維摩像》云：「世人非不碩且好，身雖未病心已疲。此叟神完中有恃，談笑可卻千熊羆。至今遺像兀不語，與昔未死無增虧。」《泗洲僧伽塔》云：「耕田欲雨刈欲晴，去得順風來者怨。若使人人禱輒遂，造物應須日千變。」《與宗同年飲》云：「黃雞催曉不須愁，老盡世人非我獨。」《趙閱道高齋》詩云：「長松千尺不自覺，企而羡者蓬與蒿。」《登玲瓏山》云：「腳力盡時山更好，莫將有限趁無窮。」此豈得以少風韻，塡典故概之？文貞意在講學，於詩詣力未深。其於唐詩，只取張曲江及燕、許、李、杜、韓、柳數家，宋詩只取歐陽文忠、王荆公、朱子三家。講學與論詩，自是兩事，學者不必爲所惑也。

又：李、杜、韓、蘇詩中，亦不免有疵詞累句，不但無損其爲名家，且並有與古人暗合者。

又：唐以李、杜、韓、白爲四大家，宋以蘇、陸爲兩大家，自《御選唐宋詩醇》，其論始定。《四庫提要》闡繹之，其義益明。《提要》云：「詩至唐而極其盛，至宋而極其變。盛極或伏其衰，變極或失其正。通主甲乙，要當以此六家爲大宗。（略）至於北宋之詩，蘇、黃並駕。」可謂千古定評。竊謂有志學詩，此六家缺一不可。

《野鴻詩的》：子瞻不師古而長於野戰，猶吾吳丹青家，見麤鈎硬皴，嗤爲「浙派」也。

《峴傭說詩》：後人學陶，以韋公爲最深，蓋其襟懷澄澹，有以契之也。東坡與陶氣質不類，故集中「效陶」、「和陶」諸作，眞率處似之，冲漠處不及也，間用馳驟，益不相肖。

又：東坡五古，有禪理者甚佳，用禪語者甚劣。

又：東坡才思甚大，而有好盡之病，少含蓄也。

又：東坡五古，有精神飽滿才氣坌涌甚不可及者，如「千山動鱗甲」、「何人守蓬萊」諸篇。

又：東坡五古好和韻疊韻，欲以此見長，正以此見拙。捆了好打，畢竟是捆。

又：陶詩多微至語，東坡學陶，多超脫語。天分不同也。

又：《和子由園中草木》及黄州墾荒、海外種菜等詩，皆質樸有味。

又：東坡最長於七古，沈雄不如杜，而奔放過之；秀逸不如李，而超曠似之。又有文學以濟其才，有宋三百年無敵手也。

又：東坡七古間學初唐，亦復音節婉轉。

又：東坡七古亦時以和韻疊韻見絀，其運用故典亦有隨筆拉雜，不甚貼切者，學者宜知其病。

又：少陵七律，無才不有，無法不備。義山學之，得其濃厚；東坡學之，得其流轉；山谷學之，得其奧峭。

又：東坡七律，一氣相生旋轉自如之作，最爲上乘。言情深至者亦可取。塡砌典故，湊韻湊篇者最下。

又：東坡能行氣不能鍊句，故七律每走而不守。

又：少陵、退之、東坡三大家皆不能作五絶。蓋才太大，筆太剛，施之二十字，反喫力不討好。言豈一端而已，夫各有所當也，五絶究以含蓄清淡爲佳。

又：東坡七絶亦可愛，然趣多致多，而神韻卻少。「水枕能令山俯仰，風船解與月徘徊」，致也。「小兒誤喜朱顔在，一笑那知是酒紅」，趣也。獨「餘生欲老海南村，帝遣巫陽招我魂。杳杳天低鶻沒處，青山一髮是中原」，則氣韻兩到，語帶沈雄，不可及也。

《養一齋詩話》卷一：《石洲詩話》一書，引證該博，又無隨園佻纖之失，信從者多。予竊有惑焉，不敢不商搉，以質後之君子。其書亦推張曲江爲復古，李、杜爲冠冕，杜可直接《六經》。而酷好蘇詩，以之導引後進，謂學詩衹此一途，雖根本忠愛之杜詩，必不可學，「人不知杜公有多大喉嚨，以爲我輩亦可如此，所以棼如亂絲」。夫蘇詩非不雄視百世，而杜詩者，尤人人心中自有之詩也。今望而生怖，謂不如蘇之蹊徑易尋，則是避難就易之私心，猶書家之有側鋒，仕途之有捷徑，自爲之可耳，豈所以示天下耶！又謂「五言詩自蘇、黃後，放翁已不能腳踏實地。居此後者，欲以平正自然上追古人，其誰信之」。夫蘇、黃之詩，標新領異，旁見側出，原令人目眩心搖。然久於其中，竟謂舉世之人舍此斷無出路，何其輕量人才之甚也！且必不以平正自然爲詩，則詩之爲物，累人心術亦甚矣！尤可異者，偏愛蘇詩，並以遺山《論詩絶句》中攻蘇之作，亦傅會爲愛蘇之論也。如：「奇外無奇更出奇，一波纔動萬波隨。衹知詩到蘇黃盡，滄海橫流卻是誰？」此首明以「滄海橫流」責蘇，而石洲以爲遺山自慨身世。「金入洪爐不厭頻，精眞那計受纖塵？蘇門果有忠臣在，肯放坡詩百態新？」此首明言蘇門無忠直之言，故致坡詩競出新態，而石洲以爲收足論蘇之旨，即蘇詩「始知眞放本精微」意。「百年纔覺古風迴，元祐諸人次第來。諱學金陵猶有說，竟將何罪廢歐、梅？」此首明言歐、梅甫能復古，而元祐蘇、黃諸人次第變古，學元祐者，廢金陵猶可，廢歐、梅則必不可。而石洲以爲「『迴』字乃坡公『昇平格力未全迴』之『迴』，何嘗有人諱學金陵，何嘗有人欲廢歐、梅？此可得文章風會氣脈。」凡石洲所解，皆與遺山本詩義理迴不入，脈絡絶不貫，不知何以下筆？蓋既爲偏好蘇詩所蔽，而又不敢貶駁遺山，故於無可解說處，亦強爲傅會，遂使人覽之茫然耳。且遺山貶蘇如此，而石洲猶以爲「程學盛於南，蘇學盛於北」，屢屢舉此語以教人，古人有知，豈不爲遺山所笑！且石洲於蘇詩，亦未得其窔奥也。蘇之名作甚多，而石洲舉「河聲便是廣長舌，山色豈非清淨身」二語，謂足盡全集之妙。此非論詩，直表章禪學矣。又舉「始知眞放本精微」一語，謂可作全集總評，亦禪機而已矣。「浮雲世事改，孤月此心明」，前輩多賞之。石洲恐落窠臼，獨賞其結句「二江爭送客，木杪看橋橫」，爲言外有神，殆故作奇論，自建一幟耳。昔漁洋謂東坡七律不可學，石洲斥其非通論，是言各體均宜學也。此一家之言，果可示後生耶？其他泛論羣家，亦多可疑。（略）謂茶山詩優於放翁，後山詩無可回味處。蓋茶山清轉處，約略似蘇；喜蘇之快辯，自不知陳之鬱轖也。總之矯七子學唐太似之病，必然師法蘇、黄。此論竹坨已及之，石洲亦引之而故蹈之，爲偏好所蔽耳。

又：蘇潁濱謂坡「律詩最戒屬對偏枯，不容一句不善；古詩用韻，必須偶數」。此皆坡詩極瑣處，何必舉以示人？又謂「魯直詩勝聖俞」，亦不然。梅詩已造平澹，論其品實出黄上。又謂「讀書當學爲文，餘事作詩人耳」。夫文、詩皆末也，何有軒輊？且語本退之，亦非退之意。然言「凡爲詩文不必多，古人無許多也」，「張十二《病後》詩一卷，頗得陶元亮體。但余觀古人爲文，各自用其才耳，專模仿一人，舍己徇人，未必貴也。」此二則實有心得，可以垂訓後來。

又：蘇、黄並稱，其實相反。蘇豪宕縱横而傷於率易，黄勁直沈著而苦於生疏。朱子云「黄詩費安排」，良然。然黄之深入處，蘇亦不能到也。

又：《學齋佔畢》云（按：下引《學齋佔畢》卷二語前已錄，從略）予謂此說魯直不甚服坡詩可也，謂其曹、鄶、楚之喻，暗含譏刺，殊失朋友忠直之道，似與魯直爲人不類。蓋曹、鄶、楚云云，自就詩之氣象言耳。謂以此自負而刺坡，則楚騷亦不易到，而魯直平時之詩，豈眞能與《國風》抗衡，而敢以之自負哉！

又：（張戒）云：「詩含不盡之意，用事押韻何足道！蘇、黃用事押韻之工至矣，究其實，乃詩人中一害。」偉哉論乎！前此所未有也。

又：東野《聞角》詩：「似開孤月口，能說落星心。」東坡云：「今夜聞崔誠老彈《曉角》，始知此詩之妙。」東坡不喜東野詩，而獨喜此二句，異矣！此二句乃幽僻而不中理者，東野集中最下之句。

又：東坡謂襄陽詩「韻高而才短」，非東坡不敢開此口。然東坡詩病亦只一句，蓋才高而韻短，與襄陽恰相反也。

又卷二：昌黎詩有鬬勝之意，東坡有游戲之意，皆非古音，而昌黎古於東坡者，昌黎讀書精于東坡故也。第鬬勝之意迫，游戲之意閒，故時人覺昌黎詩不如東坡之妙。

又：韓昌黎、蘇眉山皆以文爲詩，故詩筆健崛駿爽，而終非本色。

又：（王）若虛雅服鄭厚評詩，荊公、蘇、黃，曾不比數，獨云：「樂天如柳陰春鶯，東野如草根秋蟲，爲造化中一妙。」此亦誤也。荊公詩本不足與蘇、黃匹，蘇、黃與樂天、東野互有得失，何必以白、孟抹蘇、黄也？

又：若虚又謂「老杜詩如典謨，東坡詩如《孟子》，魯直詩如《法言》」，亦非的語。（略）東坡詩或似《莊子》，魯直詩或似《韓非子》，《法言》何足道！

又卷三：（虞道園詩）長篇鋪放處，雖時仿東坡，而不似東坡之疏快無餘地。

又：初學（詩）由七古入，七古由蘇、韓入，發軔之地，取其充暢闊遠，不局才氣。

又卷一〇：坡詩「何須更待飛鳶墮，方念平生馬少游」，「不須更説知幾早，直爲鱸魚也自賢」，此固詩家翻弄之小術，然詞旨清迴，可箴俗慮，吾每愛誦之。

陸鎣《問花樓詩話》卷二：坡公才大如海，其詩旁見側出，都成妙諦，承學之士，靡然從風，奉爲圭臬，豈容贅贊？先廣文愛其和陶詩，以謂此老晚年進境。其和《歸田園居》、《時運》、《始春懷古》、《田舍》、《三良》諸作，多見道之言。佳句如「春江綠未波，人卧船自流」，「城東兩黎子，室邇人自遠。呼我釣其池，人魚兩忘返」，「驚雀再三起，樹端已微明。白露淨原野，始覺丘壟平」，子由所謂「精深華妙，無老人衰憊之氣」者也。

《筱園詩話》卷一：東坡則天仙化人，飛行絶迹，變盡唐人面目，另闢門戶，巧奪天工，在宋人中獨爲大宗。

又：詩以超妙爲貴，最忌拘滯獃板。故東坡云：「賦詩必此詩，定非知詩人。」謂詩之妙諦，在不即不離，若遠若近，似乎可解不可解之間。即嚴滄浪所謂「鏡中之花，水中之月，但可神會，難以迹求」、司空表聖所謂「超以象外，得其環中」是也。蓋興象玲瓏，意趣活潑，寄託深遠，風韻泠然，故能高踞題巔，不落蹊徑，超超玄著，耿耿元精，獨探眞際於箇中，遙流清音於絃外，空諸所有，妙合天籟。放翁云：「文章本天成，妙手偶得之。」亦即此種境詣。詩至此境，如畫家神品、逸品，更出能品、奇品之上。

又卷四：東坡一代天才，其文得力莊子，其詩得力太白，雖面目迥不相同，而筆力之空靈超脫，神肖莊、李。如魯男子之學柳下，九方皐之相馬，其性情契合，在筆墨形色之外，蓋以神契、以天合也。故能自開生面，爲一朝大作手。後人效法前人，當師坡公，方免效顰襲迹之病。如西崑楊、劉諸公之學李玉溪，明前後七子之文學秦、漢，詩學少陵、東川，肖形象聲，摹仿字句音調，直是雙鉤塡廓而已。嗚呼愚哉！

陳訏《宋十五家詩選·東坡詩選》：東坡五七古才大思精，沉鬱頓挫，昌黎而後一人而已。近體超妙精卓，盡態極妍。語溪《詩鈔序》謂有用事太多，未免失之豐縟，汰其過于豐縟者而後有眞蘇詩。可謂善言蘇詩者矣。

《藝概》卷二《詩概》：東坡詩打通後壁說話，其精微超曠，眞足以開拓心胸，推倒豪傑。

又：東坡詩推倒扶起，無施不可，得訣只在能透過一層，及善用翻案耳。

又：東坡詩善於空諸所有，又善於無中生有，機括實自禪悟中來。以辯才三昧而爲韻言，固宜其舌底瀾翻如是。

又：滔滔汩汩說去，一轉便見主意，《南華》、《華嚴》最長於此。東坡古詩慣用其法。

又：陶詩醇厚，東坡和之以清勁，如宮商之奏，各自爲宮，其美正復不相掩也。

又：東坡《題與可畫竹》云：「無窮出清新。」余謂此句可爲坡詩評語，豈偶借與可以自寓耶？杜於李亦以清新相目。詩家「清新」二字，均非易得。元遺山於坡詩，何乃以新譏之？

又：東坡、放翁兩家詩，皆有豪有曠。但放翁是有意要做詩人，東坡雖爲詩，而仍有夷然不屑之意，所以尤高。

又：退之詩豪多於曠，東坡詩曠多於豪。豪曠非中和之則，然賢者亦多出入於其中，以其與齷齪之腸胃，固遠絕也。

又：遇他人以爲極艱極苦之境，而能外形骸以理自勝，此韓、蘇兩家詩意所同。

又：東坡詩，意頹放而語遒警。頹放過於太白，遒警亞於昌黎。

又：太白長於風，少陵長於骨，昌黎長於質，東坡長於趣。

又：詩以出於《騷》者爲正，以出於《莊》者爲變。少陵純乎《騷》，太白在《莊》、《騷》間，東坡則出於《莊》者十之八九。

又：山谷詩未能若東坡之行所無事。

又：無一意一事不可入詩者，唐則子美，宋則蘇、黄。要其胸中具有鑪錘，不是金銀銅鐵強令混合也。

又：唐詩以情韻氣格勝。宋蘇、黃皆以意勝，惟彼胸襟與手法俱高，故不以精能傷渾雅焉。

又：林艾軒謂「蘇、黃之別，猶丈夫女子之應接。丈夫見賓客，信步出將去，如女子則非塗澤不可」。余謂此論未免誣黃而易蘇。

王文誥《蘇文忠公詩編注集成自序》：（略）閱一千四百餘載，至宋，而其後嗣文忠公繼起，公之詩庶矣。然約舉其要，則亦本諸垂教立極者也。「定策天知我，膺期止一章」，堯之「曆數爾躬」也。「四海望陶冶，赤手降於菟」，舜之「股肱元首」也。「未敢書上瑞，何人折其鋒」，禹之「戒休董威」也。「根株窮脈縷，墮網不知羞」，湯之「民欲偕亡」也。「官軍取乞閭，尺書招贊普」，武之「殺伐用張」也。「護此不貪寶，河流正東釃」，周公之「綢繆牖戶」也。「忠義老研磨，惟我獨也正」，孔子之「履霜堅冰」也。至序所謂暴公譖蘇公者，公詩尤倍蓰焉。「閑花亦偶栽，已偃手種松」，則慨維暴而申親厚也。「車轂鳴枕中，絲聲不附木」，則逝梁陳而警愧畏也。「蕭散滿霜風，涼月今宵掛」，則行安亟而致盱祇也。「孤生知永棄，吾道無南北」，則測鬼蜮而視罔極也。是皆同於《何人斯》章，亦詩人忠厚之旨也。然蘇公詩後無徵，而公之孤忠斥逐，差與靈均爲近。史遷謂《騷》自怨生，指大義遠，志潔行廉，不容自疏，而《懷沙》一篇，傷懷永哀，鬱結紆軫，終莫能釋出之，濯淖污中以浮游塵埃之外，或滯凝焉。公正道直行，竭智盡忠，讒人間之，困憊折辱，而其詩上溯唐虞，下逮齊魯，明道德之廣崇，嫺治亂之條貫，參觀窮達之理，與靈均信一致矣。獨其生平用圖史爲園囿，文章爲鼓吹，及遷海上，亦皆罷去，惟肆意乎陶詠。陶家弊游走，自量必貽俗患，俯仰辭世，而公早不自覺，嬰犯世難，意甚愧之。復有《園田》、《下潠》之思，《影》、《形》、《神釋》之寄。蓋其託爲諷諫，原欲有補君國，而天性樂易，怨無自生，故能以陶自廣，全其晚節。此較聞滄浪而卒不返者，殆又各行其志，而公則皭然泥而不滓者也。其於詩道，誠大備矣。

又《蘇海識餘》卷一：學者必先詳玩此二詩（按：指《送宋君用游輦下》、《詠怪石》），知其詩筆之所自起，而後接讀南行諸作，考其逐首圖變，總欲不凡之意，則詩法入門次第蹤迹皆可尋矣。公自不能詩而至能詩，自名家而至大家，皆于此兩三年間，數十篇之內養成具體。到鳳翔首作《石鼓歌》，已出昌黎之上，不可壓也。自此以後，熙寧還朝一變，倅杭守密正其縱筆時也。及入徐、湖，漸改轍矣。元豐謫黃一變，至元祐召還，又改轍矣。紹聖謫惠州一變，及渡海而全入化境，其意愈隱，不可窮也。黃魯直于公諸集，獨推尊海外詩。崇、觀間禁錮甚嚴，而海外詩盛行，士大夫無不傳習者。蓋其時去公未遠，門人子弟猶在，皆有以通曉其故也。今予論公自作詩入門至于謫黃，人所易信。自論元祐召還，至于惠、儋，人皆不信。此猶道路然，前十里在明處走，雖行人蹇步，亦欲勉力以赴。後十里在暗處走，雖健者不知路在何處，蓋未亦變暗爲明也。茲以無可與言，特首載于此，以爲學者異日進步之驗。

袁熙《論詩絶句五十二首》：煉得金丹一粒眞，何妨赤手是貧人。東坡居士原無賴，亂撒泥沙作玉塵。

汪繹《題東坡集後》：萬斛泉源隨地湧，滿空花雨自天來。一從太白騎鯨去，應數先生第一才。

汪應銓《絕句》：東坡居士出群雄，無意爲文文自工。萬斛明珠傾腕底，卻從險語認蘇公。

田同之《論詩四首》：呢呢聲中聽穎琴，劃然一變隈雲深。眉山偏愛昌黎句，卻讓廬陵獨審音。（東坡以昌黎《琴詩》「呢呢兒女語，恩怨相爾汝。劃然變軒昂，勇士赴敵聲場」四語爲最佳，歐云：「此詩固佳，然自是聽琵琶語，非琴語也。」）

汪由敦《題蘇詩後》：逸氣何心獺祭魚，縱橫萬卷讀殘書。別裁最惜遺山老，多事飛鴻笑蹇驢。

屈復《論詩絕句三十四首》：大海無波天地浮，從來風雅尚溫柔。東坡才氣雄難敵，滾滾黃河日夜流。

葉觀國《秋齋抄漢魏以來詩作絕句二十首》：才思泉源萬斛同，精深華妙老愈工。不知撼樹蚍蜉苦，偏有人間萬子通。

謝啓昆《讀全宋詩仿元遺山論詩絕句二百首·蘇軾》：西臺風骨似徐陵，東野清寒亦可憎。皮骨幾人摹杜甫，削成太華露崚嶒。　玉笛橫吹赤壁磯，新聲一曲鶴南飛。英雄事去山川在，月白風清夢縞衣。　彭門河復賦黃樓，水利杭州又潁州。雲卷葑田疏舊井，月明淮水鑿新溝。　眉山家學振詞林，地負海涵金玉音。嘆息奇才邀寵遇，一場春夢粵江吟。　作詩形似定非詩，佳處相逢老畫師。天女散花吳道子，妙參眞契悟毫釐。　四海知心弟與兄，連牀夜雨憶同聽。東窗讀《易》互師友，飽啜藜羹燈火靑。　出頭曾避歐陽子，論事不容司馬公。死後維摩參箇裏，生前磨蝎是身宫。

黃州築室是坡仙，冤雪烏臺聖主憐。陽羨買田辜夙願，數竿修竹小斜川。

錢世雄《論宋人絕句十二首和陳檢齋司馬》：長卿怨刺本非宜，况復紛紛新法時。孤負故人文與可，殷勤相勸莫吟詩。（「西湖雖好莫吟詩」，與可送東坡詩也。）彭澤田園是古賢，惠州細和謫居年。晦翁豈忘雌黃下，筆力雖高欠自然（朱子謂淵明天眞爛然，東坡篇篇追和，筆力雖高而乏自然之趣）。萬卷陶鎔絕點塵，仙人游戲果通神。兒音目眩休輕學，且讓坡詩百態新。

李書吉《論詩雜詠》：錯落天葩信手拈，儒林仙佛一身兼。天教洩盡洪荒祕，儋耳今猶俎豆膺。

李兆元《論詩絕句》：詩古詞今貴別裁，屯田那有大蘇才。放歌氣要吞雲夢，攜取銅琶鐵板來。

袁壽齡《白樂天》：忠州自闢東坡地，豈料黃州也有他。遍歷蘇杭歸洛下，一生福命勝東坡。

李玉川《與張支百研話詩隨筆九首》：天才英麗宜供奉，健筆縱橫逼少陵。二百年間數詩格，眉山靈氣絕稜層。

宋湘《與人論東坡詩》：縱不前賢畏後生，名山勝水本無形。唐翻晉案顏家帖，幾首唐詩守六經？一生心醉陶彭澤，暗地師資杜少陵。畢竟要還眞面目，人豪纔是戒來僧。

葉紹本《仿遺山論詩得絕句二十四》：磊落坡公一代雄，長空浩浩御天風。無人會得《華嚴》趣，目眴雲煙變滅中。

姚瑩《論詩絕句六十首》：妙語天成偶得之，眉山絕趣苦難追。紛紛力薄爭唐宋，斷港橫流也未知。

劉鴻翱《讀東坡集》：萬斛泉源是大蘇，天風吹浪瀉江湖。今朝我欲乘槎去，探取驪龍頷下珠。

江之紀《讀東坡海外詩偶題》：雄風雌霓放懷初，九死元龍氣未除。不解潮陽韓太守，上書何至學相如。

王祖昌《論詩絕句》：淋漓大筆是東坡，廊廟江湖足詠歌。愛國眞心隨處見，二程訾議竟如何。

柯嶽《論詩》：東坡居士謫仙才，曾向開元掉臂來。元氣不憂宣洩盡，禪機特地爲君開。

王衍梅《眉山》：峨眉老子謫堂堂，李杜光芒萬丈長。假使韓碑無巨字，此間並少段文昌。

祁寯藻《題羅田陳九香食古硯齋詩集》：香山心遠師彭澤，坡老才高慕樂天。底用論詩苦軒輊，緣情體物是眞詮。

邵堂《論詩六十首》：健筆淋漓蘇學士，日星河嶽此天才。如何耳食參禪悅，強說華嚴法界來。

彭輅《讀烏臺詩案》：當年共構烏臺案，後世珍同黨籍碑。不是此番留注腳，幾人爭解讀公詩。

毛國翰《暇日偶閱近人詩各繫一詩》：陶園詩老氣崢嶸，萬里江湖載酒行。儋耳人歸春夢醒，六如亭上奏新聲。

王惟成《論唐宋詩絕句十四首》：髯蘇名節繼歐公，談笑猶生四座風。信有奇才能靖獻，不忘君處見孤忠。

康發祥《偶題坡公詩集後》：一條界破青山色，此語看來不甚訛。公與徐凝如有怨，惡詩何事每嘲他。將軍口腹原無負，鄙士葫蘆且爛蒸。公嗜花豬兼竹鼦，鷄豚何獨笑何曾。

陳啓疇《論詩十二首呈裘愼圃邑宰》：新詩百態浪翻江，前後黃州句少雙。非戰健兒漢庭吏，簪花美女氣先降。

又《與晴峰訟詩十首》：文人從古善相輕，不附青雲語不驚。坡老庭堅體曾效，黃州佳句本天成。

楊光儀《論詩五首》：依永和聲見化機，豈緣一字鬬新奇。東坡言語妙天下，開卷偏多疊韻詩。

秦煥《蘇東坡》：燭照金蓮寵遇多，無端海外謫東坡。文章大得波濤助，纔信沈淪是琢磨。

黃維申《病中讀宋四家詩·蘇東坡》：兩宋騷場一老魁，少陵工力謫仙才。更從和韻論心力，元白眞成末座陪。

高彤《讀詩雜感》：嶺嶠飄流鬢已皤，大瓢獨負且行歌。多君才調能千古，感嘆空勞春夢婆。

李綺青《論國朝詩人·查初白》：老守眉山一瓣香，磨礱更覺玉精良。紛紛宋派矜新格，卻未追尋敬業堂。

王柘《讀蘇文忠公集》：奇才早已動官家，淚到金蓮燭上花。一樣能知不能用，漢文皇帝賈長沙。

烏臺詩獄暗相傾，舒李原無足重輕。元祐黨人碑未立，如何蜀洛尚紛爭。

陳熾《效遺山論詩絕句》：狡獪通神駭世人，蘇門眞惜少功臣。橫流滄海今誰挽，莫縱狂炎更益新。

林國贊《讀蘇詩絕句》：生面巉然下筆開，獨將記序入新裁。行雲流水眞無定，似此香山那得來。(以記序之體作詩，始自王無功，盛于杜工部。坡公如《甘露寺》、《李氏園》、《答任師中家漢公》、《王定國所藏煙江叠障圖》諸作，實皆祖此。其摩寫之妙，反有作記序所不如者。然無大力以運之，即為長慶潦倒語。)

劉纓《讀蘇詩絕句》：詞賦清流種禍根，碑銘刪盡亦君恩。不緣內府都裁汰，那得蛇龍字字存。

玉堂歸去月華新，竹柏陰清荇藻勻。始信江山隨處好，人間難得兩閒人。五百年生不世才，清名仁廟早相推。傷心元祐孤臣淚，第一思量社飯來。金山鐘鼓過淮南，修竹森森月滿灣。如此江山不歸去，更從何處著茅庵。大字磨崖石不灰，新詩七字隱巖隈。黃灣夜半登登立，萬里滄溟浴日來。

黎維樅《讀蘇詩絕句》：休憑道學鄙詩家，風骨清時氣自華。最是晦翁傾倒處，松風亭下和梅花。

譜出潮州古韻亡，翻疑叶仄失鏗鏘。漫將老杜拘繩墨，不見《南池》與《客堂》(黃朝英《緗素雜記》譏坡公仄韻詩多用外韻，為老杜所無。《苕溪漁隱叢話》引杜詩《南池》、《客堂》二首以駁之)。旨趣淵微費引徵，永嘉注後更吳興。舊巢新掃情遙寄，十載蘄春解未曾(陸放翁《施注序》引「九重新掃舊巢痕」等句，見蘇詩不易箋注。若洪容齋《續錄》所載蘄春士人注蘇詩十年，而不知月地雲階之典，尤不足道矣)。

徐兆英《讀東坡詩集》：東坡著作文居首，次第詩詞各擅場。詩妙原非拘格律，詞高從不泥宮商。

詩成無縫似天衣，好句如珠世所稀。信口拈來君勿學，恐貽畫虎不成譏。平生憂憤寓于詩，譏刺多留隱約詞。不有《烏臺詩案》在，主文譎諫豈能知。便便腹笥世無倫，和韻天成疊韻神。自是才人愛游戲，後來莫作效顰人。

吳用威《讀宋人詩六首》：廣陵老守竹三昧，緩帶看雲寫性靈。早識烏臺有詩案，栽花纔了種浮萍。

李希聖《論詩絶句四十首・東坡》：涂抹坡詩百態新，南毛北紀是忠臣。莆田處士金陵客，藝苑雌黃別有人。

毛瀚豐《論蜀詩絶句・蘇子瞻》：萬古騷壇止二仙，老坡何必讓青蓮。弇州倔強終方悔，到死猶看手一編。

朱應庚《論詩三十二首》：幾人滄海嘆橫流，逸氣行空萬籟秋。紅荔黃柑餐未足，秋風匹馬過儋州。

蔡壽臻《論詩絶句十首・東坡》：泥沙俱下似黃河，蘇氏文章霸氣多。純以氣行得天趣，任他磨蝎命宮磨。

許愈初《論詩絶句》：鵾鵬奮擊才如海，雲水先搖思若仙。自是眉山詩格好，一生忠孝半生禪。

林思進《論蜀詩絶句・蘇軾》：坡老文章擅古今，南荒九死尚長吟。何人解向黃州後，一讀《華嚴》辨淺深。

徐旭《題東坡詩集》：四謫頻煩出翰林，江湖冰蘗苦沈吟。湘纍騷諫公詩諫，不聽原非聖主心。

潘德輿《夜坐詩和東坡》：余酷愛東坡《西齋雨中過舒教授》、《藤州江上》、《夜起對月贈邵士》三詩，暇即歌之，以消煩鬱。冬夜錄之一紙，並爲《夜坐》詩附書其後。不同題，不次韻，亦曰和詩，志在倣效云爾。

潘德輿《書蘇公和陶詩後》：柴桑幽靜人，峨眉豪邁士。和陶不類陶，衣鉢豈在是。人生觀大節，文章其末技。寸心符古人，奚必判彼此。見道憂患餘，得句清於水。我老困涉世，萬事悟知止。何陶亦何蘇，但見太空日。雙鵠翔林皋，呼我出泥滓。我亦乘清風，天游自今始。

《老生常談》：天地生一傳人，從小即心地活潑，理解神透。如東坡《入峽》詩：「聞道黃精草，叢生綠玉篸。盡應充食飲，不見有彭聃。」《八陣磧》云：「神兵非學到，自古不留訣。至人已心悟，後世徒妄說。」《雙凫觀》云：「雙凫偶爲戲，聊以驚世頑，不然神仙迹，羅網安能攀！」以年譜按之，公作此詩不過二十歲。若鈍根人有老死悟心不生者，難以語此。

又：昌黎《謁衡嶽廟》詩，（略）「侯王將相」二句，啓後來東坡一種，蘇出於韓，此類是也。然蘇較韓更覺濃秀凌跨，此之謂善於學古，不似後人依樣葫蘆。

又：至全用仄韻到底，工部已有之，盛於作者，極於東坡，歌行之能事備矣。

又：嘗論東坡七律，固是學問大，然終是天才迥不猶人，所以變化開合，神出鬼沒，若行乎其所無事。如《和晁同年九日見寄》後半首云：「古來重九皆如此，別後西湖付與誰？遣子窮愁天有意，吳中山水要清詩。」又有一意翻爲一聯，用筆用氣直貫至尾，魄力雄健者。《送傅倅》云：

「兩見黃花掃落英，南山山寺徧題名。宗成不獨依岑范，魯衛終當似弟兄。去歲雲濤浮汴泗，與君泥土滿衣纓。如今別酒休辭醉，試聽雙洪落後聲。」又《雪夜獨宿柏山庵》云：「晚雨纖纖變玉霙，小庵高卧有餘清。夢驚忽有穿窗片，夜靜惟聞瀉竹聲。稍厭冬溫聊得健，未濡秋旱若爲耕？天公用意眞難會，又作春風爛漫晴。」純以質勁之氣，作閃爍之筆，遂能於尋常蹊徑中，得此出沒變化之妙。王荆公《詠雪》一首云：「奔走風雲四面來，坐看山壟玉崔嵬。平治險穢非無德，潤澤枯焦是有才。勢合便疑包地盡，功成終欲放春回。寒鄉不念豐年瑞，只憶青天萬里開。」則又是一種筆墨，從艱險中入去，卻從明顯處出來，學者知此可參其變。

又：讀陶後，當去看東坡《和陶》諸作，方爲元元本本，乃知古人有斷斷不可及處。

又：昌黎《送盤谷子》詩，東坡謂「退之尋常詩，自謂不逮老杜，此詩當不減子美」。余謂此詩學杜得其疎處，濃處仍不似也。東坡學韓此種，卻能神骨俱肖，所以稱之耳。

又：東坡《送鄭戶曹》詩後半首云：「蕩蕩清河壖，黃樓我所開。秋月墮城角，春風搖酒杯。遲君爲座客，新詩出瓊瑰。樓成君已去，人事固多乖。他年君倦游，白首賦歸來。登樓一長嘯，使君安在哉！」《送頓起》句云：「岱宗已在眼，一往繼前躅。天門四十里，夜看扶桑浴。回頭望彭城，大海浮一粟。故人在其下，塵土相豗蹴。」二詩即同話家常，云樓修起了，正好約來做詩，卻偏值遠行。日後歸來，我卻走了。到了樓上，定然想起我來。後一首即如今日送人登泰山，每云上了山頂，想必該看見我們在著裏塵土滿面，不得清淨。然雖是實話，「言之無文，行之不遠」，必得有東坡之才之筆，曲曲傳出，便能成奇文異彩，匪夷所思。若如近日講詩，要說實話，街談巷語，流弊所至，尚可問耶！

又：七律之對仗靈便不測，雖不必首首如是，然此法則不可不會用。東坡贈僧云：「每逢蜀叟談終日，便覺峨眉翠掃空。」黃仲則之《游西山道中》「漸來車馬無聲地，忽與雲山有會心」，似從此化出。此等緣故，不是有心去學，讀得古人多了，自有不知不覺之妙。又東坡《和晁同年九日》云：「古來重九皆如此，別後西湖付與誰？」《喜雪御筵》云：「偶還仗內身如寄，尚憶江南酒可賒。」得此可以類推。東坡喜笑怒罵固多，然亦有極蘊藉之作。如《次韻王鬱林》云：「平生多難非天意，此去殘年盡主恩。」又《元日過丹陽明日立春寄魯元翰》云：「竹馬異時寧信老，土牛明日莫辭春。」學者當細心檢點，不可鹵莽草率，道聽塗說。

又：東坡句云：「平生飽囊簡，食筍乃餘債。」弄筆生趣，人多知其爲宋人句。「我欲汎中流，搪突黿獺瞋。」乍讀之，初不知爲工部句，乃知唐、宋之分，是論其大段不似耳。人人讀書，具有性靈，安有唐、宋之別哉？即如工部之「溪行衣自溼，亭午氣始散。冬溫蚊蚋在，人遠鳧鴨亂」，讀者又猜以爲東坡詩矣。諸如此類，未可枚舉。是又在有眼力人檢好的讀將去，自不致走差路頭。

又：人咸謂坡公歌行學昌黎，不知其源出於太白，於韓則支分派衍耳。其自闢境地，橫說豎說，以精悍之筆，逞生花之管，眞能前無古人，後無來者。所當熟讀者不下百數十首，然意愜神飛，各有領悟，又不在多與少也。近年細讀其集，稍稍病諸選本未能精當。讀古人詩，最是難事，有古人驚天動地之作，我自問斷斷學不來，震其名而強誦之，仍是沒交涉。然亦要防己之粗心。或是學力打不到，以俟後日；又或雖未是名篇，我於這一種筆墨卻是生疏，尚須揣摩，亦未礙一讀再讀。且各人病痛，未有不自覺者，對症下藥，便容易見功。至於操選，本是難事，我嫌他人選本不愜我意，設我爲之，又實不愜人意。大家之詩，如入五嶽探山問水，可以各隨其心之所好而獲，正不必強同。

又：蘇、黃並稱，特坡公天才橫溢，尤不可及耳。其（按：指黃庭堅）《答東坡》句云：「枯松倒澗壑，波濤所舂撞。萬牛挽不前，公乃獨力扛。」非東坡不足以當此語。

又：東坡作詩，非只不能同孟東野之喫苦，並不能如黃山谷之刻至，賴有天才，抱萬卷書，以眞氣行之耳。

又：東坡《中秋月》一首，起首言去年看月，今年卧病云云，皆人所能。至「月豈知我病，但見歌樓空」，則去年今年，虛神實理，兩面皆到矣。下接云「撫枕三歎息，扶杖起相從。天風不相哀，吹我落瓊宮。白露入肺腑，夜吟如秋蟲。坐令太白豪，化爲東野窮」云云。若入尋常人手，「撫枕三歎息」以下，便追想去年，傷感今夕，可以結局矣。看其著「扶杖」一語，下邊還有如許好光景，卻不曾脫卻「卧病」二字，可謂妙於布局，工於展勢。文章家不解此法，終是門外漢。又《九月十五日觀月聽琴西湖示坐客》云「白露下衆草，碧空卷微雲。孤光爲誰來，似爲我與君。水天浮四座，河漢落酒樽。使我冰雪腸，不受麴蘖醺。尙恨琴有絃，出魚亂湖紋」云云。此首紀曉嵐評語，深能知此詩妙處，謂「清思裊裊，靜意可掬，不似俗手貌爲惝恍語。「尚恨琴有絃」，入得有神無迹。入俗手，非琴月對寫，即另寫琴聲一段矣」。余謂東坡一集，其命題有極瑣屑，他人斷不能得好事者，公偏能於無奇處生奇，無新處生新。細玩其捉筆時，似亦未嘗鋪排，我先寫月一段，「琴」字只用一筆帶出。是其天機活潑，法律精深，其成文也，如風水相遭，亦不知其所以然之故。後人千辛萬苦，弄來了無生氣，總是讀的書不多，心源養得不靈妙耳。

《蘇亭詩話》卷一：東坡詩，天才橫逸，力量雄健。樹骨于老杜，煉氣于太白，其古體縱橫跌蕩，駿利伉壯，推倒千古豪杰。近體復秀整有姿態，眞是奇才。

又：東坡博通群籍，故下語精切，每有卻肖故實，供其驅使。如《送鄭戶曹》，則用鄭姓故事。《嘲張子野賣妾》，通首用張姓故事。《和周長官》以邠有服，則用袁彥道、灌夫事。《以雙刀遺子由》，則用王祥、王覽事。《與子由五月同轉對》，則用溫大雅與弟彥博及唐貞元中詔五月朝宣政殿事。《孔常父來訪適宴客遣人邀孔同飲孔上馬馳去》則用《莊子》季咸相壺子事。若《壽星院寒碧軒》詩，羌無故實，卻句句寫寒碧。周益公所云「初若豪邁天成，其實關鍵甚密」者也。

又：東坡詩，不屑講求字法，純以氣運。然亦有一二語，如後人所標新奇句眼者。如「日上氣暾江，雪晴光眩野。」「西來爲我風黧面，獨臥無人雪縞廬。」殊小巧精煉也。

又：東坡詩，有推勘到盡頭語：「此生更得幾回來？」（《再游徑山》）「心知不復來，欲歸更傍徨。」（《游高峰塔》）「卻憂別後不忍到，見子行跡空餘悽。」（《與子由同游寒溪西山》）「衰髮

祇今無可白，故應相對話來生。」（《天竺惠淨以醜石贈行》）「恐無再見日，笑談來生因。」（《送

張中》）余每遇山水之游，別時不忍去，東坡官繫之身，不得自主，故知更愴然也。

又：東坡詩，體物有極細處。如「我哀籃中蛤，閉口獲殘汁。又哀網中魚，開口吐微溼。」「我身牛穿鼻，卷舌聊自溼。」（《岐亭》）野雁見人時，未起意先改。」（《陳直躬畫雁》）「老鷄卧糞土，振羽雙閉目。倦馬展風沙，奮鬣一噴玉。」（《子由浴罷》）今人賦物，第疏物狀，東坡則善體物情，故妙出不窮。至「風輪曉長春筍節，露珠夜上秋禾根」（《和子由月中梳髮》），則從體驗而得，尤作尋常物理也。

又：東坡詩「此病天所赭」，又「白髮青衫天所械」，此言天有意窮人，如罪人之衣赭荷械也。又「一飽于所酢」，言天賜也。又「老大勸農天所直」，言天直其所爲也。（子由生日和東坡詩：「耆老天所驚。」）

又：麥有穗，風過則生浪，蓋在黃熟之後，然古人所詠則不然。東坡詩如：「玉花飛半夜，翠浪舞明年。」（《和田國博喜雪》）「登城望麰麥，翠浪風掀舞。」（《答郡中同僚賀雨》）「仁風被宿麥，綠浪搖秦川。」（《送范中濟》）亦可稱麥波，如「東風搖波舞淨綠。」（《游博羅香積寺》）「蒼波改色屯云黃」。（《眞一酒歌》）蓋本柳子厚「麥芒際天搖青波」也。

又：東坡詩有自襲句，略爲記之。如「秀句出寒餓」，見一卷（《病中大雪》），又見三十卷（《次韻仲殊雪中游西湖》）。「人老簪花不自羞」，見四卷（《吉祥寺賞牡丹》），又見十卷（《答陳

述古》，惟改「不」字作「卻」）。「前生自是盧行者，後學過呼韓退之。」見三十六卷（《答周循州》），又見三十九卷（《贈虔州術士謝晉臣》，惟「自」字作「恐」）。「癡絕還同顧長康」，見三十八卷（《次韻子由贈吳子野》），又見三十九卷（《次韻韶守狄大夫見贈》）。「捷烽夜到甘泉宮」，見二十六卷（《九月十五日邇英殿講論語終篇云云》），又見續補遺下卷（《聞洮西捷報》，惟「烽」作「書」）。「萬松嶺上黃千葉」，見三十卷（《用前韻作雪詩留景文》），又見同卷（《蜡梅一首贈趙景貺》，惟句上有「君不見」三字）。「回首觚稜一夢中」，見二十五卷（《送杜介歸揚州》），又見三十三卷（《次韻秦少游王仲至》）。「吾生如寄耳」，見十六卷（《寄子由》），又見十卷（《過淮》），又見三十二卷（《送芝上人游廬山》），又見三十九卷（《鬱孤臺》），又見四十二卷（《和陶擬古》）。其語意相似者，如「我本無家更安往」（四卷《望湖樓醉書》），「我本無家何處歸」（三十卷《書王晉卿畫》）。「欲把西湖比西子」（六卷《飲湖上先晴後雨》），「西湖眞西子」（二十九卷《次韻劉景文登介亭》），「西湖似西子」（三十卷《次韻答馬忠玉》），「西湖雖小亦西子」（三十二卷《再次韻德麟新開西湖》）。「自酌金尊勸孟光」（八卷《子玉家宴》），「只許清樽對孟光」（十二卷《次韻李邦直感舊》）。「方念平生馬少游」（六卷《山村》），「應羨居鄉馬少游」（十六卷《次韻田同博部夫南京見寄》），「爲謝平生馬少游」（二十八卷《次韻黃魯直》）。「膠西未到吾能說」（九卷《次韻孫巨源》），「我能未到說黃州」（十七卷《陳州與文郎逸民飲別》）。「定似香山老居士」，（二十五卷《軾以去歲春夏侍立邇英云云》），「知是香山老居士」（二十六卷《贈李道士》）。「會稽何日乞方回」(二十五卷《再和》)，「會稽聊喜得方回」(二十七卷《送錢穆父出守越州》)。「一斑我亦媿眞長」(二十七卷《范景仁和賜酒燭詩》)，「我愧眞長也一斑」(《續補遺《九日袁公濟有詩次其韻》)。「水光瀲灧晴方好，山色空濛雨亦奇」(六卷《飲湖上先晴後雨》)，「水光瀲灧猶浮碧，山色空濛已斂昏」(三十卷《次韻仲殊雪中游西湖》)。「四海一子由」(十四卷《答李公擇》)，「當時四海一子由」(三十二卷《送晁叔美》)。「莫示孫郎帳下兒」(二十八卷《次韻答劉景文左藏》)，「莫遣孫郎帳下看」(三十二卷《次韻劉景文》)。「不用撐腸拄腹文字五千卷」(五卷《試院煎茶》)，「枯腸五千卷，磊落相撐拄」(三十九卷《虔州呂倚承事云云》)。「文如瓶水翻」(二十九卷《袁公濟和復次韻答之》)，「詩仍翻水成」(三十九卷《次韻江晦叔》)。「新詩如彈丸，脫手不暫停」(十五卷《答王鞏》)，「新詩如彈丸，脫手不移晷」(二十四卷《次韻王定國》)。「但得低頭拜東野」(十七卷《答孫侔》)，「未許低頭拜東野」(二十二卷《和田仲宣》)。「團團如磨驢」(十九卷《送安節》)，「團團如磨牛」(十二卷《送芝上游廬山》)。

又：東坡詩好言衰老，四十以前霜髭雪鬢，流連嗟歌，皆非眞實語也。「明年縱健人應老」(《壬寅重九不預會獨游普門寺僧閣有懷子由》)，「流年冉冉入霜髭」(《病中聞子由得告不赴商州》)，「白髮秋來已上簪」(《微雪懷子由弟》)，時年僅二十七也。「惟有霜鬢來如期」(《送安惇秀才失解西歸》)，時年三十。「因循鬢生絲」(《送張安道赴南都留臺》)，時年三十四。「白髮青衫我亦歌」(《次韻楊褒早春》)，「如今衰老俱無用」(《戲子由》)，時年三十六。「人老簪花不自差」(《吉祥寺賞牡丹》)，「嗟予老矣百事廢」(《游徑山》)，「卻顧老鈍軀」(《監試呈諸試官》)，「衰鬢亦驚秋」(《哭歐公孤山》)，「白髮年來漸不公」(《和邵同年戲贈賈收秀才》)，時年三十七。「病起空驚白髮新」(《正月二十一日病後述古邀往城外尋春》)，「老病逢春只思睡」(《寒食未明至湖上》)，「頭上花枝奈老何」(《李鈐轄坐上分題戴花》)，「老去尚餐彭澤米」(《自昌化雙溪館下步尋溪源至治平寺》)，「老盡世人非我獨」(《與臨安令宗人同年劇飲》)，「寂寞山棲老漸便」(《立秋日禱雨宿靈隱寺》)，「老人登山汗如瀉」(《再游徑山》)，「白髮長嫌歲月侵」(《九日尋臻闍黎遂泛小舟至勤師院》)，「憶著衰翁首重回」(同上)，「老病年來益自珍」(《述古以詩見責屢不赴會》)，「年來白髮驚秋速」(《李頎秀才善畫山以兩軸見寄仍有詩》)，「遂良鬚鬢已成絲」(《柳氏二外甥求筆跡》)，「霜蒼蒼顏誰肯記」(《元日過丹陽》)，「老去此身無處著」(《景純見和》)，「與物寡情憐我老」(《杭州牡丹開時云云》)，「似憐衰病不相違」(《次韻沈長官》)，「老身窮苦自招渠」(《捕蝗至浮雲嶺》)，「龍鍾三十九，勞生已強半。歲暮日斜時，還爲昔人嘆」(《除夜病中贈段屯田》)，「亦知老病客」(《二公再和亦再答之》)，時年三十九。「倦游行老矣」(《出城送客不及步至溪上》)，「膠西病守老且迂」(《送段屯田分得于字》)，「應怜病守老且愚」(《次韻章傳道喜雨》)，「老守仍多病」(《謝郡人田賀二生獻花》)，「何當鑷霜鬢」(同上)，「灰心霜鬢更休論」(《寄呂穆仲寺丞》)，「人老簪花卻自羞」(《答陳述古》)，時年四十。其後去杭守任有詩云：「當年衫鬢兩青青，強說重臨慰別情。衰髮祇今無可白，故應相對話來生。」則東坡三十七八歲倅杭時，固未有白髮也。在中山《立春日小集戲李端叔》詩：「白髮已十載，青春無一堪。」時年五十九。據此則四十九歲始有霜雪侵鬢耳。

又：東坡博極群籍，左抽右取，縱橫恣律，隸事精切，如不著力。尤熟于史、漢、六朝、唐史，《莊》《列》《楞嚴》《黃庭》諸經及李、杜、韓、白詩，故如萬斛泉源，隨地噴湧，未有羌無故實者。然亦有數語記誤處，如「孔明不自愛，臨老起三顧。」（《游徑山》）孔明釋耒從先主，年僅二十七，未及頹老也。又「產祿彼何人，能致綺與園。」（《和陶貧士》）按迎四皓者爲呂澤，見《漢·張良傳》，非產、祿（馮星實已詳辨之）。又「裹飯先須問子來」（《次韻徐積》），此《莊子》子輿與子桑事，非子來，豈爾時《莊子》本以桑作「桒」，與「來」近似致誤耶？（《查初白云：「《藝苑雌黃》：『《莊子》裹飯者子桑，非子來也，先生詩訛。』然觀退之《贈崔斯立》詩：『昔者十日雨，子來寒且饑。』其失自退之始矣。」馮星實曰：「今本韓詩『子桑苦寒肌』，並不作『子來』，豈舊本有作『子來』者耶？」）又「絕勝倉公飲上池」（《次韻錢舍有病起》），據《漢書》，蓋扁鵲事，非倉公（《苕溪漁隱叢話》、《敬齋古今黈》亦云）。又「寧免刺虎圈。」（《和穆父新涼》，馮星實云：「當用《漢書·李廣傳》：『上召李萬刺虎懸下圈中事』）按此使轅固刺彘故實，誤「彘」爲「虎」也。又「長頸高結喉」（《正輔既見和復次前韻慰鼓盆勸學佛》），按韓愈《石鼎聯句序》，「長頸而高結」句，「喉中又作楚語」句，「結」同「髻」。他若「應記儂家舊姓西」（《次韻代留別》），以西子爲西姓。「珍重多情關令尹」（《謝關景仁送紅梅栽》），以尹喜爲關姓。

東坡豈不讀書繆舛如此，特一時應酬迅疾，不暇點檢耳。此率之病也，然亦纔見此數句。

又：東坡《送江公著》詩：「釣臺歸洗耳」，「人生行樂耳」，凡兩押，自注云：「二『耳』義不同，故得重用。」然此乃後人忌重韻，故自加注。若古昔卻不然，顧氏《日知錄》言之極詳。驪山詩：「由來留連多喪國」，「不必驪山可亡國」，（《驪山》詩，《宋文鑑》作李廌作，喪國之「國」作「德」）《廉泉》詩：「不清或撓之」，「孰是吳隱之」。皆兩押，豈有異義耶？又《送楊孟容》詩：「故人餘老龐」，「愛惜雙眉龐」，義雖異而字則一。山谷次韻改第二龐字為厖，意亦嫌重也。（《施注云：「《小雅·黃鳥》之詩曰：『無集于穀』，『不我肯穀』；杜子美《園人送瓜詩》：『愛惜如芝草』，『種此何草草』。皆以義不同，故重用也。」馮星實云：「《詩人玉屑》重押韻一條云：『詩人如此疊用韻者甚多，不可具舉。子瞻《送江公著》詩，二『耳』義不同，故得重用，自不必註也。』」》）

又：東坡《望海樓》詩：「更看銀山二十回」，亦不作「十二」首，故今人以「鐵弩三千」「銀山十二」為偶句。按浙江潮大月五十八回，小月五十六回。東坡此詩，在《八月十日夜看月》詩前，則是初八九日。詩云「二十」，蓋指每日二回言也。

又卷二：東坡詩好使藥名。如「芎藭生蜀道，白芷來江南。」（《和子由寄詠園中草木》）「菖蒲人不識，生此亂石溝。」（同上）「埽除白髮煩昌蒲。」（《李杞寺丞見和前篇》）「穿林閒覓野芎苗。」（《自昌化雙溪館下步尋溪源》）「會須埽白髮，不復用黃精。」（《初別子由》）「茵陳甘菊不負渠。」（《春菜》）「試開病眼點黃連。」（《寒食答李公擇》）「千金得奇藥，開視皆豨苓。」（《次韻黃魯直見和古風》）「茯苓無消息，雙鬢日夜摧。」（《種松》）「聞道山中富奇藥，往往靈芝雜葵蓮。詩人空腹待黃精，生計只看長柄械。」（《次前韻贈賈耘老》）「味如蜜藕和鷄蘇。」（《夢食石芝》）「道人勸飲鷄蘇水，童子能煎鶯粟湯。」（《歸宜興留題竹西寺》）「莫道長松浪得名。」（《謝王澤州寄長松》）「無復青黏和漆葉，枉將鐘乳敵仙茅。」（同上）「幽人只採黃精去，不見春山鹿養茸。」（《書艾宣畫黃精鹿》）「埽白非黃精，輕身豈胡麻。」（《次韻張朝奉》）「舊聞鹿銜芝，生此羊腸嶺。」（《紫團參寄王定國》）「欲持三椏根，往侑九轉鼎。」（同上）「林深野桂寒無子，雨浥山薑病有花。」（《天竺寺》）「閒尋蓽撥根。」（《寄虎兒》）「林下尋苗蓽撥香。」（《桄榔杖》）「遠客來尋百結花。」（《留題顯聖寺》）「鷄壅桔梗一稱帝，堇也雖尊等臣僕。」（《周教授索枸杞》）「淇上白玉延。」（《和陶詩劉柴桑》，自註：淇上出山藥，一名玉延）

張崇蘭《角山樓蘇詩評註彙鈔序》：世之稱詩者必曰李、杜、韓、蘇，良以開闔變化，包羅衆有，詣之所極，各闢一境，勢均力敵，不容偏廢，故羣奉爲大家無異辭。有明一代，詩宗唐賢，而蘇集有所不得與。袁公安，譚竟陵稍知涉獵，猶隔藩而窺其庭，無當於堂奧之深廣也。國朝詩人厭薄明代，摹仿唐賢風氣，力矯其失，一以清快透脱爲宗，而蘇詩於是乎盛行。二百年來，家置一編，五尺童子，皆能上口矣。夫衆之所趨，必無眞賞。駢肩於五都之市，所豔者金玉錦繡，難語於名山大川之奇；連袂於七貴之門，所歆者芻豢膏粱，焉識夫甘露醴泉之味？庸耳俗目，議論尚同，極其知之所能至而止。過此，靡有悟焉。遂使集中超拔高奇之作，寂然無稱，而凡猥淺俚，滑稽玩世之辭，流播衆口。見爲傳也，乃適以亡之。此趙君小樓所爲亟思救正者也。先是河間紀曉嵐先生嘗有評本，別白是非，灼然不惑。顧意主祧唐祖宋，持論少偏。又全集繁重，美惡雜陳，殊不便於讀者。小樓於是芟薙蕪冗，遴其精者彙之。紀評而外，博采衆說之有當者。又以己意，益所未備，不爲苟同，不蘄立異，期於抉摘匠心，以見蘇詩之所以不磨，並以見蘇氏習氣之有所不可染，攻玉去瑕，濯錦除纇，而光采益昭。至於集之有註，自王、施二家外，踵事者日趨繁富，頗復裁訂，足與本詩相發而止，有誤是正之。而凡流俗所傳誦號爲佳篇者，類聚而附錄於後。蓋誠慮人情溺其所習，遽從刊落，則物議必多。使兩者相形，而明標得失，則雖黠者無所容其口，因以漸移其故見，得自進於精微，斯其用力甚勤而用心亦云厚矣。予嘗謂選一代之詩，不可以一家之學蔽之，審其所獨至與其所兼長，亦不護其缺失，然後指歸有定而流弊可以豫防。若此者於古人爲不負，即於來學爲有益，乃見選詩之不可以已也。顧安得盡如小樓之心力，廣爲佳選以行世也哉。咸豐二年立秋後三日，同里愚弟張崇蘭序。

蔣超伯《角山樓蘇詩評註彙鈔序》：世之謑詬坡集者，比之江河怨湍，玉石交下，斯所謂盆盎之水，弗見一山之形者也。夫字斟句酌，眉禿袖穿，此郊、島苦吟輩耳。東坡之詩，轢韓轢杜，龍興鸞集，電趡飆馳。同時如山谷之崛強，猶自比於曹鄶，況餘子耶？然篇章既富，故實尤多，非評無以擷其精，即徒註猶不能見其妙，則選本烏可已也？丹徒趙小樓先生博兼七錄，說富九師，賈虎周龍，莫能專美。所著《角山樓詩集》，節節足足，聲協鵷鸞；滔滔浮浮，氣呑江漢，久已膾炙藝林矣。頃者過訪弊廬，出《蘇詩評註彙鈔》見示，刪蕪薙翳，磢垢生輝，譬猶陟祝融之巔盂視星斗，抉雷坪之石雲涌兜羅，凡鉛盡而鈺金騰，竭鑊而旱蓮吐。至其權衡之當，抉擇之精，囊括王、施，雁行查、紀，洵長公之功臣也。抑超尤有異焉者，先生仲氏敬敷觀察持節瀘州，琴臺耀其彤幨，劍士森乎翠幕，而先生一意著述，五經紛綸。薑稜橘田，夙安嘉遯，筆牀茶臼，不看除書。時或作公明之總干，坐客皆縛，仿偉恭之題目，臧否立明。何其志之峻而學之醰也！

沈岐《角山樓蘇詩評註彙鈔序》：予幼讀施註蘇文忠公詩，歎其考證之詳，援據之博。嗣得河間紀文達評本，尤服其品騭之精，權衡之當。蓋公詩天才亮特，下筆千言，如水銀潑地，無孔不入。而酬應及疊韻三四之什，牽率踳駁，誠所不免。尤以卷帙浩繁，讀未終卷，神思輒倦。嘗欲去其糟粕，擷其精華，另爲善本以公同好，惜有志未逮也。

趙克宜《角山樓蘇詩評註彙鈔自序》：詩之變態，至蘇爲已極。其磅礴浩瀚，一往莫禦之勢人皆見之，其洞中要害，不煩言而已解者，或未盡識也。其曲折刻露，無微不入之致，人皆見之，其落想超妙，來無端而去無迹者，或未盡識也。故見以爲豪，而不知其靜，見以爲雄，而不知其幽，見以爲奇快，而不知其深至：皆未足語於蘇之全體也。若其隸事運古，信手揮霍，猶陶朱、猗頓之爛用金布，非如貧家子稱貸取資，覽者尤未易識所從來。則甚矣，蘇詩之難讀也。克宜少而習焉，長益反覆研究，久之而始得其趣，又久之而知非一善之可名，而嚮之循誦習傳，隨聲附和，目爲佳篇者，顧往往非公極詣，且適足以爲病焉，未嘗不歎朱紫之眩明，雅鄭之亂聽，而婁曠之不逢其人也。今夫五穀之美，盡人所知也。然而稂莠不去，則黃茂不呈；秕糠不除，則精鑿不見。故芟夷簸揉之用，爲嘉種所不可無。然則說詩猶是已。說蘇詩者不一家，唯紀評爲最備，其去取散見於全集。金在沙中，或未能快學者之心目。不揣謬妄，鱗次其佳篇，而餘從刊落。全載紀評，兼采衆說，而以鄙見參之。苟有發明，不嫌其瑣。又輯諸家之註，刪蕪補缺，開卷瞭然，其爲衆口所傳誦，不足云佳者，別爲附錄，庶幾相較而觀，妍媸自見，不致駭怪於去取失倫。又有他人之作誤入集中者，亦類聚而別附焉。方今人尚風雅，服膺公集者尤多。顧或震眩於如海之才，莫敢議其缺失，則公詩之眞不出。高明之士，甫見累字率句，輕加譏貶，因而全集屛棄不觀，其爲累於公滋大。即註家之繳繞不休，令觀者一典未終，昏然欲睡，亦有妨於探討之功。區區之見，誠欲祛此三失，使全集之菁華不爲糟粕所掩，而從事於公詩者易爲力焉。若夫疾徐甘苦之數，輪扁所不能自言，今以固陋窺測匠心，明知無當。然而一管之窺，而星辰見焉；一蠡之測，而淪漣見焉。雖未足盡其高深，要不得謂天與海不在是也，宜亦後之觀者所不廢也。咸豐二年季夏之月，小樓趙克宜序。

錢泳《履園譚詩・總論》：作詩易於造作，難於自然。坡公嘗言：「能道得眼前眞景，便是佳句。」

沈映鈐《退菴隨筆》卷二引鮑依雲評：七言長篇，唐惟李、杜、韓，宋則蘇、黃，南渡已後，獨陸放翁得與此選。

方世舉《蘭叢詩話》：通（韻）祇五古耳，七古不通。昔在京言之，館閣諸君問所依據，余舉杜以例其餘。遍尋杜集，果然惟《憶昔》七古二首中通一二字，或偶誤耳。七古之通自東坡始，人利其寬而託鉅公以自便耳。

又：宋七絕多有獨勝，王新城《池北偶談》略采之，又由東坡開導也。

又：東坡亦未必逼眞古人，卻是妙絕時人。王荆公、歐陽子、梅都官工夫皆深於坡，而坡亭亭獨上。

陳衍《海藏樓詩叙》：李衛公、白樂天、東坡、荆公、山谷、放翁、遺山，皆有自然高妙語。

《石遺室詩話》卷一：今人強分唐詩、宋詩。宋人皆推本唐人詩法，力破餘地耳。廬陵、宛陵、東坡、臨川、山谷、後山、放翁、誠齋，岑、高、李、杜、韓、孟、劉、白之變化也。

又卷二三：今人作詩，（略）學韓、蘇者，只知韓、蘇之粗硬，非眞知諸家者也。

譚嗣同《致劉淞芙書》：王、孟、韋、柳、儲、蘇，特各各成家，於陶無涉。世人輒曰「原出於陶」，眞皮相之言也。

高步瀛《唐宋詩舉要》卷一：宋人五言古詩又遠遜於唐，惟錄歐、王、蘇、黄數家，以見厓略云爾。

又卷二：（七言古詩）蘇之御風乘雲，不可方物，殆如天仙化人，而不善學者，或流於輕易。

又卷五：（七言律詩）東坡天縱之才，雖用其格調，而滅跡飛行，遠出其上，特無坡之才而強爲學步，亦惟見舉鼎絶臏而已。

無名氏《藥洲筆記》：蘇詩乍看快意，深看尤快意，而脈理難尋。黄詩乍看不快意，深看亦不快意，而脈理可尋。

附錄二 蘇詩匯評引書索引

引用書目四角號碼索引

本

〇一二一一 龍

龍性堂詩話 葉矯然 清詩話續編本

〇一六四六 譚

譚嗣同全集 譚嗣同 一九五四年三聯書店

〇一六四九 評

評點蘇文忠公詩集 紀昀 清道光十四年兩廣節署刻朱墨套印本

〇三六五〇 誠

誠齋詩話 楊萬里 歷代詩話續編本

誠齋集 楊萬里 四部叢刊本

誠意伯文集 劉基 四部叢刊本

〇四六四一 詩

詩辯坻 毛先舒 清詩話續編本

詩話總龜 阮閱 一九八七年人民文學出版社本

詩論 釋普聞 說郛本

詩倫 汪薇 武英殿聚珍叢書本

詩源辯體 許學夷 一九八七年人民文學出版社本

詩藪 胡應麟 一九七九年上海古籍出版社本

詩林廣記 蔡正孫 一九八二年中華書局本

詩學源流考 魯九皋 清光緒丙子盱南上塘蔡氏刻本

詩學纂聞 汪師韓 清詩話本

詩人玉屑 魏慶之 一九七八年上海古籍出版社本

詩筏 賀貽孫 清詩話續編本

〇四六八六 讀

讀書樂趣 伍涵芬 清刻本

○五一二七 靖

靖節先生集集注 陶澍 四部備要本

○六六八六 韻

韻語陽秋 葛立方 一九八四年上海古籍出版社影印本

○七一○四 望

望雲詩話 施山 舊鈔本

○八六一二 說

說詩晬語 沈德潛 一九七九年人民文學出版社本

一○○○○ 一

一瓢詩話 薛雪 一九七九年人民文學出版社本

一○一○○ 二

二老堂詩話 周必大 歷代詩話本

一○一○一 三

三家詩話 尚鎔 清詩話續編本

一○一○二 五

五雜俎 謝肇 國學珍本文庫本

五總志 吳坰 知不足齋叢書本

一○一○八 靈

靈芬館詩話 郭麐 清刻本

一○一七七 雪

雪橋詩話 楊鍾羲 劉氏求恕齋刊本

一○二一七 雨

雨村詩話 李調元 清詩話續編本

一○四○○ 于

于湖居士文集 張孝祥 四部叢刊本

一○六○二 石

石洲詩話 翁方綱 一九八二年人民文學出版

二四二六一 牆

牆東類稿 陸文圭 常州先哲遺書本

二四三六一 結

結埼亭集 全祖望 四部叢刊本

二四四〇〇 升

升菴詩話 楊慎 歷代詩話續編本

二五九〇〇 朱

朱子語類 朱熹 一九八六年中華書局本

二六〇〇〇 白

白華山人詩說 厲志 清詩話續編本

二六七一二 峴

峴傭說詩 施補華 清詩話本

二六八〇四 吳

吳禮部詩話 吳師道 歷代詩話續編本

二六九〇〇 和

和陶合箋 溫汝能 掃葉山房石印本

二六九一二 絸

絸齋詩談 張謙宜 清詩話續編本

二七一二七 歸

歸潛志 劉祁 一九八三年中華書局本

歸愚文鈔 沈德潛 教忠堂藏版

歸田詩話 瞿佑 歷代詩話續編本

歸田錄 歐陽修 一九八一年中華書局本

二七一三六 蠡

蠡莊詩話 袁潔 清嘉慶刻本

二七二一二 倪

倪雲林先生詩集 倪瓚 四部叢刊本

二七二二〇 御

御選唐宋詩醇 乾隆十五年敕選 四庫全書本

二七二二七 角

角山樓蘇詩評註彙鈔　趙克宜　清咸豐二年刻本

二七二八四　**俟**

俟鯖錄　趙令時　稗海本

二七四四九　**彝**

彝齋文編　趙孟堅　嘉業堂叢書本

二七九一七　**紀**

紀文達公遺集　紀昀　清宣統二年上海保粹樓藏版

二八二五三　**儀**

儀衛軒文集　方東樹　清同治戊辰刻本

二八五四〇　**牧**

牧齋初學集　錢謙益　四部叢刊本

牧萊脞語　陳仁子　清初影元抄本

二九九八〇　**秋**

秋窗隨筆　馬位　清詩話本

秋澗先生大全文集　王惲　四部叢刊本

秋聲集　衛宗武　四庫全書珍本初集

三〇一一七　**瀛**

瀛奎律髓刊誤　紀昀　懺花盦叢書本

瀛奎律髓彙評　方回原編李慶甲彙編　一九八六年上海古籍出版社本

三〇二一二　**宛**

宛陵先生集　梅堯臣　四部叢刊本

三〇三〇三　**寒**

寒塘詩話　蔣鴻翮　清雍正六年刊本

三〇八〇六　**賓**

賓退錄　趙與時　一九八三年上海古籍出版社本

三〇九〇二　**永**

永樂大典　中華書局一九六〇年影印本

三〇九〇四　宋

宋詩話輯軼　郭紹虞　一九八〇年中華書局本

宋詩鈔　吳之振等　一九八六年中華書局本

宋詩精華錄　陳衍　一九三七年商務印書館

宋元明詩評註讀本　王文濡　一九八三年北京中國書店

宋四名家詩鈔　周之鱗等　清康熙刊本

宋學士文集　宋濂　四部叢刊本

宋金三家詩選　沈德潛選趙翼評點　亦園藏版

三一一一二　江

江湖長翁文集　陳造　四庫全書本

三一一四九　滹

滹南詩話　王若虛　一九八三年人民文學出版社本

滹南遺老集　王若虛　四部叢刊本

三三一八六　演

演繁露　程大昌　學津討原本

三三九〇四　梁

梁溪漫志　費袞　一九八五年上海古籍出版社本

三四一〇〇　對

對牀夜語　范晞文　歷代詩話續編本

三四三〇五　達

達觀堂詩話　張晉本　清同治刊本

三五一一七　清

清容居士集　袁桷　四部叢刊本

清江貝先生文集　貝瓊　四部叢刊本

清波雜志　周煇　一九九四年中華書局本

三五一六八　潛

三八一五七 海

海天琴思錄 林昌彝 清同治甲子刊本

三八一六七 滄

滄浪詩話 嚴羽 一九八三年人民文學出版社本

三八三〇六 道

道山清話 王口 百川學海本

四〇〇一七 九

九靈山房集 戴良 四部叢刊本

四〇二二七 有

有不爲齋隨筆 光聰諧 稼墨軒集本

四〇二二七 南

南濠詩話 都穆 歷代詩話續編本

南窗紀談 無名氏 學海類編本

南野堂筆記 吳文溥 清嘉慶間袖珍本

四〇二四七 存

存餘堂詩話 朱承爵 歷代詩話本

四〇六〇〇 古

古歡堂雜著 田雯 清詩話續編本

四〇七一〇 七

七言詩三昧舉隅 翁方綱 清詩話本

七修類稿 郎瑛 一九五九年中華書局本

四〇七三二 袁

袁中郎全集 袁宏道 明崇禎二年佩蘭居刻本

四二二三〇 瓠

瓠廬詩話 沈濤 清道光刊本

四二四〇〇 荆

荆溪林下偶談 吳子良 寶顏堂祕笈續集本

四三五五〇 載

載酒園詩話 賀裳 清詩話續編本

四三八〇五　**越**

越縵堂詩話　李慈銘　商務印書館排印本

四四〇二七　**考**

考古質疑　葉大慶　一九八五年上海古籍出版社本

四四一〇六　**薑**

薑齋詩話　王夫之　一九六一年人民文學出版社本

薑露菴筆記　施山　清刊本

四四二〇七　**夢**

夢痕館詩話　胡薇元　清刻本

夢曉樓隨筆　宋顧樂　小石倉山房叢書本

四四二一二　**麓**

麓堂詩話　李東陽　歷代詩話續編本

四四二一四　**花**

花草蒙拾　王士禎　昭代叢書本

四四二二七　**芳**

芳谷集　徐明善　豫章叢書本

四四二二七　**帶**

帶經堂詩話　王士禎　一九八二年人民文學出版社本

四四二二七　**蘭**

蘭叢詩話　方世舉　清詩話續編本

四四二五三　**藏**

藏海詩話　吳可　歷代詩話續編本

四四三九四　**蘇**

蘇亭詩話　張道　漁浦草堂遺稿本

蘇文忠詩合註　馮應榴　清乾隆五十八年馮氏踵息齋刻本

蘇文忠公詩編注集成　王文誥　清嘉慶二十四

年王氏韻山堂刻本
蘇文忠公詩編注集成總案　王文誥　清嘉慶二十四年王氏韻山堂刻本
蘇詩選評箋釋　汪師韓　清光緒十二年長沙刻叢睦汪氏遺書本

四四四〇〇　艾

艾軒集　林光朝　四庫全書珍本初集

四四四六〇　姑

姑溪居士文集　李之儀　粵雅堂叢書本

四四六〇一　耆

耆舊續聞　陳鵠　知不足齋叢書本

四四六〇二　苕

苕溪漁隱叢話　胡仔　一九六二年人民文學出版社本

四四七一二　老

老生常談　延君壽　清詩話續編本
老學庵筆記　陸游　一九七九年中華書局本

四四七一八　甚

甚原詩說　冒春榮　清詩話續編本

四四七三二　藝

藝概　劉熙載　一九八四年上海古籍出版社本
藝苑巵言　王世貞　歷代詩話續編本

四四七七七　舊

舊聞證誤　李心傳　一九八一年中華書局本

四四九〇四　茶

茶香室叢鈔　俞樾　清光緒癸未春在堂刊本

四四九〇四　藥

藥洲筆記　闕名　抄本

四六一一二　觀

觀林詩話　吳聿　歷代詩話續編本

昭昧詹言　方東樹　一九六一年人民文學出版社本

六七〇八二　**吹**

吹劍錄　俞文豹　一九五八年古典文學出版社本

六七一二三　**野**

野客叢書　王楙　一九八七年中華書局本

野鴻詩的　黄子雲　清詩話本

七一二一一　**歷**

歷代詩話考索　何文煥　歷代詩話本

七一二九六　**原**

原詩　葉燮　一九七九年人民文學出版社本

七一七一七　**甌**

甌北詩話　趙翼　一九六三年人民文學出版社本

甌北詩鈔　趙翼　湛貽堂刊本

七一七八六　**頤**

頤山詩話　安磐　四庫全書珍本初集

七二二三七　**隱**

隱居通議　劉壎　讀書齋叢書本

七四二三二　**隨**

隨園詩話　袁枚　一九六〇年人民文學出版社本

七四二四七　**陵**

陵川集　郝經　四庫全書本

陵陽先生室中語　范季隨　説郛本

七七一〇四　**堅**

堅瓠首集　褚人穫　清代筆記叢刊本

七七二一〇　**風**

風月堂詩話　朱弁　一九八八年中華書局本

竹莊詩話　何汶　一九八四年中華書局本
竹林答問　陳僅　清詩話續編本

八八二二七　簡

簡齋集　陳與義　四部叢刊本

八八二四八　筱

筱園詩話　朱庭珍　清詩話續編本

八八六〇一　答

答萬季埜詩問　吳喬　清詩話本

八八七九四　餘

餘師錄　王正德　四庫全書本
餘冬詩話　何孟春　學海類編本

九〇〇〇　小

小瀨草堂雜論詩　牟願相　清詩話續編本
小匏菴詩話　吳仰賢　清光緒刊本

九〇〇三二　懷

懷古錄　陳模　明抄說集本
懷麓堂全集　李東陽　清嘉慶八年隴下學易堂刊本

九四〇六一　惜

惜抱先生尺牘　姚鼐　海源閣叢書本
惜抱軒文集　姚鼐　四部叢刊本

九五〇八〇　快

快雪軒全集　錢振鍠　清光緒活字本

引用書目索引字頭筆畫檢字

七畫

八畫

九畫

一〇畫

一一畫

一五畫

一六畫

一七畫

一八畫

附錄三　蘇詩匯評篇名索引

篇名四角號碼索引

○○二八七　庚

○○二四七　慶

○○四○○　文

○○二六五　唐

一〇一〇三

一〇一〇一正

一〇六〇四　西

一〇六四八　醉

一〇七三二　雲

一二三五〇　戲

一二三三二七　編

一二四二四一　待

一二四二六一　借

三七二一〇　初

三七二八四　禊

三七三〇三　退

三七三〇七　追

三八一〇四　塗

三八一二二　渝

三八一四七　游

三八三〇六 道

三八三〇八 送

三九三〇二 逍

四〇〇〇〇 十

四〇四〇七　李

四〇七三二　去

四〇七三二　袁

四〇八〇〇　大

六〇六〇二　呂

六〇八〇一　是

六〇八〇一　異

六〇八〇六　圓

六〇九〇六　景

七〇二二七　臂

七〇二四六　障

七〇二六一　陪

七一二一二　阮

七一二六二　陌

七一三一二　驪

七一三二七　馬

七二一〇〇　劉

七七四〇一　聞

七七四四〇　丹

七七四四一　開

七七六〇一　問

七七六〇二　留

篇名索引字頭筆畫檢字

二畫

三畫

四畫

五畫

六畫

七畫

八畫

一〇畫

十一畫

一二畫

一三畫

一四畫